변화하는 삶의 패턴
# 영성지도와 성인발달론

Changing Life Patterns;
Adult Development in Spiritual Direction

엘리자베스 리버트 지음/ 최상미 옮김

영성지도와 성인발달론

Originally published in the USA under the title:
Changing Life Patterns: Adult Development in Spiritual Direction
Copyright ©2000 Elizabeth Liebert, S.N.J.M. by Chalice Press
Translation copyright © 2014 by SoHP
Translated by Sangmi Choi
Published by permission of Chalice Press, St Louis, MO, USA
(Christian Board of Publication) through rMaeng2, Seoul, Republic of Korea

이 책의 한국어판 저작권은 알맹2를 통하여 Christian Board of Publication과 독점 계약한 에스오에치피 출판에 있습니다. 저작권법에 의하여 한국 내에서 보호받는 저작물이므로 무단전제와 복제를 금합니다.

# 목 차
Contents

**서론** 9/
추천 서문 11/ 개정판 서문 17/ 서문 19/
**제 1장 영성지도의 이미지와 가설** 29/
영성지도의 이미지32/ 신학적 심리학적 개념34/ 영성지도의 목표40/
신학과 심리학의 대화47/
**제 2장 발달의 이미지와 가설** 53/
우화와 해석57/ 발달의 두 얼굴64/ 구조발달 이론: 공통점과 과정72/ 구조이
론의 이용과 오용77/
**제 3장 네 명의 수련자: 발달적 관점으로 바라 봄** 83/
탐 Z와 로저 Q85/ 메리 베스 T와 케더린 M92/
**제 4장 구조적 시각으로 본 변화와 안주** 101/
변화냐 발달이냐105/ 발달적 변화에 관한 피아제의 이론107/
자연 치유적인 안아주는 환경111/ 보측자 그리고 비혁명적 성장116/
영성지도와 발달적 전환121/ 메리 베스에게 발달적으로 반응하기125/

**제 5장 세분화된 단계들: 초기 단계에서 순응주의 단계까지** 133/

전사회적 단계와 주체 객체의 균형138/ 충동적 단계142/ 자기 보호 단계143/ 순응주의 단계의 영성지도: 인지 체계, 의식의 몰두, 충동 조절, 개인 상호 관계, 재요약145/ 전환의 표지155/ 로저의 영성지도157/

**제 6장 세분화된 단계: 양심적 단계의 영성지도** 167/

자기 인식 전환기, 재요약169/ 양심적 단계의 영성지도: 인지 체계, 의식의 몰두, 충동조절, 개인 상호 관계, 재요약173/ 탐의 영성지도184/

**제 7장 세분화 된 단계: 개인상호적 단계의 영성지도** 195

개인주의 단계로의 전환197/ 개인상호적 단계의 영성지도: 인지 체계, 의식의 몰두, 충동 조절, 개인 상호 관계, 재요약199/ 통합적 단계206/ 케더린의 딜레마209/

**제 8장 교회의 영적 인도에서 드러나는 발달적 역동** 221/

회중적 상황에서의 영적 인도224/ 회중의 발달적 특성227/ 회중 속에서 볼 수 있는 발달의 과정들230/ 회중의 발달적 평가234/ 의로운 공동체 되기: 이스트민스터 교회241/

**제 9장 공동 학습으로서의 영적 인도** 257/

**제 10장 인간 발달이론의 발전** 271/

포스트모던 시대의 도전274/ 다시 찾은 이스트민스터 교회282/

**부 록** 301/

**표** 303/

표1 구조발달 이론들의 유사 상관관계/ 표2 자아발달 단계의 이정표/
표3 발달 이론의 공통적 토대가 되는 주체와 객체 사이의 균형/
표4 귀속된 문화의 형태와 기능들/ 표5 상징적 소통의 목양적 평가/
표6 주체-객체의 관점에 따른 목양적 평가/
표7 특정 단계에 따른 목양적 돌봄/

**참고 도서** 315/

**노트** 321/

# 서 론
Introduction

추천 서문/
개정판 서문/
서문/

## 추 천 서 문

이 만 홍

SoH영성심리연구소 연구원
한국목회상담협회 감독회원 및 영성과 상담분과 위원장
전 연세대학교 정신과 주임교수

저자인 샌프란시스코 신학 대학원의 영성학 교수 엘리자베스 리버트는 이 책에서 로에빙거의 자아발달론에 기초한 영성 발달의 단계를 제시하고, 영성지도의 현장에서 이 이론이 어떻게 성인의 영성발달에 관한 이해를 도울 수 있는지를 구체적인 사례들을 통하여 제시하고 있다.
최근 들어 인간의 성숙에 정신분석을 위시한 심리치료가 갖는 귀중한 기여와 더불어, 총체적인 인간의 성숙은 심리학적 인격 성숙의 한계를 뛰어넘어 삶의 의미와 가치관을 고려하는 영적 성숙의 측면까지 포함해야 한다는 주장이 강하게 대두 되었으며, 오래 전부터 수도공동체 속에 파묻힌 보석처럼 전통적으로 있어 왔던 영성지도라는 목회적 돌봄의 사역이 기독교 공동체 안에서 새롭게 각광을 받고 있다. 영성지도란 개인의 영적 또는 종교적 체험, 삶의 상황들과 선택들을 하나님과의 관계 안에서 이해하고 그 분의 인도하심을 찾도록 돕는 목회적 돌봄의 한 형태라고 말할 수 있다. 그러므로 영성지도는 우리 자신과 하나님과의 관계, 타인들과 맺는 관계 안에서 하나님을 어떻게 이해하느냐 하는 문제와 더불어 우리 자신을 어떻게 이해하고 성숙시킬 수 있는가라는 질문에서부터 출발한다.

이에 따라 기독교의 자기 정체와 가치관이 어떻게 영적인 측면에서 형성이 되고 삶에 적용되는지, 그리고 영성지도라는 목회적 돌봄의 장에서 어떻게 이것을 이해하고 성숙에 도움을 줄 수 있을까 하는 고민이 높아가고 있으며, 이를 위한 연구의 중요한 흐름으로서, 정신분석 등 심리학에서의 인격 발달 이론에서부터 유추한 영성발달에 관한 연구가 이제 막 구체적인 출발을 하고 있는 실정이다.

그러나 예견 되는대로, 영성에 관한 한 그 보편적인 개념조차 파악하기 어려운 상황에서 그 발달을 이해하려는 시도는 결코 쉽지 않은 과제이다. 그런 의미에서 저자가 제시하는 인간 성숙, 특히 영성발달에 관한 통합적인 통찰은 영성지도의 현장에서 수련자를 이해하고 돕는데 매우 유용하게 사용될 수 있다. 그러나 이 분야는 발달심리학과 영성신학의 통전적인 선행 지식 없이는 이해하기가 쉽지 않은 분야이다. 그럼에도 불구하고 리버트는 자신의 영성지도자로서의 풍부한 경험과 영성 심리학적인 깊은 통찰을 바탕으로 아직도 개척되지 않은 길을 앞서 가며, 안톤 쌩 떽쥐베리의 동화 어린 왕자의 상황에 빗대어 독자들을 이해하기 쉽게 이끌어 간다.

여기서 독자들의 이해를 돕기 위하여 인격과 영성의 발달 이론의 발전 역사를 간략히 더듬어 보는 것이 필요하다고 생각된다. 최초의 체계적인 인격의 발달이론은 프로이트와 융의 정신 분석으로부터 출발하였다고 볼 수 있는데, 이들의 연구는 주로 성인의 정신 병리를 관찰하는 데서 얻어진 자료를 토대로 유아기의 자아 형성을 환원 유추한 가설들이었다. 이들의 뒤를 이어 에릭 에릭슨은 프로이트의 욕동 중심의 발달이론에 사회학이나 인류학 등 주변 학문의 자료들을 포함하여 보다 포괄적이고 전 생애에 걸친 인격 발달 이론을 집대성하였다. 그 이후 정신분석 내에서는 한 동안 이렇다 할 진전이 없다가 대상관계 이론과, 특히 볼비의 애착이론이 인정을 받으면서 새로운 전기를 맞이하였다. 볼비의 애착이론은 직접 유아를 관찰 대상으로 하여 유아의 자기와 대상 간의 관계를 통하여 인간이 일생을 거쳐서 자기와 세상을 바라보는 관계의 틀을 어떻게 형성해 가는가 하는 과정을 보다 세밀하게 이해할 수 있게 도움을 주었다. 이상의 이론들은 모두 정신분석이라는 심리적 치료의 장을 염두에 두고 만들어진 이론들이므로 대체로 유아와 성인에게서 발달의 장애가 어디서 왔는가 하는 병리적 현상에 초점을 둔 연구들이었으며, 따라서 발달 과제, 발달의 위기, 일차적 돌보는 사람primary caretaker과의 관계, 특히 정서적 관계에 집중된 연구들이었다.

한편, 이들과는 전혀 다른 시각에서 새로운 발달이론의 기초를 세운 사람은 쟝 피아제이다. 그는 정상 유아의 직접 적인 경험과 관찰을 토대로 인지구조를 중심으로 한 독보적인 발달이론을 주창하였는데, 즉 인간은 태어나서부터 나이가 들어감에 따라 자기와 세상을 인식하는 일정한 방식의 인지적 틀이 있음을 밝혀 냈고, 이 구조는 예측 가능한 질서를 따라 습득되어지며, 성인이 되더라도 일정한 단계에 머물러 있거나, 특정한 상황에 따라 발전되기도 한다고 주장하였다. 그의 이론은 인간의 행동과 자기 이해, 신앙과 도덕성의 발달과 성숙들을 이해하는데 중요한 단서를 제공하게 되었다. 그의 이론은 로버트 케간, 캐롤 길리건, 제인 로에빙거 등의 학자들에 의하여 각각 자신의 전문분야에서 적용 확대되었다. 피아제의 이론은 정상아를 대상으로 한 인지 발달이론이었으므로, 정신분석적 발달 이론이 담을 수 없는 자율, 의미, 도덕 등의 인간의 긍정적인 가치를 담을 수 있는 여지를 가지고 있기 때문에, 이를 토대로 로렌스 콜버그의 도덕발달 이론, 제임스 파울러의 신앙발달 이론, 그리고 이 책의 주제가 되는 로에빙거의 성인 인격의 성숙 단계이론들로 발전할 수 있었다. 이들 구조적인 발달이론들은 인지 중심의 연구로서, 인간은 유아로부터 성인으로 성숙되어 가면서 자기와 세계를 지각하는 일정한 인지적인 틀이 있다는 주장을 담고 있는데, 이것은 앞서 살펴 본 정서적인 그리고 유아기의 병리적인 현상을 중심으로 관찰된 정신 분석적인 인격 발달이론과는 전혀 다른 논리 체계를 담고 있으므로, 인간의 성숙이 어떤 모습으로 발달하여 가는가를 총체적으로 이해하기 위하여는 앞으로 주의 깊게 이 두 이론 체계들을 상호 보완하는 작업이 필요하다. 특히 기독교적인 전통의 영성발달 개념을 이해하고 이를 돌보는 영성지도의 목회현장에서, 이제까지의 영성지도가 지도자와 수련자의 관계 에서 일어나는 역동에 대하여 관계적 정신 분석 분야의 현대적 지식에 많은 도움을 받아왔다면, 앞으로는 이런 구조적 인격성숙 이론에서 많은 이해와 도움을 받을 수 있을 것으로 기대된다.

구조적인 인격발달 이론은 전술한 바와 같이 유아기만이 아닌 성인으로 이어지는 성숙의 단계를 포함하며, 또한 병리적인 현상에 국한되지 않고 정상적인 성숙의 과정들에 관한 연구 이므로, 여기서 얻어진 통찰을 토대로 여러 학자들, 즉 제임스 파울러의 신앙 발달 이론을 필두로, 최근에 조앤 윌스키 콘, 헬미니악, 켄 윌버, 그리고 이 책의 저자 리버트 등이 영성 발달의 영역으로 그 연구의 틀을 왕성하게 확장시키고 있는 실정이다.

영성지도나 기독교 상담의 현장에서 만나는 지도자나 수련자, 상담자와 내담자, 목회자와 교인들은 모두 어떤 발달의 단계에 속한 존재들이다. 따라서 모두 각 자의 틀을 가지고 서로 만나고 돌봄을 주고 받는다. 영성지도에서 이 틀을 잘 이해하고 발달적 시각을 고려하면서 접근한다는 것은 지도자와 수련자가 영성지도 현장에 가지고 오는 역동들에 대한 우리의 이해는 훨씬 확장될 수 있다. 이는 단지 심리학적 인격의 이해를 뛰어넘어 인간의 신비와 독특함을 더욱 깊게 깨닫게 해 줄 수 있다. 우리는 공동체의 영적 동반자들을 보다 잘 공감할 수 있게 되며, 그들과 하나님과의 사이에서 일어나는 관계와 경험들을 보다 잘 성찰할 수 있게 될 것이다. 따라서 이런 발달과 성숙의 과정을 잘 이해한다면 영성지도 등의 목회적 돌봄의 현장에서 그런 성숙의 변화를 보다 잘 촉진 시킬 수 있게 될 것으로 기대할 수 있다.

그러나 이들 이론들은 아직도 넘어야 할 커다란 산맥에 가로 막혀 있다. 그것은 영성이라는 것이 어떤 심리학적 틀 속에서 제한적 으로 볼 수가 없다는 사실이다. 엄밀히 보면 이들의 연구는 신앙발달이나 영성발달 그 자체라기 보다는 신앙적인 측면 또는 영성적인 측면을 중심으로 한 심리학적 자아발달 이론이라고 봐야 옳을 것이다. 영성의 발달을 논의하기 위하여는 심리학적 틀을 초월하는 신학적, 종교 전통의 개념들, 그리고 기독교적으로 말하면 우리가 아직 정의할 수 없는 하나님과의 관계적인 측면 (예를 들면 정화, 조명, 합일 등의 전통적인 영성발달의 개념들) 등과의 통합적인 논의가 필요하기 때문이다. 이울러 저자도 이 책의 말미에서 조심스런 우려를 나타내는 것처럼, 우리가 이런 발달이론을 체계화하고, 그것을 사람들, 수련자나 교인들에게 적용하고 평가하는 것은 다른 한편으로는 인간에 대한 매우 위험한 편견이나 고정 관점을 갖도록 할 수 있으며, 오용될 수도 있다는 것이다. 예를 들면 심리적 발달이나 영성 발달의 상위 단계에 있다는 것을 하나님과의 관계가 더욱 가깝거나 "거룩하다"는 것과 일치하는 것으로 잘못 받아들여 수련자들을 고정된 방향으로 인위적으로 몰아 부칠 위험이 있다는 것이다. 영적

성숙에는 우리의 논리적 이해를 훨씬 초월하는 신비의 영역이 존재하며, 이를 주관하시는 이는 오직 성령이며, (심리학적으로 추출된) 영적 성숙이 곧 성경적으로 바람직한 은혜의 상태는 아닐 수도 있다는 것이다. 오히려 영적으로 성숙하든 미숙하든 각 단계에 맞는, 즉 각 개인의 존재상태에 따라 각기 다른 주님의 은혜와 거룩함이 있을지도 모른다는 여백을 인정해야 한다는 것이다.

그럼에도 불구하고 이들 이론들은 영성지도의 장에서 고려돼야 하는 절대적인 가치를 지닌다. 이 책을 읽고 나면 영성지도 현장에서 이런 발달이론을 모른 채 시도하는 이해나 도움이 무모하기조차

하다는 느낌을 갖게 된다. 우리의 영성 생활이나 신앙생활은 상당 부분 자아의 성숙도와 밀접한 관련이 있으며, 이를 이해하는 것은 필수적이라고 할 수 있기 때문이다. 그런 의미에서 이 책은 영성지도를 위시한 목회적 돌봄에 부르심이 있는 사람들이라면 누구나 필수적으로 한번쯤 읽어보아야 하는 책이라고 서슴없이 말할 수 있다.

## 개정판 서문

책을 출판하는 일은 독특한 대화를 만들어낸다. 한 사람의 생각이 책을 선택한 사람, 즉 독자의 마음을 연다. 잠정적인 대화의 대상들은 점점 증가한다. 그리고 비평가들과 친구들의 평가나 비판은 그것이 아무리 신랄할지라도 개인적으로 전달 되고 또 다른 독자들의 평가가 거기에 더해진다. 그리고 책이 지닌 장점이나 약점들과 그것의 타당성과 유용성에 대한 결론은 공공연하게 내려진다. 책이 출판사로 넘겨지는 그 시점부터 한 사람의 창작물은 생소한 방법으로 누군가에 의해 관찰될 운명에 처해지게 되고, 그 결과 그 책은 언어에 갇히고 책을 쓰던 당시의 생각의 패턴에 갇힐 수 밖에 없다. 책은 지금 말하는 것을 비록 다음 날 다른 사람이 그에 관해 흥미로운 관점으로 다른 견해를 제기했을지라도 여전히 같은 말을 반복할 수 밖에 없게 된다.

개정판은 그래서 "잠깐만! 내게 할 말이 더 있어요!"라고 고쳐 말할 수 있는 좋은 기회가 된다. 이 책의 초판에서 근거로 삼았던 모든 발달론자들은 이미 은퇴한 제인 로에빙거Jane Loevinger를 제외하고는 발달에 대한 개념을 계속 확장시켜 왔다. 초판에서 발달의 과정을 걷고 있던 로저Roger, 탐Tom, 메리 베스Mary Beth 그리고 케더린Katherine은 다소간 발달적으로 도움이 되는 환경에서 계속 생활하면서 유용한 발달적 진전을 이루고 있다. 이스트민스터 Eastminster 장로 교회는 임시 목회자를 초청했고 그녀가 교인들과 함께 시작한 키친 미니스트리Kitchen Ministry를 차기 목회자의 재임기간 6년 동안 이어갔다. 그러나 결국은 "복지의 한계를 드러내고" 궁지에 빠지게 되었다. 초판에서는 이 책의 독자들을 현재 목회를 하는 목사나 영성지도자들로 국한했다면, 개정판은 목회 사역을 배우는 신학생이나 영성지도 프로그램을 듣고 있는 사람들도 포함하려고 한다.

출판을 서둘러야 한다는 이유로 나는 처음부터 모든 내용을 다시 쓸 수는 없었다. 그래서 초판에서 소개한 발달론자들이 영성지도와 영적 인도에 있어 특별히 중요하다고 주목하는 발달 구조이론들에 대한 근래의 움직임들을 다룰 수 있는 장을 새로 첨가했다. 로저, 탐, 메리 베스 그리고 케더린은 이스트민스터 장로 교회에 잠시 재등장한다. 마지막으로 나는 이 책에서 인용한 중요한 참고 도서의 제목들을 대부분 첨부하여 독자들이 연구를 계속할 수 있도록 돕기 원했다.

특별히 개정판을 출간하도록 도운 Chalice Press의 Jon L. Berquist에게 감사를 드린다. 나의 질문들에 신속하고도 기쁜 마음으로 답해 준 그의 도움으로 개정 작업을 즐겁게 할 수 있었다. 또한 Lewis Rambo와 Jeanne Stevenson Moessner는 초판 발간 이후에도 계속 발달에 대한 글을 쓸 수 있도록 도왔다. "영성지도와 성인발달론Changing Life Patterns"을 읽고 참고자료로 사용해온 분들과 그들의 조언은 "더욱 분명하게 이해할 수 있는" 글을 쓰도록 만들었다. 그리고 마지막으로 실제의 삶에 근거한 인간 발달과 영성지도에 대한 나의 생각을 계속 발전시켜 나가도록 꾸밈없는 실제의 삶과 교실에서의 수업을 통해 나를 도왔던 수련자들과 학생들께도 감사 드린다.

 서 문

이 책에서는 네 사람과 한 교회의 회중들을 만날 수 있다. 로저, 탐, 메리 베스 그리고 케더린은 개인적으로도 매우 다른 발달적 단계에 처한 사람들이고, 특히 이스트민스터 장로교회 회중과는 발달적으로 더욱 다른 사람들이다. 그러나 이들 모두는 영적 인도의 과정에 참여하고 있다는 공통점을 가지고 있다.

현재 일고 있는 영성지도의 부흥은 인간 개인들과 문화를 보는 현대적 시각들과의 대화를 촉진시키고 있다. 이 책은 그 대화의 한 단면인 성인의 발달과 영성지도 사이의 관계를 확대시키고 분명하게 하려는 시도이다. 이 책은 인간 발달에 대한 구조적 이론들을 소개하고 이 이론들이 특정한 개인들, 즉 로저, 탐, 메리 베스 그리고 케더린의 영성지도에 어떤 영향을 주는지 관찰한다. 그리고 마지막으로 이스트민스터 장로교회의 예를 들어 이 발달적 시각을 교회 회중 안으로 돌려 교회에서의 영적 인도의 문제로 확대시킬 것이다.

여기서 사용하는 영적 인도라는 용어는 6세기의 그레고리 대제 시대 이후로 "영혼의 돌봄" 혹은 "영혼의 치유"라고 불려온 목양적 책무를 일컫는다. 단지 그것이 하나님의 부르심에 대한 우리의 인식과 그에 대한 우리의 합당한 반응을 불러일으킬 수만 있다면 말이다. 영성지도는 각 사람의 독특한 경험들, 삶의 상황들과 선택들 그리고 열망들에 관한 영적 인도를 특정화한 것이다. 더 나아가 영성지도는 어떤 경우에도 개인이 하나님께 민감하도록 돕고, 그 결과 모든 것 안에서 하나님과 개인의 관계가 더 깊어지도록 권면하는 것임을 수련자와 지도자가 명백하게 동의하면서 이루어진다. 그러므로 영성지도는 더 특정적이고 개인적인 형태의 영적 인도라고 말할 수 있다.

영성지도는 많은 경우 장기간에 걸쳐 일대 일의 상황에서 이루어진다. 그리고 모든 영적 인도의 형태 안에서 일어나는 풍부한 발달의 계기들을 찾기 위해 조금 더 다루기 쉬운 상황 속에서 이루어진다. 개인 영성지도에 참여하면서 발달의 역동들은 좀 더 직접적으로 드러나게 되고, 발달할 수 있는 귀를 개발하도록 도움을 얻을 수 있다. 개인의 영성지도와 관련된 발달적 문제들을 충분히 다룬 이후에, 더 폭넓고 복합적인 전체 회중과 관련된 발달적 역동을 다룰 수 있는 시각을 얻게 될 것이다.

비록 이 책은 주로 영성지도에 대해 초점을 맞추고는 있지만, 이 사역에 대한 일반적인 토론을 하지는 않을 것이다. 오히려 나는 이 일로부터는 약간 떨어져서 어떻게 인간이 계속 변화 해 가는지에 대한 현대적 연구를 통한 시각을 영성지도에 제공 하길 원한다. 나는 영적 인도의 과정이 일어나도록 발달적 시각을 도입하고, 이 시각이 영성지도를 어떻게 다르게 만들며, 또한 비록 간략하게나마 집단적으로 이루어지는 영적 인도에는 어떤 영향을 주는지 다룰 것이다.

이 책에서 추구하는 발달적 관점은 모든 영적 인도가 일어날 수 있는 근거로써 인간 개인이 지닌 "보고, 듣고, 이름 짓고, 기념하고 행동할" 수 있는 잠재된 힘에 관한 것이다. 그리고 하나님과 인간의 관계에 있어서 인간적인 측면을 관찰하는 것이다. 즉, 하나님의 은혜를 받아들이고 하나님과 함께 창작해 가는 우리의 능력을 말한다. 그것은 하나의 응집된 전인으로써 이 세상을 만들어 가는 우리 인간들의 가능성과 제한성을 탐색하는 일이기도 하다. 그런데 이것은 우리 자신과 하나님을 내포하는 모든 상황들 그리고 사람들과 맺는 관계 안에 있는 우리 자신을 이해하는 것에서 시작된다. 이 책은 이런 자기이해, 자기해석이 시간을 두고 어떻게 변화될 수는 있는지, 혹은 왜 이러한 자기 개념이 그다지 바뀌지 않을 수도 있는지를 다룬다. 이것들 모두는 우리가 이루려는 목적을 위해 동일하게 유용한 내용들이다. 그 다음에 우리가 찾으려는 것은 "이 모든 것들이 영적 지도를 통해, 그리고 영적 지도 자체에는 어떤 변화를 가져올까?"라는 질문에 대한 답이다.

우리가 할 일은 세상을 어떻게 바라보는지에 대한 "논리들"과 다양한 해석의 틀들을 밝히고, 만약 당신이 원한다면, 세상을 함께 이루어가는 도구가 될 수 있는 다양한 "해석적 인식"을 열어볼 수도 있을 것이다. 이런 세계관은 대체적으로 세상에 대한 무의식적이거나 전의식적인 인식이기 때문에 어느 누구라도 영성지도자나 목회자들을 만날 때 언제나 이것들을 가지고 만나게 된다. 다음의 개념들이 여기에 포함될 것이다. "하나님은 그들에게 얼마나 큰 분이신가?" "하나님을 어디에 위치시키는가?" "이 하나님과의 관계에서 그들은 어떤 책임 감을 느끼는가?" "도덕적 책임이나 도덕적 문제에 대해서는 어떤 태도로 접근 하는가?" "자신의 소명에 대해서는 어떻게 인식 하는가?" "자신의 경험과 느낌에 집중하고 그것을 표현하는 일을 할 수 있는 능력이 얼마나 있는가?"

이 같은 요인들은 개인의 영성지도와 회중의 영적 인도에 중요한 영향을 미치게 된다. 영성지도자가 수련자의 표현의 틀을 이해할 때 소통과 공감은 같이 증가하게 되므로 정확한 공감은 다른 도움의 관계들에서와 마찬가지로 중요하고 또한 필요한 것이다.

이와 더불어 중요한 것은 이 발달의 개념이 지닌 한계를 아는 일이다. 그것은 영적 인도의 목표를 제공할 수는 없다. 즉 우리를 부르시는 하나님께 개인이나 공동체가 더욱 온전히 반응하도록 만들 수는 없다. 그것은 또한 영적 인도의 내용을 제공할 수도 없다. 영적 인도에서 다루게 되는 내용은 신자 들이 가진 믿음을 통해 제공된다. 그것은 그들의 체험과 오랜 세월 동안 묵상한 성경 말씀, 전통, 예배 그리고 섬김에 관한 것들이다. 발달 개념은 그리스도 안에서 성숙에 이르고자 하는 열망과 성장을 향한 갈망 자체를 제공할 수도 없다. 이 열망은 성령께서 우리에게 은혜로 말미암아 값없이 주는 선물이다. 그러나 그것은 어떻게 인간이 발달하는지 통찰하도록 하며, 개인의 영성지도와 회중의 영적 인도 안에서 그런 과정이 일어나도록 도울 수 있는 계기를 마련할 수는 있다.

이에 관한 논의들은 다음과 같이 전개될 것이다. 처음 두 장은 내가 지닌 영성지도와 인간 발달에 관한 이론의 배경이 되는 이미지와 개념들을 소개하면서, 제 1장에서는 영성지도라는 용어가 낯선 사람들을 위해 먼저 영성지도를 소개 하려고 한다. 그래서 영성지도의 역동과 관련 용어들에 익숙한 독자들에게 제 1장은 오늘날의 영성지도에 대한 광범위한 이해의 범위 안에서 나의 견해가 어디에 속해있는지 알리는 것이 될 것이다.

제 2장은 인간 발달의 이미지와 가설들에 관한 것으로서, 심리적 이론들이 잘 다루어진 한 문학 작품을 통해 설명하려고 한다. 이를 위해 나는 잘 알려진 현대 동화인 안톤 쌩 떽쥐베리 Antoine de Saint Exupéry의 어린 왕자를 택했다. 나의 필요를 채우기 위해 그의 창작품인 어린왕자를 사용한 점에 대해서 나는 미안한 마음을 전하고 싶다. 내가 만들어낸 새로운 행성에 어린왕자를 보낸 것과 관련해 쌩 떽쥐베리는 아무런 책임이 없다. 나는 그의 동화를 따라가면서 발달의 구조적 틀을 설명하고, 그에 따라 영성지도를 어떻게 할 것인지 다룰 것이다.

제 3장에서는 이미 소개한 발달의 이론들을 구체화시킬 로저, 탐, 메리 베스 그리고 케더린을 만나게 될 것이다. 이들은 내게 정식으로 영성지도를 요청했던 실제 인물들을 조합하여 만들 었으며, 영적 인도의 실제에 관해 발달적 가능성을 설명할 수 있는 각 단계에 적합한 "이상적 타입"의 역할을 하게 될 것이다.

제 4장에서는 구조적 발달 개념에 근거한 변화의 이론을 탐색하면서 메리 베스에 대해 다시 성찰하게 된다. 영적 인도는 어떤 식으로든 영적 발달을 위한 것이다. 그렇다면 영적 발달은 일반적인 인격의 발달과 어떤 관계가 있는가? 목회자나 영성 지도자는 그 변화의 과정에 어떻게 관여할 수 있는가? 목사, 부모, 교육자 혹은 영성지도자는 그 누구라도 발달적 변화를 이해하고, 발달지향적인 반응

을 할 수 있어야만 한다. 그러므로 제 4장의 주제인 변화의 가능성과 한계는 변화의 단계들 그 자체보다 훨씬 더 중요하다.

주요한 구조 발달 이론들에서 각각 구별하여 특징적으로 설명 하는 발달의 각 단계들은 제 5장, 6장, 7장에서 주제별로 다룰 것이다. 각 장은 대부분의 성인들에게 해당되는 세 개의 발달 단계들 즉, 순응주의 단계, 양심적 단계 그리고 개인상호 적 단계들을 차례로 다루게 된다. 그리고 모든 단계의 설명 에는 그 이전 단계와의 사이에 위치한 전환의 시기, 해당 단계의 특징들과 영성지도에서 제기되는 전형적인 문제들을 포함시킬 것이다. 이들 세 장의 마지막 부분은 각 단계에 해당하는 로저, 탐 그리고 케더린이 영성지도를 이어가는 내용을 같이 따라가며 앞 부분에서 설명한 내용을 영성지도와 연결 짓도록 할 것이다.

마지막으로 제 8장과 9장에서는 개인 영성지도에서 교회 회중의 영적 인도로 우리의 시야를 넓혀서 주제의 초점을 바꾸려고 한다. 우리는 발달의 역동이 모든 회중들에게서 일어나게 되는 영성 형성의 과정을 어떻게 돕는지 알아보려고 한다. 이 일을 통해 발달에 대한 지식을 가지고 개인들 뿐 아니라 그룹들을 어떻게 이해하고 그들을 대할 수 있는지 배우기를 원한다.

이 책은 다른 사람들의 영적 성장을 촉진하는 사역에 헌신한 모든 사람들에게 이야기하기 원한다. 어떤 이들은 자신을 영성 지도자라는 전통적인 명칭으로 소개할 수도 있겠지만, 교회 회중들이나 다양한 그리스도인의 모임을 위한 영적 인도자 혹은 사역자로 자신을 소개하는 사람들도 있을 것이다. 혹은 스스로를 단지 누군가의 초대로 그들의 영적 여정으로 걸어 들어가 순례의 길을 함께 떠나는 영적 동반자로 여길 수도 있을 것이다. 무엇보다도 나는 이 책의 독자로 목회자들을 포함하기 원한다. 물론 그들은 사역자나 영성 인도자 가운데 포함될 수도 있을 것이다. 왜냐하면 그들이 지닌 최우선의 책임은 교인 개개인들 뿐 아니라 회중 전체의 영적 인도라고 생각하기 때문이다. 마치 목회상담가가 모든 인간 상호관계 가운데 놓여있는 역동을 분명히 이해하기 위해서 심층 심리학에 몰두하는 것만큼이나, 목사는 교회 회중의 영적 인도라는 과제에 대한 실마리를 얻기 위해 영성지도의 역동을 연구해야만 할 것이다.

위에서 열거한 각각의 독자들은 아마도 각기 다른 용도로 사용하기 위해 이 책을 선택할 수 있을 것이다. 인간발달의 구조 이론을 접해본 사람이라면 제 2장과 4장에서 이 발달적 시각의 주요한 요소들을 발견할 것이고, 일반 사역 현장에 있는 목사나 평신도들은 제 5장에서 7장까지의 내용이 평상적으로 그들에게 요구되는 것들보다 더 전문화된 자료들 이라고 생각 해서 이들 세 장보다 먼저 제 8장과 9장을 먼저 읽고 싶어할 수도 있을 것이다. 반면에 영성지도자들은 결론을 짓는 마지막 장에서 그들이 평소에 쉽게 접하는 일 대 일 상황들보다 더 조직적으로 접근하도록, 그리고 그룹 영성지도와 더 큰 규모의 회중적 상황 에서도 발달 이론들을 적용 해 보도록 도전을 받게 될 수도 있을 것이다.

어떤 작가라도 특정한 사회적 위치에서 글을 쓰게 되어있다. 나의 위치를 분명하게 하는 것은 독자들로 하여금 나의 출발점과 편견 그리고 제한 점을 간과하지 않도록 도울 것이다. 나는 백인이고 미국인 중산층에 속한 로마 가톨릭의 수녀로써 학문적 훈련은 종교와 인간학에 집중되었다. 비록 내가 자유롭게 임상 이론과 용어를 빌려서 쓰고 있지만 나는 상담가가 아니라 영성지도자를 주된 업무로 하고 있다. 그리고 이 일을 위해 심리 이론과 임상 기술들을 도입해서 사용해 오고 있다.

영성지도자로써 나는 16세기 인물인 예수회의 창시자 로욜라의 이냐시오 Ignatius of Loyola가 주창한 전통을 가장 수용적으로 따르고 있다. 특히 요즈음 그것이 다시 해석되고 개선되면서 더욱 그렇게 하고 있다.1 이 전통은 이성과 감정, 그리고 관상과 행동의 균형을 이루고 있다. 또한 그것은 다양한 형태의 기도를 드리도록 돕고,

분별을 돕기 위해서도 경험적이고 기능적인 법칙을 제공 하고 있다. 그리고 영신 수련은 수련자 개인에게 은총과 능력이 주어짐을 주장함으로써 지도자가 하나님과 수련자 사이에 들어가지 말아야 함을 말한다. 영성지도에서 오고 가는 대화를 들으면서 나는 종종 이냐시오가 그의 경험에 기인해서 설명했던 개념과 역동들로 생각을 돌린다. 물론 그러면서도 나는 그의 개념이나 이해들을 20세기의 미국에 살고 있는 한 여성으로써 겪는 내 자신의 경험이라는 필터를 통해 여과하는 작업을 거친다.

개신교인들로 주로 구성된 신학교와 신학 대학원에서 가톨릭 교인으로서 그들을 가르치는 동안 나는 영성지도를 특징짓는 개념, 언어, 신학적 세계관에 있어 개신교의 목회적 돌봄이나 상담적 시각으로 접근하는 태도와 로만 가톨릭이나 영국 국교의 신학적 교회적 시각과는 미묘한 차이가 있음을 인식 하게 되었다. 이 책의 독자들은 이들 두 부류를 모두 포함할 것이기 때문에 나는 이 글에서 사용하는 언어와 접근 방법을 좀 더 포괄적으로 만들려고 애썼다. 그러나 가끔은 양쪽 그룹 모두에서 일방적인 관점만을 다룬다고, 혹은 한 방법으로만 표현하고 있다고 난색을 표할 수도 있을 것이다.

여성으로써 교구에서 다른 여성들과 일하면서 그리고 고등 교육 기관에서 일하면서, 또한 수도회 안에서 얻게 되는 내 자신의 경험은 여성들의 목소리와 경험들이 인간학과 지금까지 전해져 온 영적 전통들 안에서 잘 반영되고 있지 않았음을 확신하도록 했다. 그래서 이 책에서는 특히 여성들의 경험에 초점을 맞춘 연구를 포함시키므로 균형을 맞추길 원했다. 그렇게 함으로써 남성들만 아니라 여성들의 경험도 포함된 인간의 역동을 더 분명하게 이해할 수 있을 것이라고 나는 믿는다.

나는 물론 다른 문화나 사회 경제학적인 배경을 가진 여성 혹은 남성들 역시 이 책에서 자신들을 인식할 수 있기를 바란 다, 그러나 어떤 이론이나 모델도 인간 발달이나 영적 인도에 관한 방대한 주제를 다 포함할 수 없는 것처럼, 나 역시 그들의 목소리를 모두 반영하고 있다고 말할 수는 없을 것이다. 이 책을 통한 나의 특별한 바램은 에베소서4장 13절에서 바울이 말한 "그리스도의 장성한 분량에 이르게"[2]하는 과정을 이해하도록 돕는 렌즈들 가운데 하나로 발달적 시각을 소개하는 것이다.

## 제 1 장

### 영성지도에 대한 이미지와 가설
### Images and Assumptions about Spiritual Direction

영성지도의 이미지/
신학적 심리학적 개념/
영성지도의 목표/
신학과 심리학의 대화/

**제 1 장  영성지도의 이미지와 가설**

"영성지도가 무엇이지요? 들어보긴 했지만 그 정확한 의미를 모르겠네요. 목회상담과는 다른 것인가요?"
"영성지도자를 어떻게 찾을 수 있습니까? 그리고 만약 찾았다 하더라도 무엇을 해야 하는 것인지 잘 모르겠습니다."
"나는 사역을 준비 중에 있습니다. 영성지도 사역을 위해서도 준비해야 할 것이 있나요?"
"영적 인도에 관하여 나는 요한 웨슬리를 따르고 있습니다. 그가 행했던 것들에 심리 발달이론을 더할 필요가 있을까요?"

이런 질문들은 초교파적 집단에 속한 개신교 신학교에서 영성 분야의 신학 교육을 맡고 있는 내가 현재 처한 상황 속에서 흔히 들을 수 있는 질문들이다. 이런 혹은 이와 비슷한 질문들은 영성지도의 성격과 상황에 대해 한마디로 단정지어 답할 수 있는 명확한 보편적 이해가 아직 없다는 사실을 충분히 인식하게 한다. 그리고 나 역시도 다른 영성지도자들과 공유할 수 있는 보편적인 인식을 가지고 있지 않음을 인정할 수 밖에 없다. 그렇다면 내가 영성지도라고 말할 때 그것은 어떤 것을 의미를 함축하고 있는 것일까? 위의 질문들에 답하기 위해 우리는 여러 단계를 거쳐야 할 것이다. 나는 우선 영성지도가 보고 듣고 반응하며 이름 짓고 기뻐하고 (예배하고) 선택하는 특정 행위로 설명하려고 한다. 그리고 그것들과 관련 지어서 영성지도를 정의할 것이다. 두 번째 부분에서는 이 정의에 속해 있는 다양한 요소들을 탐색하려고 한다. 이를 위해서는 그러한 관점의 근거가 되는 신학적, 심리적 개념들을 설명할 것이다. 그 후에 영성지도의 목표를 명료화하고 상담이나 목회적 돌봄과는 다른 점이 무엇인가를 살펴볼 것이다. 그리고 마지막으로 이 책이 말하는 영성지도는 신학과 심리학과는 어떤 관계성을 가지며, 영성지도자의 직무에는 그것들이 어떤 영향을 미치는지 관찰할 것이다.

## 영성지도의 이미지

영성지도는 영성지도자와 수련자 모두에게서 비롯되는 특정한 형태의 보고 듣고 반응하며 이름 짓고, 기념(예배)하고, 행동 하는 일들로 이루어진다. 이것들을 조명함으로써 우리는 좀 더 구조화된 영성지도를 잘 설명할 수 있을 것이다.

영성지도는 주목하는noticing 것을 포함한다. 지도자와 수련자는 세속적인 삶의 흐름 속에서 하나님께서 행하시는 일들의 표징에 대해 민감해질 것을 권면한다. 영성지도는 모든 것 안에서 일하시는 하나님의 불분명한 영광의 광채를 볼 수 있는 눈을 개발한다.

영성지도는 듣는hearing 것을 포함한다. 그것은 영혼의 언어, 주린 가슴, 영혼의 갈망, 전인의 통합을 격려하고, 받아들이며, 높이 평가하고 결국은 해방시키는 적극적인 경청의 능력을 발달시킨다.

영성지도는 반응하는responding 것을 포함한다. 그것은 수련자와 수련자에게서 일하시는 하나님 그리고 하나님의 임재가 있는 곳에서라면 변함없이 시작되는 행하라는 명령에 반응 하는 것이다. 하나님은 주도권을 가지고 우리로 하여금 반응하게 하신다. 그러나 그것은 어떤 의미로도 미리 결정 지어진 숙명적인 것은 아니다. 이런 태도로 바라보고 듣게 될 때 마음에 일어나는 질문들이 있다: 무엇을 해야만 하는가? 어디로 가야만 하는가? 나는 누구인가?

영성지도는 이름 부치는naming 것이다. 자신의 삶과 다른 사람의 삶 가운데서 겪게 되는 하나님 체험에 목소리를 입히고 이름 부치는 것이다. 지금 일어나고 있는 일들을 표현할 언어가 없다면, 이 영적인 실재는 쉽게 묻혀버리고 온전히 이해할 수 없으며, 대부분 개인적인 것으로 심지어는 소통될 수 없는 어떤 것으로 남아있게 된다. 이름 지을 때 비로소 생명과 본질이 부여된다. 그리고 현실을 나누고 반응할 수 있는 가능성을 만들어 낼 수 있다. 기독교 전통은 우리가 관계들 속에서 그리고 믿음의 공동체 안에서 하나님을 인식하고 그분께 반응하는 것임을 보여준다. 영성지도는 믿음의 작은 공동체이다. 그리고 그것은 결국 과거와 현재의 모든 구도자들을 포함하는 믿음의 공동체, 실로 기독교 공동체 그 자체에 속한 것이다.

영성지도는 기념하는celebrating 것이다. 경이로움, 겸손 그리고 말을 잃게 되면서 우리는 예배로 나아간다. 인도자와 수련자가 모두 영성지도에서 함께 하나님의 임재에 대해 기도 혹은 단순한 예식으로 반응하게 될 때 실제로 취하게 되는 첫 번째 인간적 행위는 예전, 예배가 된다.

마지막으로 영성지도는 행동acting과 관련되어 있다. 기독교 인이 된다는 것은 하나님과 자기 자신, 이웃 그리고 자연을 깊이 사랑하고, 나아가 행동하는 사랑을 요구한다. 기독교인으로써 우리는 이미 구원받았고 어둠의 권세로부터 해방되었음을 인식 하고 있다. 그러나 그 구원을 온전히 경험하는 일은 우리 자신 안에서, 관계들 안에서 그리고 우주 안에서 이루어져 가야 하는 일인 것이다. 기독교인이 된다는 것은 하나님의 완벽한 통치가 도래할 때에 우리의 행위가 궁극적으로 인정받을 것임을 소망하며 사는 것이다. 영성지도는 비록 세상의 다른 문화들이 이 진리를 대놓고 부인하는 시대에 살면서도 이런 기독교적 비전과 행동들을 계속할 수 있게 만드는 많은 도구들 중의 하나이다.

그러므로 영성지도는 개인들 사이의 상호적 관계를 돕는 것이고, 그것은 교회의 목양적 돌봄 사역에 뿌리를 둔다. 이 관계 속에서 한 기독교인은 다른 사람을 도와 기독교 공동체 안에서 하나님의 주도권과 성경의 명령에 반응하며 가장 심오한 가치와 삶의 목표들을 발견하고 그것을 삶 가운데 살아낼 수 있도록 한다. 이제 이처럼 규정지은 특정 용어들과 그것들이 기반한 개념들을 좀 더 분명하게 설명 하도록 하겠다.

## 신학적, 심리학적 개념

"영성"과 "지도"라는 단어는 매우 명령적이고 지시적인 용어로 사용되어 왔기 때문에, 많은 사람들이 곧 바로 문제를 제기할 여지가 있을 것이다. 그러나 이 용어는 전통적으로 계속 사용 되어 왔고, 다른 단어로는 그것이 전달하는 내용을 담지 못하고 오히려 모호함만을 더할 수도 있으므로 이곳 에서는 고전적인 단어 그대로를 쓸 것이다. 그러나 이 두 단어의 의미에 대한 설명을 먼저 함으로써 마음의 거리낌을 덜길 원한다.

내가 이해하는 범위에서 "지도"라는 단어는 한 사람이 다른 사람에게 무엇을 하라고 말하는 것이 아니다. 그것은 심지어 주의 깊게 보고, 듣고, 이름 짓고, 기념한 후에라도 그렇게 해서는 안 되는 것이다. 영성지도에서 "지도"라는 단어는 단지 수련자의 지향성을 일컫는 것이다. 그러므로 "지도"는 이 인간 상호 관계의 목표이지 그것을 이루기 위한 수단이 아니다.1 영성지도는 역동적 관계 안에서 수련자가 하나님의 부르심과 인격이신 하나님께 나아가는 그 자신만의 지향, 길과 과정 그리고 온전함을 이뤄가는 과정을 발견하도록 돕는 것이다.

그리고 영성 혹은 영적이란 의미 또한 멀리 있는 다른 세상을 말하는 것이 아니다. "영적이다"라는 것은 인격의 가장 핵심에 있는 만질 수 없는 무형의 실제, 생동감을 주는 삶의 원리, 다른 피조물들 가운데 은혜를 입은 한 인간이라는 생기, 생명의 호흡을 가리킨다. "영" 그리고 "영적"이라는 말은 단순 하게 인간 경험의 가장 심오한 영역을 찾도록 우리에게 경종을 울리는 단어들이다.2 그 영역은 우리가 보통 생각하는 거룩함이라는 영역으로 제한되지 않는다. 오히려 영적인 것은 모든 행위를 감싸는 것이다. 그 행위들은 말로 할 수 있는 것과 말로 담을 수 없는 것, 스스로를 움직이는 것과 저지 하는 것, 친밀한 관계와 거리를 둔 관계로 들어 가는 방법, 시간을 사용하거나 돈을 소비하는 방법들을 통해 드러난다. 영성지도는 모든 인간이 살고 있는 가장 심오한 수준의 실제를 드러내고 또 의식적으로 인식 하도록 하는 과정이다.

"영적"이라는 단어는 성령님의 임재와 행하심을 발견하도록 우리를 일깨우는 것이기도 하다. 기독교 전통은 성령님을 생기를 주시는 하나님의 한 위격으로 말한다. 성령은 우리를 위해 적극적으로 행하시는 하나님의 임재이다. 성령은 삶의 의미와, 나사렛 예수의 삶과 죽음 그리고 부활이 무엇인지 가르치고, 그분이 이 땅에 계실 때 말한 것들을 다시 기억 나게 하신다. 그래서 오늘을 사는 우리에게 그리스도가 누구 인지를 알도록 돕는다. 성령은 또한 우리 각자의 마음 가운데, 공동체 안에 그리고 자연 안에 새롭게 거하시고 재창조하시는 하나님의 임재라고 이름 지을 수 있다.3 그러므로 인간 실존의 가장 깊은 실제는 하나님의 영과 인간의 영이 만나는 그곳이다. 기독교 영성지도에서는 (다른 종교의 영성지도에 대해서는 관여하지 않을 것이다) 성령만이 한 분이신 진정한 영성지도자이다. 인간 영성지도자가 하는 일은 단지 성령님과 수련자의 관계가 자라나도록 돕는 것이다. 그래서 영성지도는 우리 자신의 영혼과 세상 가운데 계신 성령의 자취를 샅샅이 찾는 것을 말한다.

하나님께 대한 여러 인식들이 나의 관점의 기초를 놓는다. 그런데 그 인식들 가운데 가장 믿기지 않는 것이 가장 단순한 것임을 알 수 있다. 즉 하나님께서 나와 함께 하신다는 인식이 바로 그것이다. 나는 하나님께서 인간 개개인과 관계를 갖기 원하신다고 믿는다. 실제로 모든 피조물들과 그러길 원하신다. 이 말의 타당성을 나는 이와 정반대의 사실을 통해 역으로 아주 잘 설명할 수 있을 것 같다. 하나님께서 태초에 창조하신 이후로 결코 모든 피조물을 간섭하지 않는다고 상상해 보자. 아마도 우리는 냉철하게 혹은 열정적일 수도 있는 태도로, 그러나 거리를 두고 멀리서 지켜보고만 계신 다는 상상을 할 수 있을 것이다. 이런 이신론적 하나님이라면 영적 동반은 필요도 없을 것이다.

그러나 내가 믿는 우주의 중심에 거하시는 관계적인 하나님은 떨어져서 우리의 위에 혹은 우리와 등지고 계신 분이 아니다. 앞 일을 위해 결정해야 할 일이 있을 경우 주로 거론하게 되는 "하나님의 뜻"이라는 말은 고정된 불변의 것, 혹은 순응하기 위해 발견해야만 하는 "저 멀리 있는" 어떤 것을 뜻하는 것이 아니다. 오히려 하나님께서는 우리가 주어진 모든 상황을 이용 해서 최선을 다해 가능한 가장 창의적인 선택을 할 수 있길 원하신다. 하나님의 부르심은 모든 중요한 관계들의 특징인 지속적이고 역동적인 교류들 가운데 우리가 지금 반응하는 바로 그것에서부터 구별된 순간으로써 시작 된다.4

더구나 하나님은 언제나 우리에게 선한 것을 주시길 열망하고 우리들의 삶의 모든 사건 가운데 임하신다. 이것은 우리가 인내함으로 기다리고 볼 수 있는 눈만 가지고 있다면 지속 적인 하나님의 임재는 어떤 단계에 이르면 드러나게 될 것이 라는 의미이다. 심한 상실이나 트라우마로 고통 당하고 있는 사람들에게 반응할 때는 분명히 목양적 민감성을 행사할 수 있어야만 한다. 어느 누구도 그들이 당하는 고통이 "하나님의 뜻"이라고 결코 말할 수는 없다. 오히려 우리는 그들을 지지하시는 하나님의 자취를 알아차릴 수 있고, 그들 자신의 경험으로부터 마침내 위안하시는 하나님의 임재를 인식할 때까지 그들과 함께 고통스러워하며 함께 할 수 있어야만 한다. 영성지도라는 훈련은 어떤 값싼 은혜도 허락하지 않는다. 진정한 은혜를 발견할 수 있어야 한다.

개념과 동기를 연구하다 보면 우리 인간들은 자신이 찾고 있는 것은 주목하고 기대하지 않는 것은 간과해 버림을 알 수 있다. 우리는 어쩌면 그것을 보려 하지도 해석의 범주에 넣으려 하지도 않는다. 이 책은 이런 선택적 인식의 과정을 상세히 설명하려고 한다. 우리가 더 많이 바라볼수록 더 많이 보이게 되고, 더 많이 보일수록 우리는 더 많이 찾게 된다. 이 말을 추론해 보면서 생각할 것이 많을 것이다. 이 말은 심리학적으로 옳은 말이며 동시에 영적 실제에 있어서도 적용되는 말일 수 있다. 우리의 삶 가운데 하나님의 행하심을 깨닫게 된다면, 그것으로 인해 우리는 더욱 자주 거룩한 행하심을 볼 수 있는 눈을 가지게 된다.

이 믿음의 시각은 모든 영적 인도, 그리고 영성지도의 본질 적인 토대를 제공한다. 만약에 우리가 모든 것 안에 하나님의 영이 충만하다고 믿는다면, 그리고 우리가 하나님의 임재에 둘러싸이고 지속적으로 그 안에서 헤엄치게 된다면 우리는 그것이 실제라는 표지를 주목하기 시작할 것이다. 효과적인 영적 인도는 이 성령 충만함을 훨씬 더 잘 인식하도록 돕는다. 그 결과 우리는 어떻게 반응해야 하는지 잘 선택할 수 있게 된다.

불행하게도 우리의 문화는 믿을 수 없을 정도로 우리가 종교적 영역의 경험을 인식하거나 확인하도록 거의 돕지 못하고 있다. 우리는 모톤 켈시Morton Kelsey가 말한 "공간과 시간의 상자" 안에서 살고 있다. 그리고 그곳에서는 "진정한 실제"로 받아 들여지려면 만지고 측량할 수 있어야만 하고 실험으로 입증 되어야 한다. 우리에겐 초월적인 경험을 말할 수 있는 안전한 공간도 영역도 거의 없다는 것이 현실이다. 그렇기 때문에 영성지도자들은 우리 문화 가운데서 핵심적 기능을 수행하는 사람들이라고 말할 수 있다. 그들 밖에 누가 신묘하거나 위협적일 수도 있는 신비의 경험을 주시하고 이름 짓고, 거기에 편안하게 반응하도록 충분히 안전한 장소를 마련하여 제공 하겠는가?

하나님의 만지심은 마치 꿈처럼 섬세한 것이다. 우리는 만약 꿈을 주시하거나 기록하지 않으면 잠 기운에서 깨어나기도 전에 이미 기억이 사라지고 마는 것을 잘 알고 있다. 영적 경험은 마치 꿈처럼 쉽게 달아난다. 영성지도의 관계는 그것에 이름을 부칠 장소를 제공하는 것이다. 그래서 우리의 산만 함과 내적인 저항들 때문에 우리의 의식적 인식에 도달하기도 전에 거의 그 자리에서 증발해 버리는 섬세한 영적 체험들을 기록하는 것이다.

영성지도를 하나님과의 개인적 관계를 돕는 도구로 취하게 되면서, 나는 하나님께서 평범한 인간적인 과정들을 통해 각 개인들에게 독특한 방법으로 일하고 계심을 알아가고 있다. 케네스 리치 Kenneth Leech는 "기독교 전통의 중심에 얼마나 근접한지 아는 방법은, 하나님 지식에 이르는 길이 자기를 아는 지식에 이르는 길을 통과하면서 얻어진 것임을 확인함으로써"라고 말한다.5 비록 하나님께서는 이런 패턴들을 "당신의 뜻대로" 무시해 버리실 수 있지만, 유추컨대 그분께서는 일반적으로 인간이 기능하는 정상적 영역 안에서 일하신다. 그러므로 다른 목회적 상담, 치료, 교육, 위기관리, 사회복지 그리고 그 밖의 다른 도움의 관계들에서와 마찬 가지로 인간의 인격에 대한 심리적 이해는 영성지도에도 도움이 된다. 더 나아가 영성 지도자와 수련자는 인간 상호 관계들의 특성들 가운데 하나라고 말할 수 있는 심리적 역동에 참여한다.

교회적 시각으로 보면 영성지도는 목회적 돌봄의 특정 영역에 속한다. 그러므로 나는 그것을 성도의 치유, 보존, 인도, 화해 그리고 양육을 위한 교회적 사명의 범주 안에 위치시키려고 한다. 이런 주장들을 근거로 적어도 이상적으로라면 영성지도는 기독교 공동체의 정황 안에서 일어나야 하는 것이라고 말할 수 있다. 영성지도는 사무실이 아닌 교회 공동체 안의 사역이다. 그러므로 영성지도자는 단지 안수 받은 사람들만이 아닌 모든 세례 받은 기독교인들 가운데서 발견된다. 그리고 특정한 영적 인도를 선택하고, 영성지도의 관계 안으로 들어가면서 수련자는 그것으로 인해 지도자에게 권위를 넘기는 것이다. 이 권위의 부여는 지도자가 이 사역을 배우고 은사를 경험을 했기 때문에 이루어진다. 그러나 모든 수련자 들의 선택과 그에 따른 책임은 결코 지도자가 아닌 수련자에게 속한 것이다.

나는 지금까지 영성지도를 돕는 관계로 설명했다. 이제 그것이 어떻게 다른 돕는 관계들과 같은 방법으로 일어나며, 더 중요하게는, 다른 도움의 관계들과는 또 그 방법이 어떻게 다른지 확인하도록 하겠다. 모든 도움의 관계들에서 한 사람은 다른 사람을 특정한 방법으로 섬길 것에 동의한다. 그리고 그렇게 하면서 그 사람이 가지고 온 해결 과제와 목표를 그 중심에 둔다. 이 관계에서 돕는 사람의 편에 있는 사람들은 비록 임시적일지라도 본질적으로 힘의 불균형이 존재하고 있음을 인식하고 상대에게 최선의 도움을 주기 위해 그 힘을 윤리적으로 사용할 책임을 진다. 그리고 그 관계 가운데 이미 동의한 사항이 더 이상 지켜지지 않을 때는 변화를 모색할 책임을 진다. 예를 들어 돕는 자는 해결 과제나 문제들이 동의 사항을 방해하거나, 결혼과 같은 좀 더 기본적인 관계가 돕는 일의 초점을 흐리는 것이 분명하다면, 혹은 돕는 자의 섬김이 더 이상 동의한 목표를 향해 나아가지 못한다면 변화를 모색할 책임을 져야 한다. 구조화된 영성지도는 다른 도움의 관계들이 지닌 모든 특징들을 동일하게 지닌다.

그러나 영성지도와 다른 돕는 관계들 사이에는 다른 점 역시 있다. 영성지도자와 수련자 모두는 공통적으로 세례를 받고 그리스도의 한 몸을 이루는 동등한 지체들로 기독교 공동체에 속한 사람들이다. 그러므로 양쪽 모두는 그런 정황 속에서 훈련을 행할 책임을 가지고 있다. 이 관계에는 두 가지의 미묘한 차이가 존재한다. 첫째, 수련 자뿐 아니라 영성지도자 역시 보통은 영성지도를 받으며, 그것을 통해 하나님께 성실히 반응하는 일을 해야만 한다. 둘째, 기독교 공동체에 함께 속해 있으므로 영성지도자와 수련자를 구분하는 일은 줄어들 수 밖에 없다. 그들은 함께 성찬 예식에 참여하는 공동체원들이다. 영적 인도자와 수련자는 함께 그리스도인의 삶을 걷는 영적 여정의 동반자들인 것이다.

마지막으로 대부분의 상담과 심리치료 이론들은 내담자와 상담가 혹은 심리 치료자 사이의 관계가 변화를 가져오는 역할을 한다는 주장을 한다. 그러나 영성지도에서 유효한 변화를 가져오는 것은 수련자와 하나님 사이의 관계이다. 영성지도자는 이 최우선의 관계를 강조하고 고취하는 일을 하는 것이다. 이런 차이점은 그 목표나 그것을 이루기 위한 방법들에 있어서도 명백한, 혹은 간과하기 쉬운 차이점을 만들어낸다.

## 영성지도의 목표

대부분의 도움을 주는 관계들은 고통을 제거하거나 중요한 문제를 해결하는 것으로 이루어진다. 이들 문제들은 신체적인 질병, 무관심, 손상된 심리 역동, 인간 상호 관계의 불충분한 지원 체계 그리고 법적 혹은 재정적 어려움일 수 있다. 그래서 고통이 제거되고 문제가 해결되면 도움의 관계는 끝이 난다. 그러나 영성지도에서는 특정한 장소와 시간에 존재하는 개인으로서, 그리고 특정한 관계와 언약의 틀 안에 존재하는 개인으로서, 하나님의 은혜로 지음 받고 부르심을 받은 인간으로 존재하는 것이 무엇을 의미하는지 지속적으로 더 깊게 깨달아 가는 것이 목표이다. 그 결과 영성지도는 비록 그 집중도가 늘었다 줄었다를 반복 할 수는 있지만, 오랜 시간 지속적으로 이루어지는 관계이다. 그리고 지도자는 상황이 변함에 따라 바뀔 수도 있다.

기독교의 다양한 신학과 영성 전통들은 영적 성장의 과정을 "제자도", "성화", "하나님과의 관계를 심화시킴", 그리고 "거룩함의 추구"와 같이 각기 다른 방법으로 표현해 왔다. 그러나 전통적으로 이런 정례화된 작업들은 영적 성장의 과정과 그 목표를 사유화되고, 정체된 것으로 만들거나, 지엽적 혹은 양분법적으로 나누는 해석을 하게 만들었다. 그러나 적합한 형식이 이루어지려면 몸/영, 성/속, 사고/감정, 기도/행위, 개인/공동체, 여성/남성 그리고 인류/다른 피조물 등의 양극 사이에 작용하는 역동적 상호 작용을 유지하면서 이원론적인 태도를 극복하여야 한다. 우리의 "영혼의 집터"는 자율 혹은 복종, 극도로 분화된 관계 혹은 심각하게 함입된 관계, 고독 혹은 공동체로 양분된 기초 위에 세워지기 보다는, 더욱 분명히 상호 연계와 상호 의존이란 기초 위에 세워져야 한다. 바울은 실재와의 이런 합일 또는 연합을 그가 속했던 문화 가운데서 사용된 가장 신랄한 이원론적 용어를 빌려서 이처럼 설명하고 있다.

> "유대 사람도 그리스 사람도 없으며, 종도 자유인도 없으며, 남자와 여자가 없습니다. 여러분 모두가 그리스도 예수 안에서 하나이기 때문입니다." 갈라디아서3:28

실재를 온전성이라는 시각으로 볼 때 가장 필요한 덕목은 긍휼히 여김이다. 긍휼히 여김과 연합은 자신을 움직이게 하는 가장 중요한 동기가 관계임을 아는 것에서 비롯된다. 이런 시각으로 볼 때 자기가 되는 것은 분리되고 고립된 개인이 되는 것이 아니라, 오히려 세상과 그리고 다른 사람들 과 폭넓고 깊게 관계를 맺는 것이다. 그들에 의해 자기는 형성 되고, 이어서 세상을 이루어가는 것이다. 긍휼히 여김은 그래서 우리가 우리 자신들을 공동체적 개인들로, 즉, 고린도 교인들에게 설명한 바울의 말을 빌려 다시 말한다면, 한 몸의 지체들로 자신들을 이해하는 세계관을 온전히 표현하는 것이다. 6

이 긍휼히 여김과 연합의 관계는 창조주 되시는 하나님께도 적용될 수 있다. 그래서 디트리히 본훼퍼 Dietrich Bonhoeffer는 하나님의 고통과 스스로 무력해짐을 말할 수 있었고, 아브라함 헤셀Abraham Joshua Heschel 은 하나님의 연민 pathos에 관해 말할 수 있었다.7 하나님께서는 세상의 고통을 나눠지신다. 하나님께서는 우리가 고통을 받을 때 우리의 아픔으로 인해 마음 아파하시며 우리 안에서 그리고 우리를 통해 일하신다. 하나님은 쉬지 않고 우리를 해방시키시기 원하시며, 고통에 맞서 싸우는 하늘의 싸움에 우리도 함께 하도록 부르고 계신다.8 이런 맥락에서 볼 때 하나님의 부르심은 세상에서 건져내는 것도 아니고 관계에서 떨어져 나가도록 하시는 것도 아니다. 오히려 정확하게 세상의 심장 속으로, 관계들의 중심 속으로 우리를 부르셔서 그것들 모두를 변형시키기 원하신다.

만약에 기독교 영성이 수잔 존슨Susanne Johnson의 주장처럼 이 세상의 모든 만물 가운데 행하시는 하나님의 창조와 구속 사역을 인식하고 참여하는 우리 자신을 초월하는 능력이라면,9 영적 성장은 우리가 자신을 초월하도록 촉진하는 것이지 우리 자신들을 없애버리는 것이 아니다. 그리고 하나님께서 세상을 재창조하시는 일을 더욱 잘 깨달아 가며 그 일에 참여할 때 이 일은 가능하다. 캐더린 피셔는 Kathleen Fischer는 신약이 하나님의 통치를10 인간의 온전성 회복으로 보고 있다고 묘사 한다. 즉, 이 온전성을 얻기 위해 우리는 소유물, 안전, 심지어는 스스로를 거룩하게 보는 시각까지 모든 것을 기꺼이 포기하여야 한다.11 결국 우리는 영성 성장의 목표가 지금 이곳에서의 하나님의 통치에 우리가 더 깊게 참여하게 되는 것이라고 주장할 수 있다. 이 안에 하나님과 우리 그리고 피조 세계와 맺는 관계의 기초가 놓인다. 또한 여기에 인간 상호 관계와 세상과의 관계에서 경험하는 친밀함과 함께 커져가는 하나님 과의 친밀함이 기초한다.

지금까지는 주로 하나님이 누구시고 우리를 향해 어떻게 행하시는가를 설명하며 그 관점으로 하나님과 인간의 관계를 관찰했다. 그러나 만약 이 관계에 대한 우리의 관점과 접근 방법을 인간적인 면에서 보는 것으로 바꾼다면, 우리는 영적 성장의 목표와 "성숙" 사이의 관계라는 매우 다루기 힘든 문제를 마주하게 될 것이다. 이 둘은 같은 것인가, 부분적으로 같은 것인가 아니면 전적으로 다른 것인가? 나는 앞에서 영성지도를 한 기독교인이 다른 기독교인을 도와 "기독교 공동체 안에서 하나님의 주도권과 성경적 명령에 반응하면서 자신의 가장 심오한 가치와 삶의 목표를 따라 살아가도록 돕는 것"이라고 설명하면서 이 문제를 이미 의도적으로 강조했다. 영성지도의 목표에 관해서는 영적 인도의 중요한 측면인 하나님과의 친밀함을 증진시키는 것으로 혹은 그 관계를 강조하는 설명들을 자주 볼 수 있지만, 심리적 성숙과 영적 성숙의 관계에 관해서는 가볍게 다루는 것이 대부분이다.

"성숙"은 매우 다루기 힘든 개념이다. 그 의미는 인간적 훈련 혹은 그것을 일으키는 이론에 기초하여 부분적으로 최소한의 정의를 내릴 수 있을 뿐이다. 게다가 어떤 사람을 "이상적"(성숙한) 인간으로 보느냐 하는 것은 문화적으로 가장 비판 적인 문제일 수 있다. 그리고 같은 문화 안에서도 변수가 많은 것이다. 다양한 성경의 저자들이 다양한 관점으로 성경의 인물들을 그려내듯이, 다양한 심리학은 "이상적 인물"을 각기 다른 이미지들로 그려낸다. 그러므로 우리가 할 일은 이 시대가 중요하게 받아들이는 영적 관점들이 영적 성숙에 대해 어떻게 보는지를 설명하고, 동시에 성경적 전통에서 널리 인식되는 것과는 직접적으로 어떤 연관성을 가지고 있는지 설명하는 것이다. 이 일을 위해 기독교 영성과 신학은 성숙을 정의하는 주된 기준을 제공할 것이다. 그러나 심리 사회학에서 얻게 될 지혜와 도움말 역시 함께 고려 되어야만 할 것이다.

적합한 성경적 인간론을 찾기 위해 노력을 하다 보면 우리는 난관에 부딪히게 된다. 한 사람을 선택해서 그것을 성경적 인물의 기준으로 삼을 수도 있겠으나, 또 다시 우리는 수세기 동안 병들어 온 영성의 이분법에 빠지게 된다. 성경의 많은 인간상은 때로는 서로를 보완해 주고 또 때로는 노골적으로 서로의 모순을 드러내곤 한다. 그러나 이런 현실은 오히려 이상적 인간론을 찾는데 귀한 단서가 될 수도 있다. 인간을 이해하기 위해 한 가지 시각으론 충분하지 않다. 서로 반대 되는 시각이 오히려 인간을 바라보는 적합한 시각을 만들어 간다. "이것 혹은 저것either or"의 시각에서 "이것과 저것both and"의 자리로 옮겨가게 돕는다.

만약에 우리가 이런 시각을 가지고 성경적 인간론을 탐구 한다면, 이런 해석적 원리는 어떤 기능을 할 수 있겠는가? 인간 본성과 행위에 대한 다양한 시각들은 구약에서도 발견할 수 있다. 창세기는 인간을 하나님의 이미지로 선하게 묘사한다. 그러나 개인이나 전체로써의 인류는 모두 무질서 가운데 놓여있다 죄가 세상에 들어왔고 우리는 끊임없이 그 영향을 폭력, 고통, 시련, 죽음, 모든 공동체 안의 깨어진 관계들 그리고 인간과 피조 세계의 관계 안에서 느낀다. 출애굽기는 하나님이 억압 받고 버림 받은 자들의 편임을 말하며 언약의 관계를 맺게 됨을 말한다. 그리고 그 언약 안에서 가망 없는 오합지졸인 이집트의 노예들은 자신들이 선택된 백성임을 결국 알게 된다. 아모스와 다른 선지자들은 해방된 민족인 이스라엘은 힘을 얻어도 압제자의 자리에 있으면 안 된다고 말한다. 종, 가난, 질병 그리고 의존은 우리 의 공동체 안에서 그리고 그 밖에서도 극복해야만 하는 악이다. 시편 기자들은 우리가 모든 인간적 열망과 감정을 우리 자신들에게 뿐만 아니라 하나님께도 표현할 것을 권한다. 반면 잠언은 우리가 가정과 사회에서 계획하고, 근신하며, 상식적인 삶을 살 것을 말한다. 레위기는 성적인 표현을 절제 하는데 반해 아가서는 성적인 사랑을 노골적인 언어로 아름답게 표현한다. 우리는 인간 이해를 더 포괄적으로 할 수 있는 다른 더 많은 예들을 성경 속에서 찾을 수 있을 것이다.

복음서에서도 다양한 공동체들마다 가지고 있었던 "이상적 인간", 즉 제자들이 선생으로 여기며 따라 살기 원했던, 예수님에 대한 다른 시각들을 볼 수 있다. 마가의 예수님은 성령의 능력으로 병 고치고, 귀신을 내쫓고, 복음을 선포하는 순회 사역을 하신 분이며, 하나님의 뜻을 행하는 사람들을 가족으로 넓게 받아들이신 분이다. 예수님은 결국 죽음을 맞이 하셨고 십자가의 의미는 그의 마지막이자 가장 위대한 비유가 되었다. 마태복음에서 예수님은 가장 위대한 선생으로써 율법을 성취 하고 완성하셨다. 마태복음의 예수님은 '너희가 (지금까지는 이렇게) 들었다, 그러나 내가 말하노니"라고 말씀하신다. 그분은 결국 더 근본적인 사랑을 내포하고, 더 단순하며, 더 자유로운 율법을 가르치신다. 누가복음 은 가난한 자에게 복음을 전하고, 포로 된 자를 자유 하게 하며, 눈 먼 자는 눈을 뜨는 여호와의 은혜의 해를 선포하는 이사야서의 종으로 오신 주님으로 묘사한다. 그리고 요한복음은 그분의 인성에 대한 믿음과 기독교 공동체의 기초가 되는 가르침으로 우리를 인도한다. "아버지께서 나를 사랑하신 것 같이 나도 너희를 사랑한다. 나의 사랑 안에 거하라. 내가 너희를 사랑한 것 같이 너희도 서로 사랑하라." 비록 사복음서는 예수님을 다르게 그리고 있지만, 한 권의 성경 안에 편집되어 역동적으로 독특한 비전을 보강하고 포괄성을 더욱 분명하게 드러낸다.

신약의 다른 저자들은 예수님의 제자로 사는 것이 무슨 의미인지를 구체적인 공동체와 문화 안에서 이해하려고 씨름 했다. 그리고 그들 역시 하나의 "이상적 인간"을 만들어 내지 않았다. 가장 많은 서신서를 쓴 바울은 근본적으로 예수 그리스도의 복음이 요구하는 것을 각 공동체의 필요에 맞추어 그리고 그들의 문화적 요구에 따른 가르침을 주었다. 아마도 상황의 모호성에 대해 그가 사용했던 가장 유용한 해결책은 영적 성숙을 키우거나 방해하는 장점과 약점을 대비시키는 것이다. 우리는 "성령의 열매"로 그가 "사랑, 희락, 화평, 오래 참음, 자비, 양선, 충성, 온유, 절제 (갈라디아서5:23)를 열거한 것을 안다. 이것들 중 하나만이 우리의 기준이 될 수는 없다. 이 모든 것들은 서로 연계되어 자라간다. 그리고 그것을 통해 모호한 상황 가운데 내린 우리의 결정을 평가할 수 있다. 이 목록은 우리가 영적인 성숙을 점점 이뤄 나가며 함께 자라가게 될 포괄적이고 근본적인 사랑의 열매를 요약해 놓은 것일 뿐이다.

그러므로 "이상적 인간"은 주어진 문화, 가치관 그리고 공동체의 특성들에 따라 다르게 설명될 수 있다. 우리가 성경 속에서 찾으려고 했던 단 하나의 기준은 부적합한 것임이 연구를 계속 하면서 더 분명해졌다. 그러나 일반화된 기준을 놓치지 않으려는 노력과 함께 "이

것 혹은 저것"이 아닌 "이것과 저것 모두"의 방식을 따르려는 태도는 인간에 대한 성경의 다양한 시각들에 대한 설명을 가능하게 한다. 그러므로 이분법적이 아닌, 포괄적이고 융통성 있는 그리고 미묘한 차이를 허용하는 이 해석의 원리는 성경적 인간의 기준으로 꼽을 수 있는 특성들 또한 명확하게 해준다고 말할 수 있다.

이들 특성들은 무엇보다 영적 성장의 목표를 알려 준다. 그러나 그것들은 "성숙"에 대한 성경적 견해도 가리킨다. 조엘 월스키 콘Joel Wolski Conn은 영적 성숙에 대한 성경적 (주로 신약의) 이해를 다음처럼 요약하여 설명한다.

"성경적으로 보면 영적 성숙은 깊이 감싸 안는 사랑이다. 그것은 하나님과의 사랑하는 관계 그리고 타인들과의 사랑 하는 관계이다. 그런데 그것은 공동체와 사역, 삶의 고통, 종교적, 정치적 삶 그리고 우리의 죄악 됨 가운데서 하나님은 어디에 그리고 어떻게 함께 하시는지 분별하는 어려운 과정들을 통해 얻어진다. 영 분별을 위한 지침을 안다 하더라도 분별에 대한 확신이 없을 경우, 우리는 부르심에 대한 스스로의 느낌을 여전히 신뢰해야만 한다. 성숙은 주로 관계의 문제로 이해되곤 했다. 그러나 회심으로의 부르심과 영적 어두움 가운데 요구되는 신실함을 수반하는 스스로 지도하는 어른스러운 자유는 여전히 있어야 하는 것을 알 수 있다."[12]

영적 성장과 "성숙"은 최소한의 공통된 특징들을 가지고 있다. 그렇지만 영적 성숙은 단지 심리적 성숙으로 축소될 수는 없다. 실제로 다른 사람들도 주장하는 것처럼[13] 나는 심리적 성숙은 적합한 영성이 자리하도록 일반적인 인간적 토대를 형성하는 것이라고 설명하고 싶다. 심리적 성장과 영적 성장은 동일한 성장 과정의 두 측면이라고 말할 수 있을 것이다. 심리적 성장은 영적 성장을 위한 더 큰 잠재력을 키우고 영적 성장은 심리적 성장 속으로 스며든다. 이것은 인간 본성을 통합적으로 이해하는 인간론에 기초한 것으로 심리와 영성을 완전히 다른 것으로 구분 지을 수 없다는 교리로부터 비롯된 것이다.

## 신학과 심리학의 대화

현대 영성지도에 적합한 인간론의 원리를 찾기 위해 제 2 바티칸 공의회 바로 전의 시기로 돌아가 보자. 만약 우리가 트렌트 공의회와 제 2 바티칸 공의회 사이에 성행했던 영성 신학과 1960 년대 이후의 종교인들 사이에서 성행했던 인본주의 심리학을 살펴보면, 그들 각각의 "이상적 인간"에 대한 시각은 반대되는 양극단에 있음 알 수 있다. 전자는 자기의 죽음을 말하고 후자는 자기 실현을 말하고 있다. 인간에 대한 성경적/신학적 견해에 우선 순위를 두기로 한 결정을 따라 우리는 반대되는 심리적 견해를 버려야 할까? 분명히 우리에겐 미묘한 차이를 인정할 수 밖에 없는 해결책이 필요하다. 이 시대에는 이 일을 위한 적합한 인간론을 다듬기 위해 사회 과학과 대화를 나눌 수 있어야 하고 또 반드시 그래야만 한다. 더구나 이 대화는 상호 비판적인 협력의 관계를 특별히 가지고 있어야 한다. 즉, 모든 대화의 참여자 들은 다른 사람의 입장을 비판하면서도 그들 역시 이야기할 수 있도록 허락해야만 한다.

이런 대화가 어떻게 진행 되야 하는지 설명하기 위해서 앞서 소개한 단순한 양분법으로 돌아가보자. 그리고 간략하게 상호 비판적 대화에 포함될 수도 있는 측면들을 볼 수 있도록 하겠다. 여성주의 심리학 이론들은 신학적/영성적 전통이 자기 부인, 자기 포기, 자유의지와 교만[14]과 같은 영적 이슈들의 경직된 이해를 바꾸도록 압박한다. 만약에 자기 부인이 세대에서 세대로 이어질 수 있는 중독적 혹은 폭력적 행위를 가져오는 과도한 의존적 관계와 역기능적 체계를 만들어 간다면 그것은 분명히 덕이 될 수 없다. 모든 계층의 사람들이 자신을 곤핍하게 만들고 고립시키는 복종을 덕으로 받아들이게 설득되어 왔음을 깨닫게 될 때, 우리는 자기 부인에 대한 전통적 이해에 의문을 품게 된다. 자기 포기는 누구를 위한 것이고 또한 어떤 목적을 가지고 있는 것인가?

자기분석적인 심리학들로부터 온 다양한 결정론들을 답습하는 다양7한 신학적 인간이해와 인본주의 심리학이 있다. 자기 분석적 관점에서 자유의지는 자유롭지 못하다. 자신을 괴롭히는 것이 자기 스스로인 경우일지라도, 통찰이 언제나 행동의 변화를 이끌어내지는 않는다. 더구나 우리가 말하는 것과 실제 행동하는 것 사이의 간격은 여전히 빈번하게 발견된다. 그리고 우리의 의식을 방해하는 많은 세력들을 우리는 의식할 수도 없다. 그것들은 "일상의 일들"로 받아들여지고, 개인, 가족 그리고 전체 사회체제로서 우리는 그것을 묵묵히 그리고 의문을 던지지 않고 살아낸다. 캐롤 길리건Carol Gilligan이 분명히 말하는 것처럼 이론을 세우는 과정에 고려되지 않은 여성들과 다른 집단들에 대한 연구들이 새롭게 이루어지면서 인간 본성이란 도덕이론들이 말하는 것보다 훨씬 더 복합적임을 알아 가고 있다.15

영성의 전통도 경직된 자기 실현에 대해서는 도전을 던진다. 그리고 개인과 사회 그리고 세상의 단절된 관계들은 다시 이어져야만 함을 요구한다. 상호의존이 결여된 자율은 인본주의 심리학에서 비판하는 과도한 의존적 관계만큼이나 실패작이다.

이 책이 계속 강조하는 것은 우리의 발달이 매우 느리고, 우리는 변화해 가기 보다는 안주해 있기를 더 좋아한다는 점이다. 왜 누구에겐 아주 자명한 일이 다른 사람에겐 이해되지 못하는 것인지, 그리고 같은 것을 보면서 왜 매우 다르게 이해를 하는지를 이 이론들은 말하고 있다. 그리고 개인마다 그 발달의 형태는 모두 다르다. 그리고 이들 이론 들은 포괄성이 왜 많은 사람들에게 손에 넣을 수 없는 목표가 되는지를 말해준다. 이 점에 관해서는 영적인 관점도 마찬 가지이다. 거룩함이 커가는 데는 긴 시간이 요구되는 것이고 인내와 단순함,

유머, 하나님을 신뢰함 그리고 다른 사람들을 세워주는 동료애를 가지고 접근해야 하는 것이다.

그러나 이 이론들에 의해 놓여진 발달의 방향은 우리가 위에서 그린 포괄적, 이분법적이 아님, 미묘한 차이를 허락함, 융통성 있음과 같은 표준적인 인간의 특색들을 동일하게 말하고 있다. 다음 장들에서 더 자세히 다루겠지만, 구조적 발달이론들은 사람이 환경의 영향을 받는 것에서 그것을 제어하고 영향을 주는 단계로 발달이 진행된다고 말한다. 그리고 온전히 자기 중심적이고 "자기"와 '비자기'를 분화할 수 없는 것에서 사람들과 사건들 그리고 주변의 객체들 사이의 미묘한 차이점을 구분해내고 통합할 수 있는 단계로, 다른 사람들과 관계를 못 맺는 것에서 깊고 친밀하며 조화로운 관계를 맺는 단계로 움직인다.16 그러므로 우리의 신학적/영성적 인간론과 발달적 관점이 궁극적 단계를 함께 가리 키고 있다는 점에서 발달론은 인생 여정 가운데 놓인 함정과 가능성 또한 알려줄 수 있을 것으로 기대된다.

영성지도에서 발달적으로 접근할 때 지도자와 수련자가 영성지도의 현장에 가지고 오는 역동들에 대한 우리의 이해는 확대 될 것이다. 우리는 일반적인 인격의 이해에 더하여 영적 인도에 참여하는 인간의 신비와 독특함을 더 깊이 깨닫게 될 것이다. 발달적 시각은 우리에게 경청하는 도구가 될 해석의 틀 역할을 한다. 그리고 이것은 모든 대화와 전인적 관계에 깊이 새겨있는 복합성을 더 잘 이해하도록 도울 것이다. 우리가 의식하든지 못하든지 다양한 해석의 틀들을 통해 우리는 대화를 여과해 내며 경청한다. 지도자와 수련자는 모두 어떤 발달의 단계에 속한 인간들이다. 그래서 각자의 틀을 가지고 만난다. 우리가 그 틀의 다양함을 인식하는 만큼, 그리고 그것이 무엇은 가리고 무엇은 드러내는 지를 인식하는 만큼, 영적 인도라는 기술art 을 발전시켜 나갈 수 있을 것 이다.

발달 이론은 영성지도자에게 단지 공감적 반응을 할 수 있는 틀 그 이상의 것을 제공한다. 이 이론들은 수련자가 영적 성숙을 계속 이루어 나갈 인간적 가능성을 가지고 있음을 알 수 있도록 돕는다. 그리고 영적 성숙의 특성과 목표를 향해 얼마나 진전을 이루었는지 계속 평가하는 과정도 참조할 수 있도록 돕는다.17

그러나 이 심리발달 이론은 영적, 신학적 전통으로부터 보완 될 점들이 있다. 이 전통은 발달이란 어려운 과정들을 지나야 만 하는 이유, 동기를 제공하고, 점점 더 애매해져 가는 상황 속에서도 더 도덕적인 반응을 할 수 있도록 하기 때문이다. 그리고 궁극적인 인간의 질문들에 대해 답을 얻을 수 있는 곳이 그곳이기 때문이다. 앞으로 설명할 발달의 이론들은 동반자처럼, 심지어는 강력한 영향을 줄 수 있을 것이다. 그러나 비록 그 효과가 클 수는 있어도, 우리는 보다 더 넓은 영적/신학적 시각으로 인간의 삶과 성장의 목표를 바라 볼 필요가 있다.

여기서 다루게 될 신학적 성경적 가설들은 많은 사람들에겐 자명한 사실로 여겨질 수도 있을 테지만, 나는 이 시각과 정황에 대한 분명한 입장을 밝히고 싶었다. 왜냐하면 앞으로 심리적 관점으로 보기 시작하면서부터는 주로 그 관점만을 다룰 것이기 때문이다. 결국 영성지도의 심리적 전후 관계는 그 의미를 그리고 그 목표를 더 넓은 신학적 맥락에서 찾아야 한다. 즉, 갈수록 더욱 온전히 하나님의 부르심에 반응할 수 있도록 해야 한다.

# 제 2 장

## 발달의 이미지와 가설
## Images and Assumptions about Development

우화와 해석/
발달의 두 얼굴/
구조발달 이론: 공통점과 과정/
구조이론의 이용과 오용/

**제 2 장 발달의 이미지와 가설**

에릭 에릭슨 Erik Homburger Erikson 은 신기원을 수립한 그의 책 어린이와 사회Childhood and Society의 서두에서 생생한 이미지를 도입한다. 그는 "개념적 일정"1을 따라 출항하는 것에 대해 말한다. 이 여행은 금세기의 인간 발달에 대한 가장 중요한 설명이라고 알려져 있다. 에릭슨이 전 생애를 발달적인 것으로 본 이후로, 이 "성인발달"이라는 전반적 개념에 대한 반론은 점진적으로 감소 되었고, 이례적으로 많은 연구가 이루어지는 분야로 바뀌었다.

에릭슨으로부터 우리는 전 생애 주기, 정체성의 위기, 인간 발달의 단계들과 시기 그리고 한 세대와 다음 세대와의 역동적 관계를 일컫는 다채로운 용어인 "세대들 사이에 맞물린 톱니바퀴"라는 개념들을 받아들이게 되었다. 그는 우리에게 생물학적 시계, 문화 사회적 현실과 개인의 자아 그리고 심리 성적 발달과 심리사회적 발달의 과정들을 소개했다. 우리는 인생 주기의 각 기간에 해당하는 과제와 도전들을 찾는데 익숙해지면서 성장해 왔다. 많은 사람들이

에릭슨의 "여덟 단계의 인생주기"를 잘 알고 있다: 위기가 신뢰와 불신을 중심으로 일어나는 유아기, 자율과 수치 그리고 의심이 도전 과제인 초기아동기, 주도권 대 죄책감인 놀이기, 근면 대 열등감인 학령기, 자아 정체성 대 역할 혼돈인 청소년기, 친근감 대 고립인 초기 성인기, 생산성 대 자기 몰두와 정체인 중년기, 자아 통합 대 실망인 노년기. 에릭슨에 의해 우리는 성인기가 하나의 길고 정체된 시기가 아님을 본다. 오히려 (전형적인 사춘기의 고통으로도 깨어 지지 않은) 성인기는 그 시기의 특징적인 진보와 후퇴 그리고 위기와 도전이 있음을 우리는 이제 인식하고 있다.

에릭슨의 발달에 관한 이미지와 과정들은 많은 발전을 이루어서 이제는 미국 성인들의 심리적 연구 분야에서도 지적인 유산과 문화적 유산을 형성하게 되었다. 실제로 발달의 개념 그 자체는 에릭슨에게서 찾을 수 있는 비유와 개념들 과 거의 동일한 것으로 받아들여지게 되었다. 에릭슨의 발달적 시각을 창조적이고 고유한 것이라고 받아들일 수도 있지만, 인간 발달의 개념은 지그문트 프로이드Sigmund Freud와 칼 융C. G. Jung과 같은 이미 잘 알려진 선두 주자들에 의해서 개발 된 것이었다. 위 세 사람의 시각은 인간발달을 이끄는 힘과 발달의 영역들에 관해서는 입장 차이가 있지만 인간 발달의 전체 패러다임의 기초가 되는 개념, 형성된 존재로서의 인간이라는 개념에 관해서는 어느 정도 의견을 같이 하고 있다. 그 외의 다른 사람들의 연구와 글들을 통해 이들 발달에 대한 이미지와 개념들은 더 다듬어 지고, 이 패러다임의 상용화2는 더욱 확장되어 가고 있다. 그리고 결과적으로 이들 이미지와 개념 들이 영성 지도에도 영향을 주게 된 것은 자연스런 일일 것이다.3

한편 발달에 대한 이해뿐 아니라 형식도 체계를 갖추게 되었는데, 이를 위해서는 장 피아제 Jean William Fritz Piaget 의 이론에 기초한 기본적인 요소들을 따르는 것이 대부분이었다. 그리고 이 책에서 내가 따르려는 이미지와 개념의 틀 또한 그의 영향을 받은 것이다. 피아제의 이론에 근거한 형식들을 소개하기 전에 나는 당신이 잠시 편한 마음으로 내가 소개할 다른 종류의 "개념적 절차"를 따라가 볼 것을 권한다. 당신은 이것 역시 발달적 여정 가운데 하나인 것을 알게 될 것이다.

## 우화와 해석

나는 당신이 안톤 생떽쥐베리가 쓴 어린왕자의 전체 줄거리를 이해하고 있다고 가정하면서 설명을 시작하겠다. 이 이야기는 사막한 가운데서 시작한다. 한 조종사가 추락해서 마실 물이 떨어지기 전에 치명적으로 부서져 버린 비행기를 고치려고 안간힘을 쓰고 있다. 한 밤중에 사람들이 사는 마을로부터 천 마일은 떨어진 곳에서 온 신비한 어린 친구가 그를 깨운다. 그리고 "괜찮으면 양 한 마리만 그려주실래요" 하고 묻는다. 이 어린아이가 지구에 오기 전까지 몇 개의 행성들을 들렀다는 사실을 조종사가 알게 된 시점부터 우리도 함께 이 이야기 속으로 들어가 보도록 하자.

"그가 어디에서 왔는지 알기 위해선 오랜 시간이 걸렸다. 내게 많은 질문을 했던 그 어린 왕자는 내 질문은 들리지도 않는 듯 했다. 지금껏 내가 조금씩 알게 된 모든 내용들은 우연히 듣게 된 것들이다. 나는 그 순간마다 그의 존재가 내뿜는 불가해한 신비 속에서 한 줄기의 빛을 보았다. 그리고 불쑥 이런 질문을 던졌다. "다른 행성에서 왔니?" 그리고 나는 매우 중요한 두 번째 사실을 알게 되었다. 그가 떠나온 행성은 겨우 사람이 사는 집보다 조금 더 큰 별이었다. 하루 하루가 지나면서 대화 가운데 나는 어린 왕자가 살던 행성에 대해, 그가 어떻게 떠나게 되었으며, 그의 여정은 어떠했는지 알아가게 되었다. 이 일은 마치 예고 없이 내리는 비를 받아 모으는 것과도 같았다."[4]

이 이야기를 우리의 목적에 맞는 것으로 재구성하기 위해, 이 어린 여행자가 지구에 오기 전에 한 행성을 더 방문했다고 상상해 보도록 하자. 그 행성은 갸름하게 생겼다. 어린왕자가 묘사한 것을 듣고 나는 이 별을 다음과 같이 상상하여 그려 보았다.

행성은 여섯 부분으로 나뉜다. 그리고 각각의 구역, 혹은 국가들 사이에는 분명한 경계선이 있다. 이 국가들은 내가 처음 들었을 때는 무의미하게 여겨졌던 세 글자로 된 이상한 국가 명을 가지고 있었다. 그래서 나는 그 이름들을 잘 기억하기 위해 연상부호를 만들었다. 당신도 이 행성을 함께 둘러 볼 수 있도록 하기 위해 나는 간단하게 지도를 그리고 각 국가를 머리글자를 따서 표기하겠다.

### 기호의 설명
POE: 입항지 Port of Entry
RAR: 급조되고 조급함 Rough and Ready
CON: 이웃 공동체 Community of Neighbours
SAG: 자신을 안내자로 삼음 Self as Guide
HOT: 다른 사람들도 안아줌 Hold Others Too
BAT: 모든 일에서 균형을 찾음 Balance All Things

또한 이 행성은 다소 이상한 그러면서도 엄격한 규칙을 가지고 있음을 알게 되었다. 어린 왕자는 만약 내가 이 나라를 여행하고 싶다면 그것들을 반드시 알아야 한다고 알려줬다. 나는 그가 우회적으로 말한 모든 것들을 종합해서 다음과 같이 그 별의 특징을 열거할 수 있게 되었다. 우선 여행자가 가장 먼저 알아야 할 것은 행성으로 들어갈 수 있는 유일한 길은 POE로 표기된 나라를 통과하는 방법뿐이라는 것이다. 나중에라도 이 나라의 이름을 기억하도록 돕기 위해 나는 POE를 모든 사람들이 이 나라를 통해서만 들어갈 수 있는 입항지라는 의미인 Port of Entry로 기억했다. 또한 누구든 이 행성을 돌아보기 원한다면 여행을 위한 내부규칙을 반드시 지켜야만 한다는 사실도 알고 있어야 했다. 시간과 공간에 대한 이 네 가지의 기본적인 규칙을 지킬 수 있다면, 행성의 모든 곳을 어디든 자유롭게 여행할 수 있음도 알게 되었다. 첫째, 나는 새로운 나라에 가려는 노력을 해야만 한다. 처음엔 이것이 나쁘다고 여겨지지는 않았다. 오히려 당연히 그래야 하는 것이라고 여겨졌다. 그리고 여행을 계속하기 위해 처음에는 큰 노력이 필요하지 않다는 생각도 들었다. POE의 많은 사람들은 모두 이웃한 다른 나라로 가기 위해 계속 움직이고 있었다. 그러나 그곳의 거주민들은 소통하는 일에는 다소 서툴렀기 때문에, 이 나라에 대한 사실들은 나 스스로 추론해서 얻은 결론이다. 그들의 재정 대부분은 이 탈출을 도모하는 일에 충당되었다. 그러나 이 여행에 따르는 몇몇 제약들은 시간을 계속 소모하도록 만들었고, 결국 그 행성이 계속해서 더 멀리 발돋움 할 수 있는 가능성을 약화시킴을 발견하게 되었다. 두 번째 규칙이 바로 그것인데, 이것은 모든 나라로 떠나려 할 때 해당되는 것이었다. 나는 모든 나라에서 해당 지역의 언어와 더불어 모든 관습들을 충분히 배울 때까지 그 나라에 머물러야만 했다. 전체지역을 광범위하게 탐색하는 것과 적어도 수개월 동안 정착해 살면서 시민권을 취득할 것을 요구 받았다. 만약 그 기간 동안 노력한 결과로 적응하고 그 지역의 모든 것에 익숙해진 후에라도 여전히 이웃 나라로 짐을 싸 이주하고 싶다는 생각을 떨쳐버리지 못한다면 자유롭게 떠날 수 있는 자격이 부여된다. 그러나 이주하는 일에는 더 큰 희생이 따라야만 한다. 이것이 세 번째 규칙이다. 즉, 나는 떠난 곳의 시민권을 포기해야만 했다. 그리고 다시는 그곳의 영주권을 다시 취득하지 못한다는 사실에 동의를 해야만 했다. 그러나 사람들 사이에서 장기 체류를 위해 다시 돌아 오는 일은 빈번하게 이루어지곤 했다. 많은 사람들이 살아가면서 단지 서너 번만 이런 어려운 시도를 하는 것은 자명하다. 서너 번의 시도를 한 후, 미지의 세계에 대한 호기심은 이미 익숙해진 세계의 안락함을 넘어 서지 못했다. 그러나 그 중에 흥미 있는 일을 좀 더 지속 하려는 사람들을 위해서는 네 번째 규칙이 주어진다.

만약 인접 국가로 이주하는데 필요한 모든 어려움과 경비를 치르면서라도 계속 그 일을 하려 한다면, 그 일을 결정하기에 앞서 그곳에 갔다가 잠시 돌아와 체류하고 있는 사람들과 대화를 해야만 했다. 그러고도 여행을 계속 하고자 하는 마음이 변치 않았다면, 몰래 정탐 여행을 할 수도 있었다. 사실 이 일은 권장 사항이기도 했다. 모험을 즐기는 얼마 되지 않는 사람들은 이 나라 저 나라로 계속해서 여행을 했다. 그리고 마침내 다다르게 될 이 행성의 마지막 국가는 비록 그곳 거주민들의 설명에 따르면 언어, 문화, 지리 모든 면에서 근본적으로 긍정적인 평가를 받고 있음에도 불구하고, 거주 인구가 매우 극소수인 것으로 잘 알려져 있다.

나는 호기심이 더욱 발동하여 어린 왕자에게 각 나라 사람들에 대해 더 자세히 물어 보기로 마음을 먹었다. 그리고 마침내 발견한 것들을 다음과 같이 요약해 보았다.

POE: 이 국가의 거주자들은 이주를 위해 어중간한 태도를 취하고 있다. 그리고 이 국가는 새로 유입된 사람들을 인접 국가로 이주시키기 위한 체제를 갖추고 있다. POE는 그다지 흥미 진진한 곳이 아닌 것은 분명했다. 모든 사람들이 앞으로 나아가기 위해 잠시 들리는 곳으로, 특징적인 지역 문화라곤 조금도 찾아보기 힘들었다. 모든 것은 단지 기능적인 성격을 띠고 있었으며, 먹고, 마시고, 잠자고, 배설하는 것이 주요한 요소들이었다.

RAR: 이곳의 모든 사람들은 세상 일들이 조금은 더 흥미로울 수 있다는 사실을 받아들이고 있다. 그러나 이 국가는 급조되고 세련되지 못한 다소 미개한 면이 있어서 위태하게 느껴졌다. 이곳의 영주권자들 대부분은 지속적으로 흥분 시키는 일들에 중독되어 있거나, 같은 의견을 가지고 있는 사람들의 인정을 충분히 확보하려 하거나, 한 곳에 머물러 있을 수 있는 충분한 돈을 버는 일에 몰두했다. 그래서 나는 이 나라의 이름을 "급조되고 정력적Rough and Ready"이란 의미의 머리글자를 따서 RAR로 부쳐서 기억을 도우려고 했다.

이 나라에서는 집에서든 이웃과 관계를 맺을 때든 질서를 지키기 위해서는 쓸데없이 너무 많은 에너지를 소모할 것이 분명했다. 믿을만한 경찰이나 소방서가 없었고 학교에서 지속적으로 훈련시키는 일도 없었기 때문에 내 자신과 아이들을 교육하는 일은 어려울 것 같았다. 게다가 회사에서도 기본 규칙에 맞추어 일을 하려고 했지만, 그 일 자체가 매번 위기에 봉착하곤 했다. 그곳의 도시들은 이 나라의 문화라고 말할 수 있는, 혹은 문화의 부재로 말미암은 것이라고 할 수 있는, '사건', "사고"가 줄을 잇고, 거리는 혼잡스러웠다. 이런 상황들로 인해 문명화된 바로 옆 국가는 호기심의 대상이 될 수 밖에 없었다.

어린 왕자의 말에 따르면 많은 수의 사람들은 CON에 도착하면서 안도감을 느끼는 것처럼 여겨졌다. RAR과 비교해 볼 때 잘 조직된 체제들과 정부는 분명히 장점으로 여겨졌다. 그리고 이곳의 사람들은 자신이 따라야만 할 법의 준수를 삶의 목적으로 여기기 보다는 함께하는 것에서 기쁨을 누리는 것 같았다. 그래서 나는 CON을 "이웃들의 공동체Community of Neighbors"로 부르기로 했다. 모든 공동체들은 그들의 조직과 질서에 대해 자부심을 가지고 있다. 그래서 비슷한 집들을 짓고 동일한 가치를 추구하는 학교들을 운영하는 일에 의견의 일치를 보았다. 시민들은 함께 사는 삶을 위한 기본법을 구성하는 일로 에너지를 쏟을 일이 별로 없었다. 모든 사람들은 이미 조직된 공동체에 합류하고 그곳에 적응 하여 적절한 태도를 취하면 되었다.

이 나라는 정착해서 아이를 키우기에 좋은 곳이었다. 그리고 많은 사람들이 실제로 그렇게 하고 있었다. CON에서 어느 정도 살게 되면 시민들은 세 국가들을 이미 탐색했고 그곳의 언어들도 배운 것이 된다. 그래서 그들은 당분간은 이미 충분히 일했고, 여행도 충분히 했다고 여기게 될 것이다. 그러나 이 행성에는 세 개의 국가들이 더 남아있다. 네 번째 행성인 SAG는 CON의 계획된 단일성과 집단의 체제에 대해 결국 식상하게 될 사람들에게 매력적인 곳이다.

SAG 의 거주민들은 "스스로 결정하는"이란 수식어로 특징을 지을 수 있다. 그래서 나는 이 국가 명을 Self as Guide의 머리 글자인 SAG로 기억하기로 했다. 이 나라는 다른 전제 위에 세워진 것 같았다. 거주민들 스스로 그들이 공유하고 따를 얼마 안 되는 법칙들을 찾고 개발하려고 했다. 그 밖에도 그들은 자신들을 위해 최선이 무엇인지 스스로 판단했다. 이 나라의 이런 사회적 시각은 상당수의 사람들이 SAG의 영주권을 가지고 계속 살게 될 것이라는 확신을 갖도록 만들었다. 그러나 결국 일부 거주민들은 스스로 그리고 자신의 가족들을 위해 최선을 다하는 일이, 비록 그것이 많은 SAG거주자들이 지닌 현명한 시각에서 비롯된 태도일지라도, 불우한 이웃 시민들을 고려하지 않음으로 해서 또 다른 합법적 규칙을 지키지 못하는 것임을 인식하게 되었다. 주로 중년에 이르거나 베테랑 여행자들인 이들 소수의 사람들은 또 다른 여행을 위해 짐을 꾸렸다. 그들이 HOT에 이르렀을 때 그들이 이 세상에서 앞으로 더 여행할 수 있는 국가는 단 한군데만 남아 있음을 알게 되었다. 그들은 많은 언어와 문화들을 배우게 되었음을 기뻐하면서 동시에 그들 각자의 앞에 펼쳐진 지평 또한 광활함을 깨닫게 되었다.

HOT거주민들은 약자들을 중요하게 받아들였다. 그들은 많은 에너지를 사회의 모든 구성원들이 하나의 가족이란 공동체의 일원으로 다루어져야 한다는 사실을 받아들이는 일에 쏟아 부었다. 이것은 그들 사회의 안정된 기초를 놓는 원리인 것 이다. 그래서 나는 이 원리를 잠시 숙고한 끝에 국가명인 HOT를 "다른 사람을 안아줌 Hold Others Too"의 머리글자로 기억하기로 했다. HOT의 거주민들은 자신들의 지역 공동체를 소홀히 여기는 느낌도 들었다. 다른 나라의 사람들은 HOT 거주민들이 많은 에너지를 자신들이 아닌 다른 사람들을 위해 쓰는 것이 미친 짓이라는 생각을 했다. HOT의 낮은 인구 밀도는 이런 야심에 찬 사회 정책들을 수행하는데 걸림돌로 여겨졌다. HOT의 국민들 중 어떤 사람들은 개인적 열망과 가족들에 대한 책임 역시 희생하면서라도 그들의 사회적 비전을 지켜내려고 애썼다. 그들 대부분은 인생에 대해 어느 정도 는 유머를 가지고 대하는 법을 배워갔다. 만약 그렇게 할 수 없다면 그 일들에 압도될 수 밖에 없을 것이다. 그러나 HOT의 국민들은 그들이 선택한 것에 대해 기뻐하는 것 같다. 다른 나라의 국민들과 마찬가지로 그들 역시 떠나온 곳으로 되돌아 갈 수 없었고 영주권도 재취득할 수 없었다. 그러나 그들 중 소수의 사람들은 더 좋은 나라를 꿈 꾸게 되었고, 어떤 이들은 이미 그곳을 탐방해 보았으며, 더 적은 수의 사람들은 그곳으로 이민을 떠났다. 거의 모든 사람들은 마지막 나라인 그곳으로 이주해 간 한두 명에 대해 알고 있었다.

비록 그 숫자는 적었지만 BAT의 국민들은 모든 세상에 영향을 끼치는 사람들로 여겨졌다. 이 마지막 국가의 인구 밀도는 매우 낮았다. 전체 행성의 인구 가운데 오직 1% 정도만이 BAT까지 이주해

올 수 있었다. 인접한 국가들의 많은 사람들이 BAT의 거주자들을 존경스럽게 바라보았다. 그러나 첫 번째 국가의 시민들이 그들을 괴짜로 여긴다는 사실을 나는 어렵지 않게 깨달을 수 있었다. 평범한 사람 들에게는 그들이 지닌 가치관이 너무 추상적이고 성취할 수 없는 것으로 여겨졌다. 심지어 어린 왕자마저도 BAT 거주자 들을 직접 만나본 적이 거의 없었기 때문에 그들이 어떤 사람 들인지 알아내기 위해서는 상세하게 질문할 수 밖에 없었다. 그리고 마침내 다다른 이 마지막 국가의 별칭은 "모든 일에 균형을 이룸 Balance all Things"이라고 부쳐서 기억하기로 했다.

## 발달의 두 얼굴

이 상상의 행성이 지닌 규칙들과 그곳에 사는 사람들을 가지고 어떻게 우리의 발달에 대한 이해를 확장시키고 재해석할 수 있을까? 우선 프로이드와 융 그리고 에릭슨을 하나의 패러다임으로 묶어서 생각하는 일로 시작해 보도록 하자. 이들 각 사람은 발달을 어떤 면에서는 생물학적 기관의 성숙과 연결시켰기 때문에 이들의 패러다임은 성숙의 "분화적 발달"이라고 명명할 수 있을 것이다. 에릭슨 이래로 대부 분의 발달론자들은 전 생애에 걸친 기간을 탐구해 왔고 그 가운데 특히 풍부한 발달적 시기 한두 기간에 집중하였다. 그래서 이 두 번째 성숙의 패러다임 명칭은 "생애 주기 발달"이라고 부칠 수 있다. 이것은 명칭 이상의 중요한 의미를 지닌다. 비록 개인에 따라 시기적인 차이가 있음을 인정하긴 하지만 성숙에 관한 이론들은 생물학적 나이와 매우 밀접한 관계가 있다. 각각의 시기들은 독특한 해결과제들을 가지고 있으며, 에릭슨은 이것을 "위기"라고 불렀다. 이 용어의 어원은 헬라어로 "결정 decision"이란 의미를 지닌 단어이다. 발달의 위기는 세 가지 역동이 교차하면서 일어난다. 즉, 개인 자신의 역사와 인격, 개인의 생물학적 성숙, 그리고 개인이 속한 문화의 사회문화적 기대이다. 각 기간에 해당하는 과제 들을 "충분히 잘" 숙달하게 되면 다음 시기의 위기를 직면하는

데 필요한 심리적 힘을 얻게 된다. 그러나 부적합한 숙달은 다음 과업이 다가올수록 이 심리 사회적 힘을 위태롭게 한다. 개인이 현재 혹은 과거의 위기를 성공적으로 해결했든 그렇게 하지 못했든 우리의 삶은 연속되는 발달 과제를 계속 우리에게 내어 놓는다. 그러므로 과거의 미해결 된 문제들은 현재 시급하게 재처리 해야 할 필요가 있다. 예를 들어, 중년의 문제들은 우리 자녀들은 더 독립적이 되고 우리의 부모들을 더 의존적이 되어 가면서 발생한다. 또한 이 시기는 우리가 전에 추구하고 성취했던 것들을 우리의 남은 삶이 길지 않다는 현실을 깨달으며 스스로 평가하게 되는 때이기도 하다.

우리가 청년기의 과제를 잘 다루었는지, 심지어 사춘기의 문제들을 잘 다루었는지 하고는 상관없이 중년기의 문제들은 아무리 우리가 그것들을 배제하려 할지라도 결국은 삶의 지평 위로 떠오르게 되어 있다. 마찬가지로 우리가 적합한 양육을 받았는지의 여부, 혹은 그것을 연습해 볼 기회를 가졌는지의 여부와 상관없이, 첫 번째 자녀를 얻게 되면서 친밀감과 생산성(생식성)의 문제는 우리를 압도해 온다. 발달 과제가 평범한 진행 순서를 따라 일어나지 않을 때, 예를 들어 열두 살 먹은 아이가 어린 시절의 과제를 성취하지 못하고 부모 역할을 해야 한다거나, 사춘기를 시작하면서 죽음에 이르는 질병과 맞서야 할 경우, 그 결과는 특히 문제가 될 수 있다. 로버트 하빙허스트 Robert Harvinghurst에 의해 완성된 전형적인 성인기의 발달과제 목록은 생애의 각 시기마다, 그리고 각 지역의 문화가 다양하게 기대하는 바를 모두 아울러 분명하게 말하고 있다.

### 청년기의 발달적 과제
1. 배우자를 선택하고 결혼하는 일
2. 결혼한 배우자와 함께 사는 것을 배움
3. 가정을 이루고 자녀를 키우는 일
4. 직업을 가지고 일을 시작함
5. 시민으로서 책임지는 일

6. 사회적 동질 집단을 발견하는 일

**중년기의 발달적 과제**
1. 성숙한 시민으로써 사회적 책임을 성취함
2. 십대자녀들이 책임감 있고 행복한 성인으로 커가게 도움
3. 직업을 만족스럽게 수행할 수 있도록 노력하며 지속함
4. 중년기의 생리적 변화를 받아들이고 적응하는 일
5. 늙어가는 부모에게 순응하며 살기
6. 여가시간을 보낼 수 있는 활동을 계발하기

**노년기의 발달적 과제**
1. 체력이 떨어지고 건강이 쇠하는 현실에 적응하기
2. 은퇴와 줄어든 수입에 적응하기
3. 배우자와 사별하고 혼자 사는 일에 적응하기
4. 만족스런 신체적 삶의 조화를 이루는 일
5. 노골적으로 노년 집단과 연대하여 생활하기5

대부분의 사람들에게 발달의 개념은 주로 이런 종류의 문제들과 과업들을 수반하고 있다. 우리의 인격 발달의 이해를 돕는 생애주기 성숙의 이론들은 삶의 불가피한 요구들을 해결하는 방법에 집중 하면서 정립되었다. 그러나 이 발달의 패러다임 역시 한계를 가지고 있다. 그것은 인간이 겪는 부단한 변화에도 불구하고 왜 개인의 인격은 변화되지 않는지 그 이유에 대해서는 제한적으로 설명할 수 있을 뿐이다. 발달적 위기들로 계속 단련됨에도 불구하고 왜 우리 는 인격의 변화를 위한 분화(해체)나 변화(성숙)를 일어나도록 하지 못하는 것일까? 구조발달론이라고 불리는 두 번째 발달의 패러다 임은 이 문제를 다룰 수 있는 방법을 제시한다.

그것은 생애주기 성숙 패러다임이 설명하는 것보다 발달이 더 복합적이라는 또 다른 단서를 제공한다. 복합성은 처음에는 결코 발달과 연관된 것 같아 보이지 않는다. 그러나 실제로 각 사람들은 동

일한 발달과제를 가지고 매우 상이한 방법들로 접근한다. 이 다른 접근법들이란 공통된 문제를 다루지만 그것이 지닌 매우 다양한 측면들 가운데 각기 다른 면들에 중요성을 부여하는 것으로부터 비롯된다. 예를 들어 세대에서 세대로 이어져 온 생산성의 문제와 관련시켜 첫 아이가 태어났을 때를 설명해 보자. 어떤 사람은 주택수당, 중독자 가정의 AFDC (요부양아동가족 부조 Aid to Families with Dependent Children), 복지제도, 혹은 커져가는 책임을 감당하려 힘겨워 하면서도 학업을 계속하는 일 등, 적대적 환경에서 살아남는 일에 몰두하게 될 것이다. 이런 사람들에게 좋은 엄마가 지닌 책임은 아이들을 잘 씻기고, 잘 닦아주고 소리 지르지 않게 하는 것이다. 그러나 어떤 사람들은 전통적 혹은 전형적인 측면을 중요하게 여겨, 사회 경제적, 종교적 혹은 문화적 측면에서 이상적인 부모가 되길 원한다. 이런 여성이라면 자녀양육이 여성의 삶에서 가장 중요한 일이라고 생각해서, 좋은 엄마로써 아이들이 어릴 동안에는 함께 집에서 지내며 돌보길 원할 것이다. 세 번째 유형은 새 생명의 출현으로 잊혀져 가기 시작한 자기 성취를 확대된 자기 이해를 통해 기쁨으로 받아들이려고 한다. 이 여성들은 아마도 이렇게 주장할 것이다. "좋은 엄마는 자신의 아이들로부터 많은 것을 배운다." 또 누군가는 책임져야 할 이 새 생명에게 몰두하면서도 세상의 구조들이 이 생명을 환대하고 지지해 줄 것을 기대할 수도 있다. 이런 여성에게 좋은 엄마는 자신의 자녀들뿐만 아니라 "다른 여성의 아들 딸들을 위해서도 좋은 세상을 만드는"6 사람이다. 이처럼 어머니로써 지니고 있는 양육의 개념은 생산성을 이뤄내는 것으로써 개인적 정황들에 따라 질적으로 매우 다양한 것 들이다. 그리고 세심한 주의를 기울여 읽고 있는 독자라면 그것들이 또한 앞서 설명한 상상 속의 네 국가들인 RAR, CON, SAG 그리고 HOT의 국민들이 지닌 편향성과도 관련되어 있음을 알아차렸을 것이다.

장 피아제는 무엇보다도 이런 세계관의 다양성을 발달의 근거로 이해할 수 있도록 개념적 도구를 처음으로 제공했다. 피아제는 대부분의 사람들이 간과했던 어린 아이들이 이 문제에 어떻게 접근하고 해결하는지를 사려 깊게 관찰했다. 마침내 그는 특정한 문제를 "해결"하기 위해서는 특정한 개념적 요인들이 필요하며, 이들 요인들은 예측 가능한 질서를 따라 습득되어짐을 인식하게 되었다. 피아제는 이 질서를 유아기의 감각 운동으로부터 초기 아동기의 전조작 혹은 직관적 사고, 학령기의 구체적 조작 사고 그리고 마침내 고등학교 연령대에 이르러 형식적 조작 사고로 발전되어 간다고 설명한다. 각 단계별 인지 사고 체계는 질적으로 더 복잡한 논리적 체계들을 내포하게 된다. 피아제는 이것들을 "단계"라고 부른다. 연속적인 단계들은 단순히 이전 단계의 조작 (운동)들을 반복한다고 해서 발전되는 것이 아니다. 그것들은 문제에 대해서 완전히 새로워진 논리적 원리를 적용할 수 있을 때 일어난다.

내 자신의 예를 들어 설명하도록 하겠다. 9학년이 되었을 때 나는 수학이 매우 어려웠다. 전에는 숫자로 쓰던 것을 문자로 바꿔 쓰는 일이 내겐 매우 당황스러운 새로운 차원의 추상적 개념이었던 것이다. 나는 숫자들을 잘 다룰 수 있었지만 문자들이 나타나자마자 좌절하게 되었다. 형식적 조작 사고에 해당하는 사고 과정으로 추론할 수 있는 능력은 숫자와 어떤 대상 사이의 단순한 일대 일 대응 관계 밖으로 물러설 때라야 얻을 수 있는 것이다. 그러나 나는 조작하는 방법을 외우고, 같은 유형의 문제들을 반복해서 연습 함으로써 해결하는 방법 밖에는 알지 못했다. 열네 살이었던 내가 가지고 있는 형식적 조작 사고 능력은 대수의 개념 단계로 조정하여 발달을 이루어 가기에는 불충분한 것이었다.

로렌스 콜버그Lawrence Kolberg는 피아제의 구조를 가지고 도덕적 사고의 발달에 적용시켜 설명했다. 그리고 그것은 다른 인지구조 이론들이 발전해 나갈 길을 열었다. 구조적 패턴은 인지의 발달에서 또 다른 인격의 영역들로 확대 되었다. 비록 이것들이 인지적 기능들로 제한되는 일은 많지 않지만, 이들 새로운 이론들은 여전히 피아제에게서 비롯된 구조적 패턴을 따른다. 즉, 구조적 전체성, 불변의 연속성 (순서) 그리고 개인들과 문화 전반에 관해서도 일반화 될 수 있는 가능성들을 그대로 따른다.[7] 이들 피아지안 제 2세대들 가운데 두 명의 이론가들이 이 책에서 전개하고자 하는 발달적 구조의 닻을 올렸다고 볼 수 있다. 제인 로에빙거의 자아 발달에 대한 연구는 발달 단계를 설명하는데 있어 기본 골격을 제공하며, 로버트 케건Robert Kegan의 이론인 자기 발달 이론은 움직임과 변화에 대한 우리의 이해를 증폭시킨다.8 상상의 행성에 있는 국가들 사이의 관계, 이 책에서 쓰이는 단계별 명칭은 표1에 정리되어 있다. 로에빙거의 단계 요약은 "자아발달 이정표"로 케건의 단계들은 "발달 이론들의 공통된 토대인 주체와 객체의 균형"으로 각각 표2와 표3에 정리했다. 나는 이어지는 장들에서 케건의 이론들을 더 탐구하도록 할 것이다. 그러나 여기서는 로에빙거의 연구에 집중하도록 하겠다. 로에빙거의 인간관은 좀 더 폭넓은 신학적, 영적 정황 속에서도 발달이론을 적용할 수 있는 여지를 제공한다. 그녀는 인간이 활동적이고 상호작용을 하며 부분적으로 그들의 운명을 자유롭게 결정 하는, 그래서 비록 목표 혹은 결과가 본질적으로 결정되어 있지는 않지만, 그것을 성취하는 방향으로 변화해 가는 존재로 이해한다. 비록 개인에게 영적 인도를 하기 위해서 어떤 기준이나 목표를 정하는 시각에 대해서는 심리학과의 대화가 필요하지만, 근본적으로는 신학/영성의 관점에서 바라보아야 한다. 그렇기 때문에 발달적 측면에서의 지도가 영성지도의 근본 목표와 대립하지 않는다면, 로에빙거의 이론이 "이상적 인간상"을 제공하지 않는다는 사실 그 자체만으로는 지금 우리가 시작하려는 작업과 관련하여 큰 문제점을 지니지 않는다고 볼 수 있다. 로에빙거가 주장하는 발달의 융통성과 포괄성은 분화와 관계성을 증진시키고 이원론을 해결하면서도 제 1장에서 구체적으로 설명한 성경적 인간론과 일치를 이룬다. 그러므로 영성지도의 근간을 이루는 인간에 대한 믿음들, 예를 들어 인간이 삶의 현장에서 자유롭게 살아가면서도 그들의 운명은 이 세상을 초월하는 것이라는 믿음은 로에빙거의 인간 본성에 대한 개념적 요소들 가운데 내포 된다고 볼 수 있다.

로에빙거는 단계를 "준거의 틀"로 자아self 발달은 "동기의 변화"로 규정한다. 이러한 견해들은 잠재적으로 영적 분별에 대한 이해를 돕는다. 그녀는 자아를 마음(생각)의 한 부분으로 이해하지 않고 의미를 만드는 과정으로 본다. 그녀에게 자아는 충동조절, 개인 상호 관계의 형태, 의식의 몰두와 인지적 형태를 통해 형성된다. 자아는 대략적으로 "나"라고 말하는 것을 일컫는다. 그러므로 그녀는 단계를 "I-level"이라고 부른다. 로에빙거는 자아발달이 도덕적 발달을 포함하며 그것은 로렌스 콜버그나 제임스 파울러 James Fowler 가 설명했던 도덕 발달보다 더 강력한 체계를 제공 한다고 주장한다. 그녀의 통전적 자아 개념은 현대적 영성지도를 실행하는 데 있어 널리 받아들여지는 전인적 인간관에 아주 잘 부합한다.

로에빙거는 과거와 현재의 매우 광범위한 자료들로부터 자신의 자아발달 이론을 구분해냈으며, 워싱톤 대학의 문장완성 검사로부터 얻을 수 있었던 경험적 데이터를 가지고 수정하고 다듬어 갔다.9 로에빙거는 모든 경험적 데이터는 이론적으로도 설명되어야 하는 것이기 때문에 결과를 얻기 위한 이론의 논리적 전개에서 오류를 없애려는 인간이 저지를 수도 있는 "실수 혹은 부도덕성"을 배제할 수는 없다고 주장 한다.10 이 사실은 영성지도를 찾아오는 실제의 사람들 그 누구도 어느 단계에 완벽하게 부합되지 않는다는 나의 경험적 깨달음과도 일치한다. 로에빙거는 종종 "더 높은 단계들"이 반드시 "더 좋은" 것이라고 말하는 것은 잘못이라고 주장한다. 이 주장을 우리는 어떻게 이해해야 하는가? 높은 단계들일수록 더 과제를 잘 다룰 수 있는 것은 분명한다. 더 높은 단계에 속한 사람들은 도덕적 판단과 결정을 할 수 있는 폭 넓은 관점들을 확보하고 있으며, 스트레스 상황을 이겨낼 더 많은 내적 자원도 가지고 있다. 또한 그들은 풍성하고 여백이 있는 관계를 만들 수 있는 잠재력도 더 많다고 볼 수 있다. 이런 측면에서 높은 단계들이 초기 단계들보다 더 좋은 것은 사실이다. 그리고 우리는 이런 잠재력이 단계적 발달로 인해 증강하기 때문에 기뻐할 수도 있다. 그러나 로에빙거는 "더 높은 것이 더 좋은 것은 아니다"라고 주장함으로써 다른 사람들을 판단하려는 태도나 그들을 "이상적" 단계로 끌어 올리려는 태도를 제어해야만 함을 표현한 것이다. 그녀는 각 단계가 지닌 강점에는 약점이 감추어져 있음을 지적하기 원했다. 이 점을 우리는 주목해야 한다. 더 큰 잠재력은 또한 더 큰 책임감, 더 큰 모호성을 불러 일으켜서 고양된 인식을 통해 더 많은 고통을 겪게 할 수도 있다.

더구나 도덕적이며 영적인 견해로 볼 때 "더 높다"는 것은 "더 거룩하다"와 동일한 것으로 받아들일 수 없는 것이다. 거룩성은 발달 단계를 포함하는 주어진 모든 상황들에 대한 적합한 그리고 타당한 반응11로부터 비롯되는 철저한 요구 사항이다. 아이들은 비록 높은 발달적 단계에 이르지는 못 했을 지라도 실제로 거룩할 수 있다. 어떤 발달 단계에 속한 사람일 지라도 거룩할 수 있다. 거룩함은 각 단계마다 단지 다르게 드러날 수 있는 것이다.

마지막으로 로에빙거의 연구가 이 책의 목적에 부합하는 이유로는 연구 대상의 각 단계별 인구 분포에 대한 그녀의 연구를 들 수 있다. 로에빙거와 그녀의 동료들은 연구 타당도를 조사 하고 이론을 세워나가면서 여성들과 어린 소녀들의 반응을 연구하기 시작했다. 그 후 대규모의 연구 프로젝트를 시행하게 되면서, 그녀는 심리학 분야에서 이런 내용을 거의 찾아 볼 수 없음을 알게 되었다.12 캐롤 길리건이 나중에 콜버그13를 겨누어 비판을 가했을 때에 로에빙거는 비판을 피해갈 수 있었을 뿐 아니라, 여성과 관련된 그녀의 탁월한 연구 자료들은 여성지도자들이 현대 영성 발달에 관한 연구 문헌들에서 일반적으로 받아 들여지고 있는 남성 중심의 관점들에 알게 모르게 잠식되지 않도록 돕는다. 우리는 남성들의 경험이 모든 사람들의 표준이 될 수 없다는 것을 알아가고 있다.

로에빙거가 이론을 세워가는 과정은 지금 우리가 지향하는 목적들을 위해서도 매우 유용하다는 것을 알 수 있다. (그녀는 먼저 다양한 인격 발달에 대한 연구 문헌들 가운데 공통적인 것들은 선택하고, "자아"에 대한 공통된 추상적 속성들은 구체적으로 이름을 부치고, 결과로 주어지는 이론은 경험을 통해 정제하고 교정하는 과정을 따른다.) 첫째, 드러난 개인의 내면과 주어진 환경에서 질서와 의미를 구성하는 과정으로서의 자아 개념이 인격 구조와 일치를 이루는지 확인한다. 이 과정은 또한 영성지도의 지향점을 이루는 결정적 가치들과 목표들이 무엇인지 알려준다. (변화와 성숙을 탐색하는 일은 영성지도 가운데 일어나는 일들이 무엇인지를 또한 밝혀줄 것이다.)

둘째, 로에빙거는 그녀의 이론을 의도적으로 절충하여 정립했기 때문에 그녀의 단계에 대한 설명들은 다른 다양한 발달 단계 이론들과 놀라운 상관성을 보여준다.14 나는 그녀의 방법론을 따르려고 한다. 그러므로 일반적으로는 그녀의 방식에 맞추어 포괄적으로 융통성을 유지하긴 할 것이지만, 그녀의 이론 이후에 등장한 발달 이론들이 자아에 대해 더 폭넓게 다루고 있음 또한 인정할 것이다. 근래 들어 발달에 관한 연구들은 매우 풍성하게 이루어지고 있다.15

## 구조 발달이론: 공통점과 과정

2, 3세대의 구조이론가들은 피아제의 선구적 작업에 기초하여 발달 과정의 원리들을 암시하기도 하고 확장시키기도 하고 있다. 다음의 원리들은 다양한 이론들을 종합해서 구조발달론의 체계를 설명하고, 동시에 좀 더 잘 알려진 "생애 주기"이론들과의 차이점을 설명하는 것이다.

1. 구조적 발달 이론은 인격에 대한 형식적 순차적 원리들과 그것들이 세상을 바라보는 일관된 시각을 어떻게 구성해 가는지에 중점을 둔다. 의미적으로는 구조이론들이 추상적인 것을 다루는 것은 분명하다. 그리고 우리들의 행동 패턴, 스타일 그리고 원리들을 설명하기 위해 원언어 meta language, 즉 일상의 언어를 설명하는 더 높은 차원의 언어를 사용한다. 반면에 성숙 이론들은 행동 그 자체를 설명한다. 그러므로 친근하고 구체적인 것들을 생생하게 설명할 수 있다. 구조 발달이론을 다룬 책들이 자기 개발 분야의 베스트 셀러가 절대 될 수 없는 이유는 이런 사실들을 보면 분명해진다.
2. 개인의 발달 순서체계는 단계별로 유효한 가설 operative assumption을 제공한다. 그러나 그것을 의식적으로 거의 성

찰할 수 없는 이유는 개인이 그 세상 속에 살면서 세상의 관점으로 바라보기 때문이다. 순서체계는 보이지 않는 시각을 제공한다. 그래서 보이는 것을 규정하고 이것들 하나하나를 통합된 전체로 결집하는 방법으로 설명한다. 그러나 초기 성장단계들에서의 관점은 매우 자명한 것으로, 그리고 암묵적인 것으로 보인다. 결국 그것은 언젠가는 다른 관점으로 대체 될 것이다. 개인은 이후의 단계들에 이르러서야 자기 성찰 능력을 가지게 되고 마침내 자신이 처한 발달 단계가 자신의 견해를 제한하고 있었음을 깨닫게 된다.

3. 단계들은 현실을 바라보는 매우 다른 형태들을 설명한다. 이 단계들은 단순히 전 단계들을 요약 정리함으로써 생성되는 것은 아니다. 그것들은 새로운 형태들을 설명할 수 있는 다른 배열 원리를 필요로 한다. 열네 살짜리 학생의 생각의 틀 속에서는 산수를 아무리 많이 한다고 해도 저절로 수학을 할 수 있게 되는 것이 아니다. 대신 산술과 수학적 조작을 설명할 수 있는 질적으로 새로운 사고 능력이 필요한 것이다. 상상의 행성에서 한 국가의 시민들은 이웃나라 사람들의 시각과는 다른 시각으로 현실을 바라 보는 것을 보았다. 그래서 그들은 이주하기 원하는 이웃 국가들의 새로운 언어를 배우고 시민권을 취득해야만 했다.

4. 구조적 원리들 가운데 어떤 것들은 단계의 전환에 초점을 맞춘다. 이어지는 단계로 이동하는 것은 "배열상 더 높은 순서"가 있어야 하는 것이고, 이것은 복합성이 점점 증가하는 것을 의미한다. 그러므로 단계들은 한결같이 단순한 것에서 복잡한 것으로 움직인다. 단계들을 건너 뛸 수는 없지만 누구라도 이미 지나온 단계의 더 단순한 체계를 이해하고 사용할 수 있다. 그리고 상황에 따라 서는 그같이 더 단순한 체계가 가장 정연하게 일반 상식적인 해결책을 제공하기도 한다. 예를 들어, 구체적 조작기의 사고를 하는 어린이는 상대성 이론을 아무리 반복하여 읽고 외워서 말로 그대로 옮겨 놓을 수 있다 하더라도, 그 이론을 이해할 수는 없다. 그러나 논리

5. 적인 물리학자는 상대성 이론을 이해하고 동시에 2 더하기 3은 5라는 사실도 설명할 수 있다.
6. 그럼에도 불구하고 연구에 따르면 사람들은 그들이 처한 단계의 바로 다음 단계를 반 정도 혹은 전체를 이해 할 수 있다고 한다. 그들은 훨씬 복잡한 수준의 것들도 자신이 현재 처한 단계의 수준으로 바꾸어 재구성하여 이해하는 것이다. 그러므로 교사들과 목사들은 자신들의 말을 듣고 있는 사람들 가운데 그 내용을 다르게 받아 들이는 사람들이 있음을 알아야만 할 것이다.
7. 그러므로 단계의 진전은 변증법적 움직임이라고 말할 수 있다. 각 단계는 이전 단계의 변형이고 또한 다음 단계를 준비하는 것이다.
8. 동시에 단계들은 의미를 수립하는 체계나 전체 논리들을 나타내는 상당히 안정된 체계들이다. 변화는 해당 단계에서 더 이상 상반된 데이터에 순응하거나 조화를 이루기 위해 힘을 쏟아 부을 필요가 없을 때, 안정된 체계 안에서 일어난다. 고등학교 학생들은 복잡한 현실을 이것 아니면 저것의 두 영역으로 나누어서 보는 이분법적 사고 방식을 가지고 있는 것으로 잘 알려져 있다. 예를 들어, 그들은 "내가 옳다면, 너는 옳지 않다"라고 생각 한다. 그러나 결국 이분법적 사고는 점점 더 상대적인 사고로 옮겨가게 되어 있다. (너는 너 자신의 의견을 가질 수 있고, 나 역시 내 의견을 따라 행할 권리가 있다.) 또한 우리는 상대주의 안에서도 각자의 입장에 따라 생각하게 된다. (너는 내가 가지고 있지 않은 진리를 가지고 있다. 그래서 우리는 서로에게서 배울 수 있는 것이다.) 이 전환은 주로 논리적으로 모순이 없는 정반대의 견해들이 서로 충돌하는 일이 너무 자주 일어나기 때문에 단지 이례적인 것으로 치부할 수 없게 될 때 일어난다.16

구조적 이론들은 이 같은 안정 단계에 대한 설명을 이용해서 인간의 인격이 상당한 일관성을 지니고 있다는 설명을 할 수 있다는 점에서 유용하다. 구조적 체계 안에서는 변화에 대한 필요성을 이론으로 설명할 필요가 없다.

8. 새로운 구조를 요구할 만큼 충분한 불협화음이 없다면, 개인은 변화하려고 하지 않을 것이다. 실제로 상당한 경험적 자료들은 20대 초반 이후에는 많은 성인들이 구조적 단계의 변화를 경험하지 않는다고 말한다. 단계의 변화가 일어난다 하더라도 장기간에 걸친 과정이며, 더 복합적인 세계관으로의 잠입은 그것이 거의 습관이 될 때까지 거듭해서 점점 더 자주 일어난다. 상상의 행성 에서라면 마치 이웃한 나라의 영주권을 마침내 취득하기로 결정할 때까지 정탐 여행을 여러 번 떠나는 것과도 같다. 이 특징을 통해 다음의 다른 특징들을 생각할 수 있다.

9. 단계의 변화는 시간이 걸리는 일이다. 그것도 긴 시간이 걸린다. 그리고 적합한 발달적 환경이 있을 때에라야 일어나는 것이기도 하다. 성인의 단계 변화는 비교적 드문 일이기 때문에 발달적으로 한 단계에서 평형상태를 영속적으로 유지할 가능성이 매우 높다. 그리고 비록 전체 성인기 동안에 단 한번의 전환기를 맞이하게 될지라도 이상한 일은 아니다. 그러므로 단순히 "더 높은" 단계로 사람들을 발달시키려는 일은 매우 성과 없는 시도일 수 있다. 그럼에도 불구하고 발달을 촉진시킬 수 있는 민감한 환경들은 변화를 불러오는 여건을 조성할 수 있다.

10. 개인이 어떤 단계에 머무르든 그곳에서 평형을 유지하는 동안은 하나의 인생관을 계속 유지할 경향이 매우 높다. 그러므로 단계는 독특한 인격의 형태로 기능한다고 볼 수 있다. 다시 한 번 상상의 행성에 사는 사람들을 떠 올려 보자. 각 국가의 시민들은 두드러진 하나의 "발달적 인격 의 형태"를 나타낸다고 볼 수 있다. CON의 사람들은 그들만의 관점을, SAG와 HOT 역시 또 다른 그들만의 관점을 택한다. 그리고 그들이 해당 국가에 계속 머무는 동안은 그 관행을 따른다. "현실

의 삶"에서도 이 관점들은 개인의 내면 세계와 외부 세계를 해석하는 모든 언어와 의미 체계들을 드러낸다. 그러나 실제로 사람들은 지금까지 설명한 내용과 완전 일치된 행동을 하지는 않는 것으로 판명되었다. 인간은 어떤 이론으로도 완전히 파악할 수 없는 매우 복합적인 존재이다.

11. 개인들은 다양한 상황에 반응하여 다양한 의미 체계들을 사용할 수 있다. 극심하게 긴장된 상황들은 일반적으로 이전의 의미체계로 회귀하게 만든다. 때로는 인격의 전 영역이 나머지 단계로 발달하는 일을 방해하고, 그로 인해 덜 복합적인 반응을 하도록 할 수 있다. 또한 동시에 덜 위협적인 상황 에서는 좀 더 복합적인 시각으로 바라보는 일을 망설이면서도 시도해 볼 수 있을 것이다. 어떤 면에서 하나하나의 단계는 영화 속 배우의 움직임을 멈추어 보는 것에 비유할 수 있다. 그것은 우리의 복합 적이고 역동적인 인격체계를 편의에 의해 인위적으로 멈추어 보는 것과 같다. 그러므로 각 단계는 단순화된 추상적 관행으로 삶의 평범한 상황들 속에서 개인이 일관되게 사용하는 매우 복합적인 의미체계를 일컫는다.

12. 개인이 살아가는 모든 정황은 발달적 중요성을 지닌다. 예측 가능하거나 예측할 수 없는 삶의 과제들, 예를 들면 집을 떠나거나 암 선고를 받는 일들은 새로운 의미체계를 조성해야 할 정황을 제공한다. 그러나 때론 외적으로 명백한 원인들이 없는데도 새로운 체계가 나타나기도 한다. 특히 구조적 스펙트럼 안에서 더 높은 단계들일수록 더욱 그렇다. 어떤 갈등들은 발달단계의 변화를 촉진하거나 적어도 동반한다. 그러나 그 갈등은 예를 들어 드러나지 않은 애도 과정처럼 외부의 관찰자에게는 전혀 보이지 않는 내적인 것일 수 있다. 그리고 정 반대로 고도의 갈등 상황 속에서 사는 개인일지라도 구조적 변화가 일어나지 않을 수 있다. 실제로 어떤 상황 에서는 치러야 할 희생이 너무 커서 발달을 계속할 수 없게 된다. 지속적으로 극한의 혼돈 상태에 처하거나, 예측 불가능 한, 혹은 억압 받고 위험한 환경 속에 사는 사람의 경우, 경계하고

자기를 보호하는 태도는 발전적으로 예측 가능하며 또한 환경적으로 순응 하는 것으로 여길 수 있다. 개인들은 고립된 로보트가 아니다. 그들은 공동체라는 복합적 환경 속에 살아가고, 공동체는 강력하게 혹은 미묘하게 발달을 이끌어 가는 혹은 억압하는 일을 한다.

구조이론들은 많은 위기들을 통과하며 인격이 안정을 찾아 간다고 설명한다. 그러나 이것은, 특히 어른들에게서, 변화가 일어나는 이유를 설명하는 데 큰 걸림돌이 된다. 생애주기 이론은 이와 반대되는 사실을 말하고 있다. (그것은 변화를 쉽게 설명하지만 개인의 내적 일관성에 대해 설명하는 데는 어려움이 있다.) 그러므로 두 개의 발달적 개념 모두를 가지고 일하는 것이 추론을 용이하게 만들 것이다. 각각의 틀은 인간 발달의 중요한 측면들을 잘 조명해 준다. 그러나 그 외의 측면들에 대해서는 모호하다. 비록 나는 이 책에서 구조 이론 들과 그것을 영성지도에 적용하는 일에 집중하고 있지만 현명 한 영성지도자들이라면 생애주기 이론들을 포함하는 다양한 심리학적 시각들 역시 적용하려고 할 것이다.

## 구조 이론의 이용과 오용

발달적 시각들을 실제로 적용하기 시작할 때 예측할 수 없는 결과들이 매우 놀랍도록 자주 일어난다.17 학생들과 연구자 들은 거의 변함없이 자신들이 실제 해당되는 단계보다 더 높은 발달적 범주에 속한다고 여긴다. 실제로 상담 심리학과 대학원생들의 발달적 프로파일은 일반적인 미국인들의 것과 동일하다. 또한 목회자들과 영성지도자들도 동일한 프로파일을 보이는 것으로 알려져 있다. 우리는 스스로의 발달 단계를 과대평가할 뿐만 아니라 보편적으로 전체 그룹의 발달적 단계 역시 과대 평가하고 있다.

대규모의 인원들을 대상으로 연구한 후에 얻은 결론을 가지고 제인 로에빙거가 주장한 것처럼, 우리 문화에서 성인의 평균 발달 단계는 전체 범주의 중간 단계에 놓인다.18 로에빙거의 용어로 바꿔 말하면 성인 인구 가운데 가장 밀도가 높은 단계는 순응주의와 양심적 단계 사이의 중간 영역에 걸쳐있다고 볼 수 있다. 대략적으로 말해서 이 책에서 예로 든 상상의 행성에서 인구 조사를 한다면, 성인 인구의 절반은 CON과 SAG의 국경지대에 몰려있다고 볼 수 있다.

그리고 집단들에 대해서도 우리는 실제의 모습보다 더 발달 적으로 동질 집단일 것을 기대한다. 그러나 어느 정도의 규모가 있는 집단들은 비록 그 구성원들이 성인들로 이루어 졌다 할지라도 서너 개의 발달 단계를 보여준다. 그럼에도 불구하고 성인들을 교육하거나 그들에게 설교하는 사람들 혹은 법적, 의학적 도움을 주기 위해, 또는 상담과 영성지도를 위해 그들을 만나는 사람들은 이 같은 발달의 복합성을 거의 고려하지 않고 있는 듯하다.

구조적 이론을 섣불리 받아들여 적용하려는 영성지도자들에게 특별한 몇 가지의 함정들이 놓여 있음을 알 수 있다. 우리는 빠른 발달적 진전을 기대하거나 우리의 지도 방법을 통해 현재 개인이 처한 단계보다 분명히 더 좋을 것이라고 생각 되는 이 후의 단계로 옮겨 갈 수 있게 도울 것이라는 기대를 한다. 실제로 단계의 전환은 단지 지도자나 수련자가 바란다고 일어나는 것이 아니다. 단계의 변화를 가져오려는 직접적인 시도는 침입적이고 조종하는 일이 될 수 있다. 때론 우리가 만나는 수련자들에게서 단계의 변화를 소망한다는 것은 비록 그것이 무의식적인 것이라 할지라도, 지도자의 편에서는 좌절을 수련자의 편에서는 죄책감이라는 결과를 불러 일으킨다. 실제로 우리의 관계와 반응들이 수련자를 도와 전환이 일어나는 경우들을 볼 수는 있지만, 그 결과는 영성지도자로써 우리가 가장 최우선적으로 고려해야 할 것은 아님이 분명하다. 오히려 우리의 기본적인 협약은 수련자들을 도와 하나님께서 어떻게 시작하시든지 그 분의 주도권에 그들 스스로 반응하도록 돕는 것이다.

발달 단계에 대한 좀 더 건설적인 접근은 각 단계가 강점과 한계점 모두를 가지고 있으며 또한 이로울 수도 있고 각 단계 특유의 함정도 가지고 있음을 인정하는 것이다. 다행스럽게도 구조적 변화의 역동을 더 철저하게 탐색하게 되면, 개인이 처한 발달적 단계의 전형적인 모습 바로 그 자체가 되도록 돕게 될 때, 역설적이지만 단계의 변화를 촉진할 수 있음을 우리는 알 수 있었다. 영성지도자들은 전환을 강요할 때가 아니라 촉진하는 환경을 조성할 때 수련자가 발달 과정을 가장 잘 밟아가도록 할 수 있다.

다른 미묘한 함정은 우리가 지도map를 영토 자체라고 혼동할 때 일어난다. 즉, 구조적 시각을 가지고 단계 속에 사람들을 가둘 때 우리는 함정에 빠진다. 우리가 사람들을 단계 그 자체로 여기는 한, 하나님께서 어떻게 부르시는지 알려고 노력하는 유일무이한 개별적 인간인 그들과 동반해야 하는 우리의 역할을 포기하는 것이 된다. 이러한 미혹됨의 정도 차이는 다양하다. 즉, 사람들이 융통성 없이 그리고/혹은 한 방향으로만 움직일 것이라고 여겨서 인간의 복합성과 미묘성을 인위적으로 경시하는 것에서부터 인격의 단계나 유형이라는 명분으로 성장을 전혀 기대하지 않는 것까지 다양하다. "그는 내향적이기 때문에 할 수 없어; 그녀는 알코올 중독자의 자녀로 성인 아이야; 나는 순응주의자 유형에 속한 사람입니다. 그래서 그런 행동을 하는 것이라고요. 그게 바로 나에요."

이제 마지막으로 생각해 볼 미묘한 함정은 우리가 발달 이론들을 교육이나 영성지도의 내용으로 사용하려고 할 때 빠지게 된다. 실제로 그것은 의미를 부여하는 방식을 밝히 보여주긴 하지만, 살아있는 믿음의 전통과 동떨어진 구조 이론들은 우리가 무엇을 믿어야만 하는지, 누구를 믿어야 하는지, 심지어는 믿지 않는 것보다 믿는 것이 더 좋다는 이유를 구체적으로 말해주지 않는다. 구조이론들은 단지 그 믿음의 행위 안에 포괄성의 결여에서부터 더 많아 지는 방향으로 발달이 이루어진다는 것을 깨닫도록 할 뿐이다. 더 직접적으로 말하자면 구조이론만으로는 영성 형성의 목표를, 가장 높은 단계의 사람이 하나님께 더 잘 반응 할 것이라는 전제하에, 가장 높은 발달 단계에 다다르는 것으로 축소시켜 버릴 수 있다.19 그리고 또 다른 극단은 단지 인간 본성을 형성하는 발달적 가능성과 한계성을 완전히 무시할 가능성이다. (그래서 모든 사람들에게 적용할 수 있는 본성, 거룩성과 영적 발달에 대한 일반적 견해를 만들어 간다.)

어떤 극단적 접근도 하나님 앞에서 모든 인간은 개개인이 독특한 존재이지만, 여전히 다른 사람들과 일반적으로 유사한 스타일을 보여줄 수 있음을 진지하게 받아들이지 않는다. 만약 이 같은 문제를 발달이론을 영성지도에 활용하려는 지도자 들이 해결할 수 있다면, 구조 발달이론은 어떤 유용성을 지닐 수 있을까? 영적 동반이라는 돌봄 사역에서 이런 강력한 발달적 패러다임은 어떤 유익을 줄 수 있을까?

아마도 가장 기본적인 유익은 정확하게 공감할 수 있는 능력이 잠재적으로 증가하는 것일 수 있다.20 수련자들의 세계를 바로 그들의 세계관으로 경험할 수 있는 능력이 자라날 수록 우리는 수련자와 하나님 사이에서 일어나는 일들을 성찰 하는 능력에 있어서도 성장하게 될 것이다. 게다가 변화의 과정을 좀 더 깊게 이해한다면 영성지도 계약이 허락하는 범위 안에서 그런 변화를 촉진 시킬 수 있는 능력도 강화될 것이다.

구조발달이론들은 우리가 만나게 될 수련자들이 영성지도에 가지고 오는 인간적 역량을 보도록 한다. 다른 두 단계 사이에 머물고 있는 사람들에게서 형성되는 인격의 형태를 관찰할 수 있게 된다면, 우리는 어떤 문제가 수련자에게서 두드러지게 일어날지 알려줄 매우 많은 단서들을 찾을 수 있다.

우리는 특정 수련자의 감정, 열망, 희망, 가치 그리고 장기적 목표들을 주목하고, 그것들에게 이름을 달기 위한 "내적 작업"을 할 수 있는 잠재적 능력이 어떠한지 평가할 도구들을 가지고 있다. 게다가 발달은 영적 성숙을 지향하고 함께 일어나기 때문에 발달을 알려주는 지표는 수련자의 결정과 행동을 분별하는 데도 긍정적 확신을 더해준다.

# 제 3 장

## 네 명의 수련자; 발달적 관점으로 바라봄
### Four Seekers: A Developmental View

탐 Z와 로저 Q/
메리 베스 T와 케더린 M/

# 제 3 장  네 명의 수련자: 발달적 관점으로 바라봄

내가 만났을 수도 있는 네 명의 수련자들을 소개하겠다. 이들이 당신에게 영성지도를 받으러 왔다고 상상해 보라. 이들은 영성지도를 통해 실제로 만날 수 있는 아주 전형적인 사람 들이지만, 여기 소개된 사람들과 상황은 가설적으로 묘사했다. 먼저 소개할 두 사람은 미혼 남성으로 안수를 받게 될 신학생들이다. 그리고 다음 두 여성은 비슷한 연령대이며 기혼이고 신학 공부를 하지는 않았다. 시작하면서 먼저 분명히 할 것은 이들의 발달 단계와 나이, 성별, 종교배경, 결혼 여부와 교육의 정도 그리고 사회적 지위와의 상관성을 고려하지 않을 것이라는 점이다. 몇 가지 반복되는 변화의 요인들만을 고려해서 발달과 관련된 이슈들만 직접적으로 거론하길 원한다.

## 탐 Z와 로저 Q

지난 10월 탐 Z는 신학교의 교육과정 가운데 사제가 되기 위한 필수 과정으로 영성지도를 받아야 하는 규정이 있어서 나를 찾아 왔다. 그는 42세의 제대 군인으로써 지역 교회에서 가톨릭의 교육을 받으면서 성장했다. 그는 군복무 중에 MBA학위를 받았고, 제대하고는 컨설팅 사업을 성공적으로 시작했다. 그는 여성들과 종종 데이트를 했고 한번은 매우 진지하게 결혼을 생각한 적도 있다. 그러나 결국은 약혼자를 포함해서 그를 잘 아는 사람들과 의논 끝에 사제가 되고 싶은 깊고도 오래된 열망에 대해 분별하는 것이 좋을 것이라는 결정을 내리게 되었다. 그는 지금 다니는 신학교와 연계된 대학에서 일년 간 철학 전공을 하다가 신학과로 전과했다.

탐은 올해 들어 몇 가지 어려움을 겪게 되었다. 그는 동기생들이 그를 고지식하다 여기며 어울리기를 꺼려하는 것 같다고 말했다. 그는 실제로 많은 시간을 TV를 보거나 잡담을 하는 일 보다는, 공부를 하거나 재충전하기 위해 운동을 하는 일로 보내곤 한다. 그는 이 모든 것이 비록 자신의 선택으로 비롯되었음을 알지만 외로움이 깊어감을 깨닫게 되면서, 동기생들의 반응에 대해 복잡한 감정을 드러냈다. 영성 형성 프로그램은 압박적으로 느껴졌다. 탐은 자신의 삶을 동기 생들이나 영성형성 그룹원들과 나누는 일로 어려움을 겪어야 했다. 그는 사제가 되려면 그의 삶의 방식이 자율적이고 자기 주도적인 지도를 필요로 하건만, 왜 이 프로그램은 자기를 사춘기 소년으로 여기는지 이해하기 힘들었다.

탐에게 신학 수업, 특히 조직 신학은 매우 어려운 과목이었다. 그리고 B학점 이상을 유지하기 위해서는 지속적으로 공부에 매달려야만 했다. 그는 비록 자신의 정체성이 학점에 의해 좌우 되는 것이 아니라고 생각하고는 있지만, 자신이 앞으로 만나게 될 교구원들을 위해서 열심히 공부하길 원했다. 학급에서 그는 정답과 명백한 조직적 교리를 구하는 학생들에겐 짜증이 났다. 그는 실제의 사람들은 반드시 그런 구조에 맞출 수 없다고 생각했다. 대신 그는 학생들로 하여금 어떤 상황이나 문제들에 다가가도록 접근 방법들을 제시하는 선생들을 더 좋아했다. 그리고 그것들 가운데 자신에게 맞는 하나의 방법을 발견하곤 했다.

그는 지금 여러 문제들 가운데 특히 다음 달 혹은 늦어도 다음 해까지 독신으로 살아갈 것인지를 분별 해야만 할 것이라고 생각한다.

그는 여성들과 성관계를 맺은 경험이 있다. 군 복무 중에 잠시 그런 관계를 가졌고 그 후에는 전 약혼자인 샐리와 수개월 동안 깊은 관계를 계속해 왔다. 지금 그는 앞으로 계속 독신으로 살 수 있을지, 아니면 결혼을 해야 할 정도의 친밀한 관계를 발전시켜 나가야 할 지 확신이 서지 않는다. 학급에서 만나는 다른 여성들과의 관계는 별 문제없이 순조롭다. 그러나 만약 서품을 받게 되면 상처 입은 여인들에게도 교회를 대신하는 역할을 해야 할 것이라는 사실을 깨달았지만 이 일을 숙고하기 보다는 오히려 머릿속에서 지웠다고 했다.

탐은 주로 주말에 있는 영신수련을 건너 뛰는 경우는 있어도, 시간을 정해 놓고 매우 규칙적으로 기도생활을 한다. 성찬식과 성서일과 그리고 20분 동안의 교회력에 따른 말씀 묵상을 규칙적으로 하고 있지만 영성지도에서는 기도에 관해서 별 다른 어려움이나 바램을 언급하진 않는다. 문제를 삼자면 그는 인간 예수에 대해 비교적 관계 형성이 덜 된 듯하다.

동일한 시기에 로저 Q도 영성지도를 위해 당신을 찾았다. 그는 27세의 감리교 신학교의 4학년 학생이다. 그는 최근에 목사님이 사퇴한 시골 교회의 교역자로 지명되었다. 그는 자신이 시무하는 지역에서 목사로 받아들여지는 것으로 인해 기뻤고, 그의 교회가 속하지 않은 구역의 교구원들이 "담임 목사"나 "목사님"이라고 부를 때 굳이 호칭을 바꾸어 부르라고 정정해 주지 않았다.

로저는 친근하고, 협조적이며, 시간을 잘 내어주고 신학교의 프로젝트에 자원하여 참여하는 것으로 잘 알려져 있다. 모든 사람들이 그를 좋아한다. 그는 학생으로서 할 일도 언제나 잘 해내서 매우 신뢰할만한 사람으로 여겨진다. 그러나 교수가 매해 평가를 할 때마다, 그는 자신의 능력을 다 발휘하지 않으며, 주제로부터 좀 떨어져 있다는 평을 자주 듣곤 한다. 로저는 "과정 중심"의 과목들을 힘들어하는데, 교수가 요구하는 것이 무엇인지 잘 파악하지 못하고 있다. 그는 또한 석사과정의 학생들은 신학부의 학생들과는 분리해서 수업을 들어야 한다고 생각하는데, 그 이유는 석사학위 과정생들이 제기하는 지극히 학문적인 질문들로 인해 시간을 낭비하지 않고 자신들이 가지고 있는 질문들에만 집중할 수 있길 원하기 때문이다. 그는 여러 번 신학교의 페미니스트 단체가 존재하는 것 혹은 그들의 안건에 대해 불만을 표석하곤 했다.

로저에게도 역시 독신은 삶의 주요 문제이다. 그와 같은 고향 교회 출신의 신학교 동기생 중 가장 친한 친구가 그도 알고 있는 신학생과 동성 연애 관계에 빠져들었다. 로저는 마음이 상했고 화가 났다. "그들은 교단의 규칙을 알고 있지요. 최근의 논란에도 불구하고 여전히 결혼 안 한 사람에게는 독신을, 기혼자에게는 결혼 관계에 충실해야 하는 규칙입니다. 만약 그들이 이 규칙을 따른다면 그들의 관계는 정리돼야만 할 것입니다. 나는 그들이 동성애 관계를 끊지 못한다면 안수를 받아서는 안 된다고 생각합니다. 그렇지만 안수 위원회에 이 일에 대해 내가 직접 언급하는 일은 없을 것입니다.

로저는 채플 시간에 성실하게 참석한다. 그는 전통적인 예배 형태를 선호하며 인권 옹호 단체나 여성주의자 단체가 주관 하는 예배에 대해서는 좀 비판적이다. 그는 개인적으로 성경 공부하는 일에 오랜 시간을 할애해 왔다. 지금도 그는 매주 설교하는 일로 그 토대가 되는 성경 본문에 훨씬 더 많은 주의 집중을 하고 있다. 설교 준비를 위해 말씀 공부에 열중하고 있는 것이다. 개인적인 예수님과의 관계를 표현 하자면, 그는 근본주의자이고 개인적 관계는 시도하지도 않는다.

위 두 사람은 모두 신학생이지만 그들은 발달적으로는 유사한 면보다는 서로 다른 면이 더 많다. 앞서 언급한 상상의 행성과 관련하여서는, 탐은 SAG의 거주자이고 로저는 CON의 거주자라고 말할 수 있다. 발달 단계 용어로 말하자면 각각 순응주의자 단계와 양심적 단계로 부를 수 있다. (표1 참조)

우리가 얻을 수 있는 자료에 근거해서 탐과 로저의 발달 단계를 그려보자. 탐은 장기적이고 자기 평가적인 목표를 위해 지속적으로 행할 수 있는 능력이 있는 것으로 보인다. (사제가 되고 싶은 오랜 염원, 성공적인 사업, 공부를 하기 원하는 밑바닥에 깔린 동기들,

혼자 살아내기 위한 삶의 형태로써 독신 생활을 매우 중요한 이슈로 다룸) 그는 자기 비판을 잘 할 수 있는 능력을 보여주었고, 자신과 타인의 기질이나 동기에 대한 인식도 잘하고 있다. 그는 원인에 대한 결과, 만일의 사태와 대안들을 수용한다. (그는 자신의 선택이 복잡한 것을 알고 있다. 그의 동료들과의 관계, 제도권 안에서 유익한 행동과 미래의 일을 위해 요구되는 행동들 사이의 불일치 때문에 괴로워한다. 그는 복잡한 현실에 대해 규격화되고 강요된 정답에 대해 저항하고 있다.) 그에게 있어 규칙이란 내재화되고 자기 평가와 선택이 따라야 하는 것이므로 스스로 납득할 수 없는 상황에 처했을 때 자신의 이야기를 나누는 일은 어려워진다. 탐은 규칙을 잘 지킬 때에도 다른 사람들을 상처 줄까 긴장하는 경험을 자주 하곤 한다. (지금은 관심 밖의 문제가 되었지만, 자신을 적대적으로 여기고 있을지 모르는 분노하는 여인들에 대해 신경 쓰곤 했다.) 그는 일반적으로 옳다고 여겨지는 것에 대해서는 관심이 덜하다. 예를 들어 사제들의 독신 생활에 대해 오히려 그는 자신에게 무엇이 최선인가에 관심이 있다. 그는 사제가 되는 것을 목표로 삼는 일이 자동적으로 독신으로 사는 문제로 이어진다고 여기지 않는다. 그는 독신의 문제를 관계 안에서 다루려고 한다. 그러나 이러한 생각은 오늘날 매우 일반적인 것이므로 그것을 특별히 발달 단계를 추정할 단서로 주목하긴 힘들 것이다.

그러나 탐은 흥미롭게도 내적(영적) 생활과 그것을 평가하는 능력 모두를 가지고 있는 것으로 여겨짐에도 불구하고, 그의 기도 혹은 적어도 자신의 내적 움직임에 대한 설명은 그의 발달 능력에는 못 미치는 것으로 여겨진다. 그는 아마도 하나님과의 개인적 관계 안에서 좀 더 풍요로운 정감적 기도의 삶을 개발해 나갈 수 있다고 여겨진다. 그러나 믿음의 측면 에서는 도움이 필요하다고 생각된다. 영성지도자는 탐에게 이렇게 말할 수도 있을 것이다. "이 모든 것에 대해 하나님께 말씀 드려 본 적이 있습니까?" 그리고 그가 그러기로 선택만 한다면 할 수 있을 것이라는 기대를 갖도록 돕는다.

로저에게로 돌아가 보자. 그는 만나면 유쾌한 그리고 언제나 도움이 되는 그런 남자이다. 그러나 그에게 사람들은 사회적으로 수용할 수 있는 수준이어야 한다. (그가 동성애적 행위로 규칙을 어긴 친구에게 얼마나 화가 났었는지 보아서 알 것이다.) 그는 우호적인 관계성을 보여주지만 그것이 자신이 속한 동료 집단에만 국한된 것이다. (그는 다문화 예배를 좋아하지 않으며, 다른 석사학위생들과 함께 수업하는 것을 꺼려하고, 예수님과의 개인적 관계에 있어서도 근본주의적 입장을 취한다.) 그에게 역할들과 그들의 외적 표지는 매우 중요하다. (그는 교인들이 목사님이라고 부르는 것을 좋아한다.)

로저는 설교를 함으로써 교회의 위계질서상 자신의 역할을 다 하려고 한다. 그리고 그의 기도는 이 설교하는 일에 맞추어진다. 학생으로써 교수가 원하는 대로 공부를 하는 경향이 있으며, 결과적으로 그것이 그가 안수 받는 일과 주로 결부 되어 있다. 규칙에 관해서도 그것이 규칙이기 때문에 지킨다. (위원회는 교단의 규칙이 무엇인지 알고 있다.) 그의 상처와 분노는 그 자신이 묵묵히 따르고 인정하는 규칙을 어긴 친구들과의 관계에서 드러난다. 규칙에 어긋나는 것은 강하게 억제한다. 그는 학급에서도 잘못 행동하길 원하지 않는다. 그러나 자신이 그의 친구들의 동성애에 대해서 남에게 알리는 사람이 되길 원하지 않았다.

구체적 사실들 이외에도 로저가 순응주의자의 단계에 해당 됨을 다음의 특성들을 통해 알 수 있다. 실제로 어느 누구도 순전히 한 단계에만 속한 사람은 없다. 왜냐하면 단계라는 것은 매우 일반화되고 개념적으로 분류된 것이기 때문이다. 그의 자기 인식은 그가 속한 집단에게서 비롯되며, 자신의 행동 규범에 대해서도 외부 사람들(타인)에게 의탁한다. 그의 의식적 편견은 외모, 명성, 사회적 지위 그리고 재산과 관련 되어 있다. 도덕적으로 "해야만 하는 것"은 자신 또는 다른 사람들을 강력하게 이끄는 힘을 지닌다. 성적 감정이나 공격적인 감정은 집단에서의 지위를 위협할 수 있으므로 매우 위험하게 느껴진다. 그래서 그런 감정들은 대체 적으로 그의 의식으로부터 차단될 것이다.

영성지도와 관련하여, 로저는 자신의 내적 움직임에 대해 매우 일반적인 수준에서만 표현할 수 있다. 그의 내적 작업 능력, 혹은 베리와 코널리William Barry and Connolly Barry의 말을 인용하자면,1 주요한 내적 사실들을 주시하는 능력은 상당부분 존재하지 않는다고 말할 수 있다. 감정에 대해 물을 때 그는 생각이나 행동에 대해 말하곤 했다. 예를 들어 "당신 친구의 행동에 대해 어떤 느낌이 드세요?"하고 물으면 "나는 그들이 그곳에서 벗어나야 한다고 느낍니다"라고 응답한다. 로저 자신이 혼전 순결을 지키며 사는 삶의 방식은 친구들의 행동으로부터 암묵적인 영향을 받기는 하지만, 그들이 어떤 태도를 취하든 그 문제는 자기와 상관없다고 생각한다. 그가 문제 삼는 것은 그가 알고 있는 것과 관련이 있다. 즉, 동기 생들의 대립되는 요구를 그가 어떻게 타협하고 교단의 위원 들을 어떻게 설득하느냐가 더 중요하다.

영성지도자는 아마도 로저 보다는 탐과 같은 삶의 양식을 따르는 사람들을 선호할 것이다. 탐은 영성지도에서 기대되는 작업들을 할 수 있을 것으로 여겨지지만 로저는 결코 함께 가기 쉬운 사람이 아니기 때문이다. 로저가 깊은 내면까지 성찰하지 못하는 일로인 해 분노가 일어날 수도 있을 것이다. 그는 언제나 표면적인 분별로 끝을 내기 쉽다. 그러나 탐은 분별을 하려고 애쓰며, 조금만 도와준다면 스스로에게 바른 질문을 던지고 내면의 반응들을 관찰하며 하나님과 지금까지 어떤 패턴으로 관계를 맺어왔는지 발견할 수도 있을 것이다. 그래서 자신에 대한 지식을 현재 씨름 하고 있는 문제들에 적용할 수도 있을 것이다.

우리가 보아온 로저의 정체성은 그가 속한 다양한 집단들에서 비롯한 것이다. 협력, 규칙을 따라 행하는 일 그리고 그의 지위와 관련된 외적 표지들은 내면화된 자기와는 전혀 관계 없는 외적인 자기 정체성을 고양시킨다. 만약 로저가 속한 집단들 혹은 중요하게 여기는 권위와 의견의 충돌이 심각하게 발생 한다면 그는 아마도 "자기를 찾기 위한 일"을 시작하게 될 것이고, 이 일은 그가 속한 집단의 벽을 뛰어넘는 일이 될 것이다. 탐은 이러한 변화를 이루었다. 그리고 그의 "자기"를 모든 것을 판단하는 도구로 사용한다. 그러나 이러한 탐의 태도는 약점 또한 가지고 있다. 그는 아직 이 "황제적 자기"를 더 넓은 시야로 볼 수 없고 혹은 더 선한 일을 위해 자유롭게 포기하지도 못한다. 극단적으로는 이 지위를 이용해 자기를 섬기는 "me-ism"에 빠질 수 있다. 탐의 경우는 병적인 경우는 아니지만 그와 유사한 맹목성을 지닐 수 있다.

앞에서도 언급한 바 있지만 이것은 영성지도와 관련하여 훨씬 더 중요한 이슈가 된다. 로저의 발달 단계에서 내면의 삶으로 들어가는 것은 제한적일 수 밖에 없다. 그리고 감정은 일반화 되고 비교적 구별 되지 않은 것들이다. 영성지도가 어느 정도 는 개인의 감정을 다루는 것이므로 지도를 위해서는 로저의 발달 단계를 뛰어 넘어야 한다.

그러나 절대로 로저와 같은 사람 하고는 영성지도를 안 하게 될 것이라는 말은 아니다. 미국인 성인 인구의 반 이상은 그와 같은 수준의 양상을 띤다는 경험적 연구가 있다. 대략적으로 로저의 구조는 좀 더 낮은 수준, 혹은 탐은 좀 더 높은 수준 이라 말 할 수 있다. [상상의 행성에서 많은 인구가 CON과 SAG 사이에 몰려 있었음을 기억해 보자.] 그러나 실제로 많은 사람들이 발달적으로 로저와 유사한 단계의 삶을 산다. 교회 성도들 가운데, 신학교 영성 형성 프로그램을 듣는 학생들 가운데, 은사주의 부흥 운동 가운데, 조찬 기도회에 참석한 남녀 성도들 가운데 그리고 교구 위원회에 속한 다수의 이웃들이 이에 속한다. 그럼에도 영성지도자들은 이들 에게 적합한 영성지도를 위해 무엇이 필요한지 세심한 주의를 기울이고 있는가? 그들을 영성지도와 관련시켜 생각 하는가? 우리는 그들이 덜 영적이라고 여기는가, 혹은 그들이 진정 원하기만 한다면 영성 생활에 발전을 가져올 수 있는 단지 미지근한 혹은 무관심한 혹은 얕은 영성의 소유자라고 여기는가? 혹은 하나님께서 그들의 영적인 삶을 주관하고 계신다고 전심으로 확신하는가? 우리는 이들이 다른 사람 들에게 실제적으로 덕을 끼칠 수 있다고 확신하는가?

**메리 베스 T와 케더린 M2**

최근에 당신에게 두 사람이 더 영성지도를 의뢰해 왔다. 메리 베스T는 40대 중반의 주부로써 전 남편에게서 낳은 고등 학생과 대학생 자녀를 두고 있다. 그녀의 가족은 오래 전부터 신앙 생활을 한 장로교인으로, 실제로 외할아버지는 목사였다. 그러니까 그녀의 엄마는 PK인 것이다. 첫 2회의 만남을 통해 다음의 그림들이 그려졌다.

최근까지 메리는 자신이 평생 착한 아이로 살아왔다고 여긴다. 어린 아이였을 때 그녀는 그녀가 책임을 다할 수 있으면 모든 것이 문제 없다고 여겼다. 그러나 그녀가 책임을 다했을 때 부모나 선생님들로부터 받는 칭찬은 그녀가 원가족으로부터 받았어야 할 따뜻함과 신체적, 정서적 보살핌의 결핍을 채워주기에는 훨씬 부족한 것이었다. 결혼 후에도 그녀는 여전히 자신이 책임을 다 할 때 수용받을 만한 사람이 된다고 여겼다. 그러나 지난 수 년 동안에, 그녀와 중요한 관계를 가지고 있는 사람들에 따르면, 그녀는 점점 무책임해져 갔다.

3년 전에 메리는 결혼하면서 접었던 대학 교육을 다시 시작하기로 결정했다. 그녀의 남편은 그 나이에 공부를 다시 시작하는 것은 미친 짓이라고 여겼다. 다 마치고 도대체 무엇을 하려는 거란 말인가? 이 질문에 대해 논리적 답변을 할 수는 없었지만 그녀는 어찌 되었든 공부를 시작했다. 그녀는 이미 대학에 다니는 아들의 학비 때문에, 그리고 가족 들로부터의 거센 저항을 줄이기 위해 식사 시간에는 늘 집에서 가족들과 함께하고, 주말에도 혼자만의 시간을 내어 공부를 할 수 없었기 때문에, 수업 신청도 띄엄띄엄 했어야만 했다. 그러나 학교 수업은 온통 그녀의 마음을 빼앗아 갔다. 그리고 실제로 전에는 꿈도 꾸지 못했을 온갖 종류의 생각들을 하는 자신을 발견했다.

이 무렵에 그녀가 빠지지 않고 예배를 위해 교회에 가는 일은 새로운 의미를 지니게 되었다. 그녀는 하나님께서 그녀가 어떤 일을 잘 하든 못하든 개인적으로 그녀에게 관심을 가지고 계시다는 것을 경험했다. 그녀는 사랑하는 아버지로써 하나님을 떠올릴 수 있었고, 그녀 자신에 대해서는 무릎에 기대어 잠든 사랑 받는 딸로 상상

했다. 이 기도 경험은 그녀가 나이 들어 공부를 시작한 것이 미친 짓 아닐까 하는 생각이 떠오를 때마다 위안과 힘을 얻게 되는 근원이 되었다.

그런데 최근에 그 이미지가 바뀌었다. 그 결과 혼란을 겪게 되면서 친구 소개로 이 문제를 해결하기 위해 영성지도자를 찾아 왔다. 이제 하나님은 연인처럼 말씀하시고 그분과 연합하라고 부르시는 것처럼 여겨진다. 그녀는 불안하고 두렵고 이 일이 전혀 달갑지가 않다. 그녀는 옛날의 관계로 돌아갈 것을 하나님께 간구했지만 하나님께선 들어주시지 않는다. 이제 그녀는 기도를 회피한다. 기도의 성장을 이루고 싶어 하지만 그런 종류의 친밀감을 원하는 것은 아니다. 그녀는 영성지도를 통해 기도를 배우고 싶어한다.

이제 또 한 사람이 영성지도를 의뢰하게 되었다. 케더린 M은 7년 동안 함께하던 영성지도자가 다른 도시로 이사하면서, 그 역할을 대신해 줄 사람을 찾았다. 그녀는 두렵고 버림받은 느낌으로 혼란스러웠다. 그리고 하나님께서 자신에게 무슨 말씀을 하시는지 분별하기 원했고 이 일로 도움을 받고자 했다. 첫 회기에 지도자는 다음과 같은 정보를 얻게 되었다.

그녀는 가톨릭 신자이고 42세이고 결혼한지 20년이 되었다. 그녀의 남편 켄은 규모 있는 투자 회사의 부사장이다. 케더린이 불임이어서 자녀가 없었기 때문에, 수년 동안 그녀는 아이를 입양하기 원했으나, 남편은 아이가 없으면 더 자유롭게 여행도 하고 자기 계발도 할 수 있다는 이유로 입양을 반대했다. 이런 상황은 케더린을 매우 고통스럽게 만들었다. 그러나 남편이 입양을 위한 경비를 내어 주지 않기 때문에 현재 그녀는 불우한 아이들의 부모 역할을 하며 시간을 보내고 있다.

그녀는 교육학 학위를 가지고 있었으므로 결혼 전에 그리고 결혼한 후에도 다양한 학년의 초등학생들을 가르쳤다. 아이들과 일하는 것을 그녀는 즐거워했다. 그러나 결국 그것도 더 이상 도전적인 일이 될 수 없었다. 그러던 중 결국 영성지도의 도움을 받아 기도의 삶이 더욱 깊어지게 되고 하나님과의 관계가 성장하면서 복음을 따라 더 도전적인 삶을 살고자 하는 열망이 커져갔다. 마침내 그녀는 사회 정의나 평화 운동과 관련된 자원 봉사 활동을 위해 교직을 그만 두었다. 그녀는 정의와 관련된 일에 적극성을 띠게 되었다. 이러한 일들은 그녀의 남편을 당황하게 만들었다. 그는 이런 일들이 좋은 의도로 행해지지만 섣부른 선행이라고 여겼다. 그래서 그녀는 이 일이 복음이 지향할 핵심이며 교회를 향한 분명한 부르심이고 그녀의 영성을 삶으로 표현 하는 것임을 끊임없이 남편에게 설명해야만 했고, 이런 상황은 그녀를 좌절하게 만들었다.

근래에 그녀는 마치 두 개의 삶을 사는 것 같은 긴장감을 경험하기 시작했다. 그것은 교회관련 공동체에 속한 사람들로 영적 성장을 위한 삶과 정의 구현을 추구하는 모임인 "그녀의 친구들", 그리고 그녀가 사회적으로 어울려야만 하는 사업가 부류에 속한 "남편의 친구들" 두 집단 사이에서 느끼는 긴장감이다. 그녀는 이 전문 사회 사업을 하는 데 있어 위축감을 느끼고 있다. 왜냐하면 남편이 사회 정의를 위한 일을 하는 그녀 자신과 친구들을 순진하고 공격적이라고 분명히 말했기 때문이다.

점차로 그녀는 자신이 위선적이라는 느낌을 갖기 시작했다. 그녀는 자신의 삶의 양식을 조정하기 원한다. 그러나 켄은 반대했다. 그녀는 남편을 변화시키려고 하진 않는다. 오히려 계속 사랑하고 있는 그대로의 모습으로 자유롭기 원한다. 그녀는 결혼 서약이 성스러운 언약이라고 여긴다. 그녀는 부부 상담을 제안했으나 켄은 거절했다. 그녀는 평화를 위해 헌신하며 사회적 갈등을 해결 하며 살아야 한다고 생각한다. 동시에 그녀는 하나님과의 관계를 최우선으로 여기며 무슨 값을 치르더라도 그녀를 향한 하나님의 뜻을 따르려고 한다.

메리는 영성지도자에게 매우 친근하게 다가갈 것이다. 구체적 변수들을 가지고 그녀는 매우 자주 영성지도를 찾았다. 처음 볼 때는 매우 다르게 보일지 모르지만, 메리와 탐은 실제로 발달 구조에 있어서는 거의 유사한 양심적 단계에 해당된다. 믿음의 관점에서 볼 때 각 사람은 하나님으로부터 고유한 부르심을 받는다. 구조 발달

이론은 이 고유성을 전제로 해석하는 것이 적합할 것이다.

메리는 탐보다 어떻게 지금의 발달 단계에 이르게 되었고 그래서 그것을 초월하기 위해서는 어떤 초대를 해야 하는지에 대해 많은 단서를 준다. 집을 떠나는 것은 순응주의에서 양심적 단계의 시각으로 넘어가도록 촉진하는 가장 중요한 요인들 가운데 하나인 것이 분명하다. 메리가 학교로 돌아 왔다는 것은 "집을 떠남"을 비유적으로 말하는 것이다. 익숙한 세계관인 집을 떠나는 다른 방법들에는 탐의 경우처럼 군대에 입대하는 일, 이혼에 대처하는 일, 그리고 죽음을 대면하는 일이 포함된다. 갑작스런 상실이나 주요 스트레스는 구조 단계의 변화를 가져오는 재구성을 촉발 한다. 우리는 메리와 케더린의 경우에서 한 배우자의 구조 변화가 결혼의 파문을 불러일으킴을 보았다. 진부한 표현이지만 위기는 중요한 성장을 낳는다. 영성지도자에게 이 이슈는 믿음의 측면에서 볼 때 애매모호함과 혼돈은 언제나 변화를 가져온다는 이슈만큼 변화를 촉발시키는 것으로 여기지 않는다.

만약 메리가 아직 순응주의 단계였던 3-4년전에 영성지도를 찾아왔다면 그녀는 학교에 돌아가는 것이 자신만을 위하는 이기적인 행위가 아닌가 하고 계속 걱정하기가 쉬웠을 것이다. 비록 이 시나리오는 여성들에게 특히 두드러진 것이긴 하지만 누구든 착하고 도움을 주며 협조적인 순응주의의 관점을 가진 사람들은 그들을 계속 착하고 협조적이 되게 만드는 감지하기 힘든 세력을 만날 것이다. 기대되는 발달의 단계로 나아갈 때 기존의 단계에 머물게 하는 명백한 혹은 눈에 띠지 않는 압박이 가해진다. 그 압박은 배우자나, 종교 공동체나 전반적인 사회 혹은 어떤 것으로부터도 올 수 있다. 그리고 우리는 개인적인 분별의 필요성에 노출될 것이다. 무엇이 좋은가? 무엇이 더 좋은가? 메리의 말을 따라 하자면 "무엇이 내게 더 좋은가?"

그러나 3년이 지난 지금 메리가 더 힘들어하는 문제는 기도 가운데 그녀의 이미지가 바뀐 것이다. 그녀의 보호막은 내려졌고, 두렵고 놀라서 전 단계의 위로하는 이미지로 돌아 가려고 한다. 실제로 메리가 새 발달 단계로 옮겨갈 수도 있다는 단서는 전 단계(의 기도)

에서는 금지되었던 성적인 자료의 출현이다. 특히 그 이미지가 지난 단계의 변화를 가져왔던 하나님과의 관계 가운데 일어났기 때문에 더욱 그렇다. 그녀가 지닌 기준으로 받아들일 수 없는 하나님과의 관계에 대한 이미지에서 비롯된 압박 때문에 그녀의 전략은 순응주의자의 것처럼 보인다. 그녀는 맞춰 갈 수 있도록 권위자에게 기도 지도를 요청했다. 그녀의 표현에 따르면 하나님 께서는 흥정에 협조하지 않으신다. 영성지도자도 단지 새로운 발달을 위해 겪게 되는 불안을 해소하도록 요구하는 기도 형식 (방법)을 제공하는 일은 하지 않아야 할 것이다. 오히려 지도자는 그녀를 도와서 초대하시는 하나님과 계속 관계할 수 있도록 할 것이다. 하나님께서는 그녀가 겁먹었을 때에도 동행하신다. 그리고 그녀의 경험이 지닌 의미를 이해하도록 도울 것이다. 지도자와 수련자 모두는 이러한 위기의 갈림 길에서 그녀를 곁 길로 새게 할 수도 있는 큰 함정과 막다른 골목이 있음을 알아야 한다.

메리와 케더린 사이에는 분명한 유사성이 있다. 그들은 모두 배우자들로부터 자신의 삶의 진행 방향을 저지하는 많은 압박을 경험한다. 그들은 모두 주요 전환의 시점에 동반되는 혼돈, 어두움 그리고 두려움을 호소하며, 그것들 때문에 영성지도의 자리에 왔다. 그러나 동시에 그들에겐 다른 점들도 있다.
실제로 케더린은 로버트 케건에 따르면 세 번째 발달구조에 속한 개인상호적 단계 Interindividual에 포함된다. (상상의 행성에서는 HOT 지역 거주자라고 말할 수 있다.) 이 위치의 특징은 나 자신을 위한 것뿐 아니라 모든 다른 사람들을 위한 자율성이다. 고통에도 불구하고 케더린은 다른 사람들이 (이 경우에는 특히 그녀의 남편) 자율적으로 자신들의 길을 찾고, 그러면서 실수도 하고 다른 성장의 단계에 머무르도록 허용한다. 그녀는 필요와 책임들을 둘러싸고 일어나는 내적 갈등을 경험한다. 그녀의 생각은 단순한 양극단의 이분법적인 것을 초월한 다면적인 것이다. 그녀는 로저라면 할 수 없는, 그리고 탐도 어렵다고 여길 법한 애매모호함의 단계를 견딜 수 있는 능력이 있다. 그녀는 실제적으로 그러나 객관적으로 자신의 상황을 인식한다. 그리고 모든 문제가 다 해결 가능하지는 않다고 직감한다. 상호개인적 발달 단계가 지닌 핵심적 단면은 삶을 통전적으로 바라 본다는 것이다. 거기에는 사회 정의와 같은 다양한 관념적 이상도 포함된다.

케더린은 상호성과 친밀감이 자율성과 함께 공존할 수 있다고 믿는다. 그리고 이 조화로움이 기도와 삶에도 이어지기를 열망한다. 케더린에게 자기에 대해 죽는 것, 십자가를 경험 한다는 말은 결국 이러한 긴장을 이해하고 그 가운데 살아 가도록 만드는 유일한 것이다. 케더린의 상황을 보면 아무리 성장의 최상위 단계에 다다른다 해도 모든 것이 탈없이, 분홍 빛 인생일 수는 없다는 것을 기억하게 된다. 역경과 갈등은 이전 단계와는 다르게 인식된다. 그러나 다른 많은 사람들이 회피한 복잡한 상황들을 보기 때문에 훨씬 더 고통스러울 수도 있다. 케더린은 예민하게 분별할 수 있는 더욱 발달된 능력 또한 가지고 있을 수 있다. 그래서 그녀는 영성지도자가 함께 하며 지원해줄 것을 원하지만 그녀 스스로 상당 부분 분별할 수도 있을 것이다.

탐, 로저, 메리 그리고 케더린이 스스로 드러낸 모습을 잠깐 살펴보았다. 이제 우리는 그들의 예를 들어서 발달의 과정을 더 세부적으로 살펴볼 것이다.

# 제 **4** 장

## 구조적 시각으로 본 변화와 안주
### Changing and Staying the Same: The Structural Perspective

변화냐 발달이냐/
발달적 변화에 관한 피아제의 이론/
자연 치유적인 안아주는 환경/
보측자 그리고 비혁명적 성장/
영성지도와 발달적 전환/
메리 베스에게 발달적으로 반응하기/

**제 4 장 구조적 시각으로 본 변화와 안주**

앞 장에서 기술한 인터뷰 내용을 통해 우리는 네 사람의 인상과 그들이 처한 현재의 상황을 알 수 있었다. 삶은 별 문제없이 지나가는 것 같지만, 누구에게나 불편함을 호소하는 부분은 있다. 탐과 로저는 동료들과의 관계를 다뤄야만 할 것이다, 그리고 로저는 경쟁하는 집단들에서 충성심을 겨루는 일까지도 해야만 한다. 메리 베스의 딜레마는 영성지도가 다루는 고전적 영역인 기도와 관련되어 있음이 분명하다. 케더린은 가치관과 생활 방식에 대해 자신과 남편 사이에서 점점 커지는 격차를 직면해야만 했다. 각자 처한 상황에서 모든 사람은 "나는 길을 잃었습니다. 이것은 정말 이해할 수 없군요"라고 말하고 있는 것이다. 영성지도자는 이러한 불편함들을 어떻게 이해하고 그에 반응해야 할 것인가?

오직 탐만이 신학교의 필수 교육과정으로 영성형성 프로그램을 들으며 영성지도자를 만나야 했다. 우리는 그가 개인적으로도 영성지도자를 찾으려 했을지는 알 수 없다. 메리 베스, 로저 그리고 케더린은 그들 스스로 영성지도자를 선택했다. 메리 베스는 영성지도에 관해 조금밖에 모르는 경우였고, 케더린은 여러 명의 지도자들과 10년 넘게 영성지도를 해왔다. 반면 로저의 경우 영적 인도는 목회자 선출 과정을 지나는 동안 감독 위원들에 의해 주로 일어났다.

영성지도는 인격 발달에 도움을 주는가? 그렇다면 어떻게 도움이 되는가? 이 질문들에 답하기 전에 발달적 변화를 위해 필수적인 중요한 네 가지 난제를 극복해야 할 것이다. 첫째, 하나의 제한된 인격 안에 어떻게 안정과 변화가 함께 일어날 수 있는가? 균형 equilibrium과 변화를 모두 설명할 수 있는 적합한 발달 이론이 있어야 한다. 둘째, 구조적 변화는 명확하게 어떻게 일어나는가? 한 단계에서 다음 단계로의 전환은 어떻게 설명할 수 있는가? 그 움직임은 연속적인가 아니면 계단을 밟듯 단계별로 이루어지는가? 그것은 우리 주변에서 일어나는 일과는 아무 상관없는 순전히 내적인 것인가? 상관이 있다면 외부적 사건들과 영성지도자를 포함하는 사람들은 어떤 역할을 하는가? 셋째, 왜 사람들은 주로 가설적인 최고의 단계보다 훨씬 더 낮은 단계에 안주하는가? 연구에 의하면 발달은 유아기와 아동기에 가장 급속히 일어나고 십대 후반이나 이십 대 초에는 늦춰진다. 그 후에 많은 성인들은 오랜 기간을 안주하며 단계의 변화라고 부를 수 있는 질적으로 새로운 시각을 재구성하려 하지 않는다. 그 외의 사람들은 두 세 단계 정도의 변화를 만들어내지만 그들 중 아주 적은 수의 사람들만이 세 단계 정도의 변화를 이룬다. 왜 어떤 사람은 계속 발달하고 어떤 사람은 그렇지 못할까? 영성지도자는 이 사실을 어떻게 해석할 것인가? 마지막으로 이 발달의 과정에서 영성지도의 적합한 역할은 무엇일까? 단계의 변화를 직접적으로나 간접적으로 격려하는 것이 지도자의 책임인가? 만약 그렇다면 이 일은 어떻게 이루어지는가? 책임이 아니라면 그 이유는 무엇인가? 이 네 가지 문제들은 다음 네 명의 영성 수련자들에게 영향을 줄 구조적 변화를 이해하는 토대가 될 것이다.

그러므로 제 4장에서는 인격발달의 움직임에 초점을 맞추려고 한다. 발달의 개념을 관찰하고 그것이 단순한 변화와는 어떻게 다른지 구분한 이후에, 장 피아제, 로버트 케건, 윌리엄 딤버가 발달적 변화를 어떻게 이해했는지 고찰할 것이다. 그리고 이런 발달의 이미지들을 생각하면서 단계의 변화에 대한 영성지도자의 역할에 초점을 맞추어 명확하게 설명하려고 한다.

## 변화냐 발달이냐

모든 변화를 발달이라고 말할 수 있는 것은 아니다. 변화는 분명히 임의로 일어난다, 그러나 이런 우연한 사건들을 발달적이라고 받아들일 수는 없다. 또 가역적인 과정을 반드시 발달적이라고 할 수도 없다. 그러나 가역적인 과정을 인식하고 받아들이는 능력은 발달적이라고 할 수 있다.

예를 들어, 초등학교 일 학년생으로 나는 세 개의 별 조각을 먼저 얻고 다시 두 개를 더해서 총 다섯 조각으로 별을 만들어야 함을 알고 있었다. 혹은 게임에서 다섯 명 그룹으로 시작해서 세 명 그룹을 만들기 위해서는 두 사람을 빼야만 했다. 이 같은 물리적 집단 만들기와 해체하기는 발달이라기 보다는 단지 변화하는 것이다. 그러나 빼기와 더하기는 역으로 셈 할 수 있음을 인식하는 것은 발달적 변화라고 말할 수 있다. 왜냐하면 그것은 단지 그룹을 만들고 해체하는 것을 넘어서기 위한 복합적 인지 수준을 요구하기 때문이다. 그리고 시간이 지나서 덧셈이나 뺄셈이 모두 한 쌍의 역수로 셈 할 수 있음을 배우기 위해서는 사고 과정을 인지할 수 있는 발달적 능력이 요구된다.

그러므로 변화가 발달로 받아들여지려면 세 가지 조건을 보여주어야 한다. 그것은 복합성의 증가, 이전 단계를 포함하고 또 능가함 (그것은 사고 방식에 대한 새 사고 방식이다), 그리고 한 번 획득한 것은 다시 사용하지는 않더라도 상실해서는 안 된다.

변화의 원리에 대해 많이 읽혀지는 철학적 논쟁으로 폴 워츨라윅 Paul Watzlawick과 그의 동료들은 제 1질서의 변화(조직 안에서)와 제 2질서의 변화(한 조직 밖으로 나아가 다른 조직으로 옮기거나,

원칙 자체를 바꾸는 것) 사이의 차이점을 밝힌다. 제 2질서의 변화는 명확하게 구조적 발달 단계의 전환으로부터 일어나는 것이기 때문에 그들의 논쟁은 우리의 주제에도 직접 적용될 수 있을 것이다. 제 2질서의 변화는 다음 네 개의 특징을 가지고 있다. 1) 제 2질서의 변화는 제 1질서 변화의 관점이 해결책으로 드러나게 될 때 적용된다. 왜냐하면 "해결"은 엄밀한 의미에서 문제 그 자체를 더 폭넓은 관점에서 보는 것일 수 있기 때문이다. 2) 제 1질서의 변화는 항상 상식에 근거한 것처럼 보이는 반면에 제 2질서 변화는 이상하고 기대 밖이며 비상식적으로 느껴진다. 변화의 과정 안에는 당혹스럽고 역설적인 요소가 있다. 그리고 그것들은 변화의 단계에 나타나는 방향을 잃음을 설명하는 것이 된다. 3) 제 2질서 변화에서 "해결"을 위한 방법을 적용한다는 것은 상황이 지금 여기에서 다루어짐을 의미한다. 그러므로 현실적으로 "왜(이런 식으로 변화했는가?)"에서 "무엇(이 바뀔 수 있는가?)"으로 주의를 옮긴다. 4) 제 2질서 변화의 방법들을 사용하는 것은 출구가 없이 계속 돌아가는 논리적 해결이라는 구조를 깨고 다른 구조 안에서 시도하는 것을 의미한다.1

구조적 발달 이론에 내재되어 있는 긴장들 가운데 하나가 여기에서 일어난다: 과연 움직임의 이론인가 아니면 안정의 이론인가? 만약 우리가 전환기 보다 단계를 강조한다면 해당 단계의 행동들, 태도들 그리고 잠재력들을 설명하는데 많은 힘을 기울여야 할 것이다. 그리고 고원들 즉, 단계와 단계의 이동에 대한 일은 간과해 버릴 수 있다. 이렇게 발달만 강조하는 불균형이 일어날 때, 우리는 은연중에 모든 사람들이 가장 높은 단계까지 올라가 찬란하게 높은 자리에서 놀라운 세상의 파노라마를 볼 수 있을 것이라는 생각을 품게 된다. 거기서는 끝까지 올라오는 것이 마치 작은 계단들을 딛고 올라오는 것으로 누구라도 끝까지 올라와야만 하고, 그렇지 못한 사람들은 게으르고 어리석으며, 고집스럽거나 심지어 도덕적으로 좀 모자란 사람으로 여길 수 있다. 이런 무용한 판단은 심리적 발달에만 국한되지 않는다. 왜냐하면 영적인 삶에 관해 사람들은 더 높은 단계는 더 거룩한 것이어야만 한다고 종종 생각하기 때문이다. 얼마나 많은 사람들이 십자가의 요한이 쓴 글을 읽고 자신이 어둔 밤을 경험해 본 적이 없기 때문에 결코 마지막 단계인 관상에 이르지 못했다고 생각하는가!

반면에 단계의 구성적 기능을 설명하는 것은 전체를 조망하고, 많은 사람들의 집단에서 볼 수 있는 다양한 잠재력을 근거로 한다. 이렇게 넓게 보는 일은 많은 양의 구체적이고 세부적인 사실들을 대하면서 우리의 방향성을 잃지 않고 서로 어떻게 관련되는지, 발달의 전 과정 중에 현재는 어디에 위치하는지 그리고 자신이 발달에 있어 어떤 첨단에 이를 수 있는지 직관적으로 통찰할 수 있도록 돕는다.

그러므로 구조적 이론들을 올바로 다루기 위해서는 단계와 전환기에 대한 개념들 모두를 동일하게 설명해야 한다. 다음의 이론들과 발달의 전환기에 대한 설명은 정체와 변화 사이의 조화를 이루는 방법을 제공하고, 정체와 변화가 어떻게 동시에 한 인물에게서 일어날 수 있는지를 설명한다.

## 발달적 변화에 관한 피아제의 이론

이 주제에 대한 피아제의 설명은 다음의 네 가지 개념에 대한 설명과 함께 시작한다: 균형equilibration, 동화assimilation, 조정accommodation, 그리고 격차 decalage. 피아제는 인격의 자연적 조건은 우리가 균형이라고 부르는 역동적 평형의 상태라고 여겼다. 이 상태는 결코 심리적으로 아무 일도 일어나지 않는 정체된 상태를 말하는 것이 아니다. 피아제는 "움직이는 평형상태"를 말했고 로에빙거는 계속 움직이면서 균형을 맞추어야 바로 서있을 수 있는 자이로스코프의 이미지로 설명한다.2

살아있는 유기체는 처한 환경에서 일어나는 모든 일로부터 영향을 받는다. 모든 경험을 그대로 "내면"으로 받아들여 그 환경에 대한 정보로 삼는다. 피아제는 이 과정을 동화라고 불렀다. 그러나 각각의 경험들은 또한 미약할 수도 있지만 유기체를 변화시킨다. 그것은 이 새롭게 수용한 정보를 조정 하는 데까지 확장된다. 동화와 조정은 항상 함께 짝으로 이루어진다.

대부분의 경우 우리는 무의식적으로 새로운 정보를 기존의 (그리고 무의식적인) 현실에 대한 인식 속으로 흡수한다. 실제로 매우 예상치 못한 일이나 표현할 언어가 없거나 인식의 영역 밖에 있는 정보는 간과하거나 잘못 받아들인다는 연구 결과도 있다. 그러나 모든 동화는 조절을 함께 불러온다. 그리고 반복되는 조정 끝에 원래의 평형 혹은 "발달의 휴전"3 상태는 새로 받아들인 모든 이례적인 것들을 수용할 수 없게 되면서 엉킨 실타래를 풀기 시작한다. 이런 일이 일어나면 발달의 과정은 전환기로 넘어간다. 이것은 때론 평형의 상태와 다른 평형의 상태 사이에서 길을 잃는 시기이기도 하다. 그리고 마침내 더 복합적인 평형의 원리가 출현하고 혼돈스런 인식은 새롭고 복합적인 "의미체계", 즉 다음 단계로 길을 내 준다. 이 새로운 발전의 휴전 상태는 이전의 단계에서 지녔던 모든 정보를 그대로 지니고 있으면서 그 체제의 원리는 이제 더 포괄적인 체제 안으로 포함된다. 피아제가 사용한 격차declage의 이미지를 도입해서 새로운 논리체계로 지식을 재구성하는 과정을 보도록 하자. 강둑에 넓게 펼쳐진 계단식 논을 상상할 수 있겠는가? 봄에 비가 많이 오면 처음에 물은 가장 낮은 논부터 차오르기 시작한다. 이때 물은 처음에는 지면에 흡수되지만 어느 시점에 이르러 물이 차오르기 시작하면 평평한 지면을 따라 퍼져나가고 다 채워지면 두 번째 둑으로 점점 차올라 간다. 그래서 두 번째 계단에 다다르면 이전의 과정들을 반복한다. 이렇게 가장 높은 논까지 다다를 동안 전 과정은 동일하게 이루어지지만 물론 가장 아래에 있는 논은 여전히 물에 잠겨있고 오히려 수심은 더 깊어졌다.

피아제는 이 격차라는 용어를 한 사람이 때에 따라 혹은 다른 이슈들에 대해 다른 단계에 처해 있을 수 있음을 설명하기 위해 사용했다.4 하나의 새로운 논리가 받아들여지면 이전의 경험은 더 복잡해진 새로운 시각으로 다시 경험되어야만 한다. 이것은 마치 첫 번째 논에 흘러 들어간 물이 땅을 완전히 적실 때까지 흡수하는 것과 같은 것이다. 피아제는 이 재현 recapitulation의 과정을 수직적 격차 vertical decalage라고 부른다. 더구나 각각의 새로운 논리는 비교적 작은 영역에 가두어져 있다가, 점진적으로 더 잘 적용할 수 있는 영역으로 확장되어간다. 계단식 논에서는 물이 다음 계단으로 올라갈 때까지 옆으로 점점 퍼져나가는 것으로 비유할 수 있다. 로버트 셀만Robert Selman은 개인상호적 관점으로 발달에 대한 연구를 하며 어린이들이 특정 사회적 개념에 대해서는 다른 것들 보다 더 일찍 이해하는 것을 증명해 냈다. 아이들의 개념은 처음에는 중앙의 어린이 자신에 의해 형성된 자기에 대한 지식에서 시작하여 마지막으로 집단의 삶에 대한 지식으로 그 반경을 넓혀 나간다. 다섯 살 아이들은 자기 인식으로 가득 차 있다. 그들의 양자 관계에 대한 이해는 두 사람의 독립된 자기가 마치 공이 튀듯이 서로 반응하는 것이라고 이해 할 수 있다. 이런 양자 관계들이 모여서 서로 중첩된 관계를 이루는 것으로 집단들을 이해하는 것이 그들이 할 수 있는 최선이다. 이처럼 자기로부터 외부로 향하는 점진적인 인식의 확장은 수평적 격차 horizontal decalage로 설명될 수 있다.

열다섯 살쯤 되면 개념은 세 영역 모두를 아우른다: 자기, 양자 관계 그리고 대규모의 집단.5 자기 인식은 결코 사라지는 것이 아니라 오히려 깊어지고 풍성해진다. 수직적 격차의 한 예로, 고등학생들은, 유치원생들의 개념을 초월해서, 그들이 한 집단의 구성원들일 때에도 자신을 여전히 특정한 개인들로써 받아들이면서도, 집단은 단지 가깝게 있는 개인들 그 이상의 의미를 지님을 알고 있다.

격차가 영성지도에 있어 얼마나 중요한지 이해하기 위해 계단식 논에 물을 대는 이미지로 돌아가보자. 가장 높은 곳의 논에 물을 대기 위해서는 두 번째 계단의 논을 건너 뛰고서는 할 수가 없다. 그리고 만약에 땅이 흠뻑 젖지 못하면 물은 흙 속으로 스며들어가 논에 물이 가득 차거나, 위 계단의 논으로 물이 스며 들어 올라갈 수도 없을 것이다. 로버트 셀만의 어린이들을 통해 알 수 있듯이 지속적인 관계의 발달을 간과하고 자기에 대한 복합적인 견해가 점점 발달하는 일은 불가능하다. 마찬가지로 그룹의 이해는 개인으로서의 자기 인식과 함께 "촉진"된다.

영성지도 안에서 적용할 수 있는 것은 많이 있지만 그 중에서 두 가지를 들겠다. 첫째, 영성지도자는 수련자가 자기 자신과 가까운 그룹들에서 모두 중요한 관계를 맺게 될 때 까지는 단순히 그리스도 공동체의 풍요하고도 포괄적인 시각이 발달 할 수 있을 것이라고 기대할 수 없다. 즉, 로저의 영성 지도자는 그가 속한 교단의 주장에 근거한 자신의 정체성에 대해 도전 하는 집단들, 예를 들면 안수 조건들을 바꿀 것을 강력하게 요구하는 비공식 집단인 동성애 모임 등을 향해 따뜻하고 환대하는 태도를 곧 갖게 될 것이라는 기대를 해서는 안 될 것이다. 왜냐하면 그런 일은 그로 하여금 전환기를 거치지 않고 곧장 다음 단계로 올라서길 바라는 것이기 때문이다. 둘째, 단지 영적 성장의 다른 면들은 모두 배제하고 한 면에만 초점을 맞추는 일은 다음에 이어질 발달을 위한 잠재력을 제한시키는 일이 될 것이다. 메리 베스의 영성지도자는 그녀의 기도에서 하나님의 이미지를 변화시키는 것에만 초점을 맞출 수도 있었다. 그러나 그녀의 관계들 즉, 하나님, 가족들 그리고 학교에서는 교수나 다른 학생들과의 관계를 심화시키는 것과도 연관 짓는 일은 매우 유익한 것이다.

그런데 영성지도자 혹은 상담가, 교육자, 사회 복지가 그리고 부모들에게도 이와 관련해 적용할 수 있는 더욱 더 근본적인 것은 우리가 단순히 이런 성장의 단계가 일어나도록 직접적인 작업을 할 수는 없다는 사실이다. 전환은 경험, 문화 그리고 변화하거나 안주하도록 만드는 압박으로 인해 속도가 빨라질 수도 있고 저지 받을 수도 있지만, 근본적으로 개인의 내면에서부터 일어나는 일이다. 심지어 이상적으로 보이는 조건에서도 어떤 사람은 발달적 변화를 시작하고 또 어떤 사람은 그렇지 못한 경우가 있지만, 그 이유는 불분명하다.

그러나 그것이 영성지도자나 목사, 상담가, 교육자, 부모들이 구조적 발전을 촉진시키는데 있어 해야 할 역할이 없다는 말은 아니다. 그들은 새롭게 받아들인 은혜와 통찰들이 삶에서 점점 더 통합되도록 하는 재연의 과정에서 도와야만 하고 또 도울 수 있다. 메리 베스의 영성지도자는 그녀가 하나님의 자녀라는 은혜로운 깨달음, 즉 그녀가 무엇을 행함으로써가 아니라 자신의 존재, 즉 자기가 누구인가로 인해 사랑 받고 있다는 사실을 자신이 수용 받기 위해서는 아직도 부족한 것이 있다고 느껴지는 관계들과 연관시켜 보도록 도울 수 있다. 인격의 발달과 관련하여서 우리는 엔지니어라기 보다는 산파에 더 가까운 사람들이다.

우리가 발달의 단계에 있어 변화를 만들어 낼 수 없다는 사실은 매우 불행하게 여겨질 수도 있다. 그러나 그것은 영성지도자로써 우리의 역할이 신비함을 실제로 직면할 수 있도록 한다. 영적 성장을 시작하는 일은 우리의 몫이 아니라 하나님께서 하시는 것이다. 그러나 수련자가 발달해 나가도록 밀어붙이려는 유혹은 너무 커서 그것이 소용없다는 사실을 매 번 기억하는 것만이 이런 실수를 계속 저지르는 일로부터 우리를 구해낼 수 있다. 그러나 역설적으로 우리는 사람들이 처한 단계에서 가장 온전하게 발달할 수 있도록 변화를 독려할 수 있는 적합한 정황을 제공할 수는 있다. 이 책의 비유를 빌어 말하자면 영성지도자와 다른 사역자들은 물이 흠뻑 스며들도록 그리고 물이 가능한 멀리 잘 흘러가도록 쓰레기들을 치우는 일을 돕는 것이다.

## 자연 치유적인 안아 주는 환경

로버트 케건이 일깨우듯이 대부분의 발달은 많은 의식적 개입이 없이, 심지어는 우리가 인식하지 못한 채로 일어난다. 그러므로 발달이 "단지 일어날" 때 무슨 과정이 진행되는지 살피고 발견한 역동을 따라 가보려는 노력은 가치 있는 일임에 틀림없다. 자연적 치유는 주로 영성지도자, 상담가, 혹은 다른 전문가들에 의해서 라기보다는 때로는 성장과 변화의 어려운 과정을 통해 은연중에 우리들을 지지하는 모든 관계들과 인간적인 정황들 안에서 이루어진다.6 자연적인 치유의 환경들을 자세히 관찰함으로써 영성지도와 같은 일대 일 관계가 이미 그런 환경들 속에서 진행되고 있는 발달에 어떻게 기여할 수 있는지 이해하도록 도울 것이다. 또한 복합적 사회 집단들이 어떻게 발전을 촉진하도록 돕는지, 그리고 부모의 양육, 교육, 목회 사역들, 심지어는 사회 정책의 수립이 자연적으로 일어나는 발달의 역동을 어떻게 돕게 되는지 그 방법을 이해하도록 한다.

자연스럽게 발생하는 발달의 과정 안에서는 무슨 일이 일어나는가? 위니콧 D W Winnicot 에 의해 처음 사용 된, 그러나 로버트 케건이 구조적 발달의 시각으로 새롭게 도입한 "안아주는 환경"이라는 이미지를 적용해 보자. 케건은 우리가 각각의 단계를 "안아주는 환경" 혹은 "귀속된 문화culture of embeddedness"로 이해할 것을 제안한다. 이들 다채로운 용어들은 인격이 발달하는 심리적 환경 전체를 일컫는다. 안아주는 환경들이 세 가지의 동시발생적이고 상호 관계적인 기능들을 하게 될 때 그것들은 효과적이고 자연적인 치유의 환경이 된다. 첫째, 자연적인 치유의 안아주는 환경은 지지적이고 돌보는 상황으로 감싸고 그 사람을 하나의 개인으로 인식하고 확인해야만 한다. 둘째, 그것들은 새로운 단계의 개인 상호적 분화를 격려함으로써 지속적인 발달을 돕는 것이 되어야만 한다. 셋째, 그것들은 종종 하나의 안아주는 환경을 또 다음의 안아주는 환경과 재통합하는 힘든 과정을 통해 연속성을 제공 해야만 한다. 개인이 속한 세계 전체가 이런 모든 세 가지 기능들을 적합한 수준으로 그리고 적합한 때에 수행할 수만 있다면 전환이 일어나게 될 효과적인 발달적 상황이 될 것이다.

예를 들어 의미 체계가 순응주의자의 단계에 있는 수련자는 상호성과 개인들의 상호적 체계라는 망에 의존되어 있을 것이다. 이들 안아주는 환경은 상호 호혜적인 일대 일 관계를 권면한다. 그것은 상호성에 있어서의 협력적인 자기 희생의 능력을 확인하고 인정하는 것이다. 그것은 감정을 나누는 일을 또한 권한다. 그러나 결국 관계들 안에 연장된 자기를 내포시키려는 일은 저지돼야만 한다.

즉 융합되지 않은 자기를 촉진 해야 하지만 여전히 변화된 관계들을 구하고 그에 참여해야만 한다. 그래서 개인에게 자신의 주도권과 선호성에 대한 책임을 점진적으로 요구해야만 한다. 그리고 동시에 중요한 상호적 관계를 갖는 개인들은 더 큰 상황에서 관계가 이루어져야 함을 인정하면서도 자신의 자리를 지켜야 한다. 만약 배우자나 영성지도자와 같은 중요한 사람들이 관계를 떠나거나 거절 한다면 새로운 토대 위에서 관계들을 재조정하는 일은 심각한 손상을 입게 될 것이다.

로저가 현재 지니고 있는 의미체계는 바로 이것이다. 지금까지 교역자 선임 과정과 신학교육은 로저로 하여금 스스로를 감리교 목회 문화에 점점 더 많이 동화하도록 만들었다. 그는 이미 오랜 친구 관계를 근거로 자기 정체성을 형성해 왔다. 그는 어떻게 하면 성공적인 학생 그리고 인기 있는 공동체원이 될 수 있는지 배워 왔다. 반면, 로저는 신학교의 인종-민족 집단이나 여성주의자들이 주장하는 "진리"의 다른 인식 체계로부터는 차단 되어 있었다. 그의 정체성은 이런 집단들이 지닌 전형적 기준들은 중요하지 않은 것으로 받아들이게 형성되었다.

이들 두 다른 자기는 로저에게 매우 심각한 갈등 상황을 야기하고 위험에 처하도록 만드는 듯하다. 교단의 정책에 대한 충성과 친구들에 대한 신실함 사이의 큰 갈등은 로저의 의미 체계에 도전장을 내미는 가장 드러난 환경이다. 비록 로저가 간접적으로 그것을 보고했지만 그의 교수들은 이미 "진리들" 사이의 부조화를 제기하고 그에게 자신만의 입장을 밝히라고 요구했다. 그러나 로저는 각각의 교수들이 무엇을 원하는지 찾고, 그에 맞추어 틀리지 않게 반응하려고 애쓴다. 과정 지향적인 수업들은 로저로 하여금 진리(자기의 정체성)를 은연중에 받아들이고 수업 과정 안에서 그것을 드러내도록 하지만, 로저에게는 이런 식으로 스스로 찾아 가는 일은 매우 어려운 과정이다. 순응주의자로써 로저를 안아주는 모든 환경은, 다양한 집단들에 속한 자신의 정체성들을 인정하면서도, 정체성의 새로운 근원을 발견하도록 그를 "밖으로 밀어 내는" 듯하다. 만약 이것이 성공적이려면 그는 결국 교수들과 그의 친구들 그리고 교파의 정책들에 대해 어떻게 반응해야 할 것인지 결정해야만 한다. 만약 로저의 친구들이 신학교를 그만둬야 한다면, 그는 근본적으로 다른 수준에 있는 친구들과의 우정이라는 더 심오한 충성됨을 이해하고 그것과 새롭게 발견한 정체성을 통합하는 일을 피해갈 수 있을 것이다.

로저와 그의 영성지도자가 실제로 이런 주제를 드러내놓고 다루든 혹은 그렇지 못하든 상관없이, 확인하고, 반박하고 계속 이어가는 자연적 치유의 역동들 그 자체만으로도 그를 다음 단계인 양심적 단계로 전환해 갈 수 있도록 하기에 충분히 강력한 것임을 증명할 수 있을 것이다. 그러나 그의 영성 지도자가 이들 치료의 역동을 이해하고 이 치료적 환경 안에서 협력적으로 연계할 수 있다면 영성지도 관계 또한 중요한 자연적 치료의 한 부분이 될 것이다. 낙관적으로라면 로저는 이들 구체적인 싸움들 안에서 결국 하나님의 임재와 부르심을 개인적으로 경험하게 될 것이다.

자연 치료적인 환경의 예를 하나 더 들도록 하겠다. 탐과 그의 영성지도자가 처음 영성지도를 위해 만나서 나눈 대화 가운데, 순응주의자의 의미 체계가 점진적으로 사라지는 것을 볼 수 있었다. 자기를 정의하는데 있어 집단의 정의는 점차 자리를 내어주게 된다. 뒤따라오는 양심적 단계에서 개인은 자율성과 자기 주도권에 깊이 뿌리를 내리며 부수적으로 공적인 영역과 경력을 위해서도 투자하게 된다. "귀속된 문화"는 독립, 자기 정의, 개인적 권위의 행사, 향상, 성취 등을 공식화한다. 그러나 결국 그것은 자기가 궁극적인 존재로 남아있을 수 있다는, 그래서 모든 것을 판단하기에 충분한 기준이 될 수 있다는 모순을 드러낸다. 이것은 탐이 영성형성 프로그램에 대해 불편한 마음을 드러낸 것과 정확하게 일치하는 상황이다. 이어지는 전환의 과정 안에서는 자기를 새롭게 이해하고 재통합되기 위해서 체계 그 자체는 유지될 것이다. 탐의 동료들과 영성형성 프로그램의 요구들은 탐이 상호의존적 자기를 빚어가기 시작하는 구체적 정황으로 남아 있어야만 한다. 그렇지 않다면 이 재통합의 과정은 배제될 것이 분명 하다.7 다른 단계에서 볼 수 있는 확인, 반론, 연속의 과정은 케건의 이론을 요약하여 표4 귀속된 문화에서의 형태와 기능으로 첨부하였다.

안아주는 환경의 개념은 전환의 과정을 조명해 준다; 결국 그것은 영적 인도와 성격발달의 관계에 대한 귀중한 단서가 될 수 있다. 영성지도자는 수련자가 살아가는 귀속된 문화의 일부이다. 그래서 지도자로서의 역할에 있어 불가결한 일면인 확인, 연속, 그리고 창의적 반론의 역동을 도울 수 있다. 아마도 케더린을 처음 만났을 때 그녀가 호소한 고통은 그 동안 계속해오던 영성지도자를 잃은 것과도 관계 있을 것이다. 그녀는 믿음에 비추어 자신의 결혼 생활의 질과 계속 이어 가야 하는 이유를 재해석해야만 했기 때문이다.

메리 베어드 칼슨Mary Baird Carlson은 확인, 반론 그리고 연속이라는 삼중의 역동을 의미 만들기 안에서 치료적 개입의 한 방법으로 통합하고 있다. 간략하게 설명하면 치료적 의미 만들기는 다음의 차례를 오가며 행해진다. 1) 내담자의 현재 문제와 고통에 참여함으로써 신뢰의 분위기 만들기, 안아주는 환경을 확인함 2) 내담자와 함께 그들의 의미를 구성하는 요소들인 사실, 가설 그리고 생각들을 광범위하게 관찰함, 부적합하고 파괴적인 개념들이나 행동들에 대해 부드럽게 반론을 제기함 3) 넓은 의미의 영역들, 상이한 개인의 체계들과 역사에 자신을 개방시킴, 그와 동시에 현재의 문제들을 모든 측면에서 평가함 4) 자유 연상을 통해 새로운 시나리오를 창의적으로 만들어감 5) 내담자들이 자신의 생각에 대해 생각하게 함으로써 세상을 정연하게 만드는 그들 자신의 방법을 찾아가게 함 6) 지지하는 환경 속에서 확인과 창의적 반론을 이어간다. 이를 통해 내담자는 더 효과적으로 존재하고 또 행동하는 방법을 구성해 간다.8 이 여섯 단계는 문제 해결 방식의 상담에서 사용되는 것이지만, 영성지도에도 수정하여 적용할 수 있다고 생각한다. 수련자는 이것을 그들의 가치나 신념들에 대해 관찰하고, 수용하며 재통합하는 과정으로 사용할 수 있다.

## 보측자 그리고 비혁명적 성장

우리 자신의 매일 매일의 변화 경험은 세상 속에서 경험하는 변화에 비하면 훨씬 더 무덤덤하고 일상적인 것일 것이다. 우리는 다소 지속적으로 변화를 경험한다. 그리고 그것의 중요성과 방향은 분명하지도 않다. 이 애매한 변화의 경험은 사람들을 영성지도로 몰고 오는 경우가 빈번하다. 그들은 어디론가 움직이는 가운데 그 변화의 분명하고 중요한 의미들과 방향을 찾고 있는 것이다. 윌리엄 뎀버William Dember의 보측자pacer 개념은 발달 단계에 쏠려 있는 우리의 관심을 우리 각자의 삶에서 무수히 경험하게 되는 더 작은 변화들로 돌릴 수 있는 생생한 이미지를 제공한다. 그리고 발달 과정 안에서 영성지도자의 역할이 지닌 잠재력에 대한 이해를 정교하게 할 수 있도록 돕는다.

동기 부여에 대해 말하면서 뎀버는 인간이 신체적 욕구에 이끌리는 존재로 축소되어서는 안 된다고 주장한다. 오히려 인간은 적어도 부분적으로는 복합성과 새로움에 의해 동기 부여가 된다. 모든 사람들은 넘치지도 모자라지도 않을 특정한 정도의 신선함과 복합성을 선호한다. 그들이 자유롭게 선택하게 될 때, 그들은 자신이 선호하는 복합성 안에서 할 수 있는 경험을 선택한다. 편안한 것 보다는 좀더 복합적인 것을 자극하는데 훨씬 더 많은 시간을 사용한다. 실제로 그들은 자신의 상급이 될 수 있는 사람, 일, 개념, 가치 그리고 관계들을 찾으려고 한다. 뎀버는 이러한 복합성의 영역에 있는 객체를 "보측자"라고 불렀다.9 개인들이 이 보측자를 애써 따라가고 정복하면서 그들 자신의 복합성은 성장하고, 새로운 그리고 좀 더 복합적인 보측자를 찾아 나서게 된다. 뎀버의 글을 요약하면서, 로에빙거는 다음과 같은 결론을 내린다. 보측자는 "혁신적이지 않은 성장을 이룰 공식이나 모델과 같은 것이다."10

실제로 모든 것은 보측자의 기능을 할 수 있다. 그것들은 자연스럽게 치료적 환경으로 스며든다. 그 중에서 중요한 세 보측자는 문화사회적 그리고 경제적 지위, 개인간의 상호 관계 그리고 양심이다.

제임스 파울러는 사회 전반에 퍼져있는 특정 조건들은 대다수의 구성원들이 특정 단계에까지 발달하도록 돕는다고 간파했다. 사회는 보측자 역할을 할 수 있다. 그러나 일정 단계로까지 밖에 이끌지 못한다. 만약 우리가 제임스 파울러의 신앙 발달의 개념과 영역들을 우리의 자아발달 구조에 도입한다면, 문화와 단계들 사이의 다음 관계들을 볼 수 있을 것이다. 유일한 세계관을 가지고 있는 문자적 단계 이전의 사회는 성인들의 충동적 단계를 조장한다. 순응주의 단계는 각 사람을 독특하고 가치 있는 존재로 여기는 문화 가운데 넓게 퍼져있는 그리고 사변적 문화의 전통을 가지고 있는 체계들로 드러난다. 양심적이라는 것은 비판적 방법과 경험적 탐색의 특성을 지닌 이상적인 다원주의의 풍조에서만 드러난다.11 이 관계들은 개인에 따라 이들 한계를 넘어설 수 있는 가능성을 배제하지는 않는다. 그러나 분명한 것은 평균적으로 기대되는 발달의 단계에 다다를 때까지, 역사 속에서 개인이 차지하는 바로 그 위치가 자신의 발달을 이끌고 나가는 것이 된다. 그 위치를 넘어서 움직이 려면 새로운 보측자가 요구되며, 개인으로 하여금 지배적 체계에 맞추어 살도록 하는 역사적 문화적 세력에 맞서기에 충분한 설득력을 지닌 보측자라야만 한다. 누구에게든 현재 처한 역사적 상황을 뛰어넘는 새로운 인간의 의식을 예견하는 일은 상당히 드문 경험이다.

개인이 당면하고 있는 문화적 사회경제적 지위는 더 명백한 보측의 가능성을 가지고 있다. 예를 들어, 여성들도 중요한 남성의 부속물로써가 아니라 자신의 권리를 가지고 있는 존재로 인식하는 분위기가 커지면서 많은 수의 여성과 남성들은 새롭게 발달할 수 있을 것으로 기대하게 되는 것이다. 우리의 수련자들 가운데 케더린은 사회 정의를 위한 일과 시간이 흐르면서 다른 행동가들과 연대하여 일을 계속하는 경험을 통해 전세계를 아우르는 보편적 영성의 가능성에 눈을 뜨도록 했다.

모든 "안아주는 환경" 속에 존재하는 개인간의 관계들은 자아발달을 이끌어 나가는데 가장 필수적 조건인 관계망을 제공한다. 선생, 멘토, 상담치료사, 친구, 배우자, 영성지도자 등 모든 중요한 관계

네트워크가 가지고 있는 힘은 현실에 대해 개인이 가지고 있는 가설들을 직면하도록 도전한다. 이것은 매우 중요한 발달의 보측자가 될 수 있다. 물론 이 중요한 관계들은 개인들로 하여금 쉽게 발달을 거부하며 안주하도록 만들 가능성도 가지고 있다.12

비록 많은 관계들이 보측자의 역할을 하지만, 특히 영성 지도자는 이 역할을 훌륭하게 해낼 수 있을 만한 몇 가지 특성을 가지고 있다. 영성지도자는 하나님과의 관계를 명료화 하고 기념할 수 있는 정기적인 장을 제공한다. 그것을 통해 개별적 방식으로 영적인 원리를 전한다. 여러 면에서 그들은 영적인 삶의 멘토로 행한다. 전형적인 지도자의 과제는 (특히 영적 문제들과 관련 하여서) 성숙의 패턴을 주시하고, 궁극적 의미와 관련시켜 그들의 경험에 대해 질문할 수 있도록 돕고, 그들 스스로 기도하며 선택하는 방향을 따라갈 수 있도록 인도하는 것이다.13 영성지도자가 의식적으로든 무의식적으로 든 수련자가 선호하는 복합성의 영역 안에서 신선함과 복합 성을 자극한다면, 지도자는 보측자로써 행동하는 것이 된다. 심리분석의 전통에서는 인격발달에 있어서 개인 상호 관계가 지닌 선한 영향력과 악한 영향력을 인식한지 오래되었다. 그러나 발달 심리학에서 개인 상호 관계가 발달에 미치는 영향력에 대해서는 분화의 개념에 밀려 가려져 있었다. 여기서는 발달을 많이 이룬 사람들이 마치 다른 사람들로부터 거리를 점점 더 많이 두고 있는 것처럼 종종 오해된다. 발달적 관점으로 이 이미지는 종종 분리를 요구한다: "출항" "자기 자신을 위한 사람" "더 주장적으로 됨" 그러나 관계로부터의 분화는 그렇게 단순한 문제가 아니다. 분화와 관계는 한 실제에 대한 두 단면처럼 서로 모순되게 얽혀있다. 진 베이커 밀러Jean Baker Miller와 그녀의 동료들은 발달 단계들 속에 있는 관계의 연속성을 강조한다. 자기가 더 많이 분화될수록 관계는 떨어져 나가지 않는다. 그들은 공동체 안의 지체 의식을 더욱 개발하며 조화를 이루는 방법으로 변화되어 간다. 이처럼 적합하고 전문적인 상호작용은 관계 맺는 능력의 확대를 인식하고 지지한다. 이러한 관계는 더 큰 거리를 두는 것이 아니라, 새로운 차원의 돌봄을

불러온다.14

만약 우리가 위에서 열거한 깨달음을 영성지도에서의 관계에 도입한다면, 적어도 연관된 발달적 개념 세가지를 적용할 수 있을 것이다. 순응주의적 성향을 가진 수련자에게 영성 지도자는 정확한 답을 주거나 적어도 더 좋은 방법으로 나아 가게 하는 전문가나 권위자로 여겨진다. 양심주의 단계의 수련자는 점점 더 그들 자신의 정체성을 발견하고 정교화해 가는 과정에서, 그리고 스스로 선택하는 일에 있어서 영성 지도자를 반향판으로 사용 하게 될 것이다. 개인상호적 단계의 수련자는 자신들의 지도자를 영적 여정에서 겪게 되는 역경과 기쁨 모두를 함께 나누며 옆에서 함께 걷는 동반 순례자로 이해하는 경우가 많다. 영성지도자가 수련자 개인의 발달 단계들과 전환기 동안 줄곧 동행할 수 있을 때, 그 과정에는 새로운 차원의 지도자-수련자 관계를 만드는 일도 포함된다.

외적인 요인들이 구조발달의 가능성과 제한점 모두가 될 수 있는 것처럼 내적 요인들 역시 그렇게 될 수 있다. 양심은 내적 요인들 가운데 현저한 요소다. 심리측정가로 연구를 계속해 왔던 로에빙거는 양심의 성장이 자아발달과 분리할 수 없는, 필수적인 것임을 알게 되었다. 양심의 발달과 자아발달을 설명하는 데는 같은 역동의 원리가 작용한다. 그러나 이 두 개념은 동의어는 아니다. 그리고 둘 다 다른 영역에서 일어나는 것이므로 같이 쓴다 해도 부적절하지는 않다.15

로에빙거에게 양심은 과거의 행동과 감정에 대한 책임 그리고 미래의 것들에 대한 의무 모두를 포괄하는 것이다. 양심은 이미 이루어진 것을 판단하고 앞으로 일어날 수 있는 일을 추진한다. 성숙한 양심은 자기성찰, 자기 비판, 자기 평가된 기준과 이상에 대한 능력을 요구하며, 어느 정도는 사심 없이 다른 사람들을 자기와 동일하게 여길 수 있는 능력을 요구한다. 로에빙거는 양심을, 혹은 적어도 자신을 미래로 끌고 갈 수 있는 능력으로서의 양심적 일면을, 자아발달에 있어서 동기부여의 원리로 받아들인다. 현재 속에 존재하는 미래로서의 이 (성인) 자아 이상은 더 구조화 되고 성숙한 자기를 그려 볼 수 있도록 하고, 심리적 성장을 위해 필요한 복합성과 긴장을 만들어낸다. 양심은 이렇게 자아 발달을 보측한다.

하나님께서는 인류와의 모든 관계를 시작하셨기 때문에, 우리는 하나님을 진정한 보측자, 가장 탁월한 보측자로 생각할 수 있다. 칼 라너Karl Rahner의 말처럼 인간이란 하나님 안에서 길을 잃은 존재16이기에, 실재를 향한 그리고 궁극적 일치를 향한 추동력은 분명히 하나님을 향해 내닫는 것이다. 바꿔 말하면 하나님을 많이 알면 알수록 우리는 자신을 더 많이 알 수 있다.

그러나 우리들 자신이 가진 것만으로는 깊고 깊은 인간의 의식을 알 수가 없다. 그러나 흐릿하게나마 우리가 이 단계에 초점을 맞추기 시작하면서, 우리는 모든 지식과 자유의 지평이 되시는 영원한 실재의 충만을 분명히 경험하리라 기대할 수 있다. 비록 이 경험은 또렷하지 않지만 지속적으로 주어진다. 더구나 하나님께서는 당신 자신께로 우리를 이끄신다. 그러시면서 인간의 잠재성을 더 완전하게 실현할 수 있는 가능성도 창조해 가신다.

보측자의 개념은 실제로 모든 사람들이 가상의 "최고" 단계에 이르기 전에 왜 발달을 멈추는지 그 이유를 분명히 보여준다. 만약 하나님과의 관계를 포함하는 우리들의 모든 삶의 환경이 복합적인 발달의 반응을 이끌어내지 못한다면, 그들은 적극성을 띠지 않을 것이다. 그러므로 최고의 단계 바로 밑 단계에서 기능하는 개인은 미성숙, 병리 혹은 부도덕성을 드러낼 리가 없다. 우리는 이 상황을 기독교적 관점에서 은혜의 행위를 포함하는 모든 필요와 관련 지어 보아야만 한다. 더구나 발달적 성숙은 더 분화된 많은 반응들 가운데 각자의 독특한 상황적 필요에 가장 적합한 선택을 하는 능력을 수반한다.17

만약에 우리가 계속 발달하기 원한다면, 우리를 안주하도록 하는 다양한 힘에 맞설 수 있는 매력적이고 강력한 보측자가 필요하다. 교육, 여행 그리고 심지어 군입대 등은 우리를 발달하게 자극하는 보측자로 여겨져 왔다. 보측자의 개념은 그 이유를 설명해 준다. 그러나 문화, 가정, 교육, 우정, 직업, 전문성 등의 외적 보측자는 어느 지점까지만 즉, "평균적으로 예측 가능한 발달의 수준"까지만 이끌어갈 수 있을 뿐이다. 그 이상의 발달이 일어나도록 하기 위해서는 내적 보측자가 외적 보측자의 자리를 점진적으로 물려 받아야 한다. 이 질적인 발달의 전환을 우리는 순응주의와 양심적 단계 사이에서 찾을 수 있다. 다수의 성인들이 이 전환을 완전히 이루지 못하는 것을 미루어 볼 때, 이 과정이 얼마나 어려운지 알 수 있다.

나는 외적 권위에서 내적 권위로의 전환을 돕는 일에 교회가 중요한 역할을 할 수 있다고 생각한다. 우리 사회의 모든 기관들 중에서, 내적 생활과 넓은 사회인식 모두를 발달시킬 수 있는, 그리고 그 둘을 통합시킬 수 있는, 규모와 복음적 비전을 가진 유일한 기관이 교회일 것이다. 그러나 교회가 그 동안 역사적으로 보여준 시민 사회적 기구로써의 역할은 전형적으로 사회질서의 결속을 위해 순응주의를 키우고 위계질서를 따라 권위에 순복 하도록 만드는 일을 더 많이 해왔다. 복합적인 보측의 역할을 위해 교회는 개인적 양심의 형성을 격려하고, 개방적이고 평등한 결의를 촉진하며 교회와 사회에서 책임을 다할 수 있도록 교육을 제공해야만 한다. 교회는 사회에 도전을 던지겠지만 교회 리더십 에게도 그렇게 해야 한다. 개인과 사회는 같은 모판에서 나온 것임을 인정해야 한다. 그리고 교회가 하나의 기구로써 지속성을 가지고 보측의 역할을 계속할 수 없을지라도, 영성지도자는 변화의 과정을 위한 잠재력과 영향력을 염두에 두고 있다면 자신의 사역 안에서 그리고 그 사역을 통해 보측의 역할을 성공적으로 해 나갈 수 있을 것이다.

## 영성지도와 발달적 전환

이 모든 발달에 관한 이미지들의 변화를 종합하여 발달적 전환과 관련된 영성지도자의 역할에 반영시켜 보도록 하자. 첫째, 다시 강조하지만, 내용, 초점 그리고 목표들은 언제나 영성지도의 원래 방식을 그대로 유지한다. 즉, 개인의 하나님께 대한 반응, 그분과의 관계에서 흘러나오는 부르심에 대한 반응을 계속 키워간다. 영성지도자로써 우리의 가장 우선되는 목표는 단지 발달적 변화로 축소되어서는 안 된다. 그러나 우리는 효과적인 발달을 도울 수 있어야 하고 또 도와야만 한다. 그리고 모든 수련자들의 자연 치유적 발달의 환경 가운데 이미 진행 중인 발달을 향한 움직임에 합류할 수 있다면 영성지도자로써의 우리의 역할은 더 잘 성취할 수 있을 것이다.

모든 소통은 다른 사람의 해석reference의 틀을 명확하게 이해하는 것과 관련이 있다. 영성지도에서의 소통도 예외는 아니다. 구조 발달 이론은 수련자들이 영성지도의 상황으로 가져오는 암시적인 (드러나지 않은) 해석의 틀을 이해할 수 있도록 돕는 경험에 근거한 모델을 제시한다. 우리가 수련자들의 세계관 안에서 그들과 동행하며 돕는 능력을 키워 간다면 공감적이고 명확하게 반응하는 능력도 함께 자랄 것이다.

그러나 영성지도자들 중 소수만이 수련자들에게 자신의 발달 단계를 확인할 수 있는 평가를 하는 현실이다. 그런데 우리가 어떻게 교인들이나 수련자들의 단계를 평가할 수 있겠는가? 발달에 관해 민감하게 경청할 때 우리는 수련자들 자신이 스스로를 부르는 "나"라는 단어를 사용할 때 그것의 의미가 무엇인지 측정할 수 있고, 그로 인해 그들이 선호하는 의미 체계가 스스로 의식하지 못한 채로 드러나게 한다. 발달의 스펙트럼을 아주 잘 이해할 때 단계를 평가하는 일은 단순 해지고 거의 상식적인 개념이 된다. 이렇다면 그것은 영성지도 관계에서 비교적 초기에 행할 수 있다.

스티븐 아이비Steven Ivy는 목회 상황 안에서 단계를 평가하기 위해 상징적 소통과, 자기-타자의 시각이라는 두 가지 항목들에 관한 질문들을 개발했다. 이에 대한 응답들에서 드러난 내용보다는 이면의 "왜?"에 더 귀를 기울이는 것이 중요하다.

개인의 상징적 소통 단계를 이해하기 위해서는 다음의 내용들을 우리 스스로에게 먼저 물어볼 것을 아이비는 제안한다. 궁극적인 것을 일컫기 위해 이 사람은 어떤 상징이나 비유 그리고 이미지를 사용하는가? 의미, 상징 그리고 비유들에 대한 설명은 문자적인가 아니면 비유적인가, 단면적인가 다면적인가? 의미와 궁극적 진의에 대한 이해를 어떤 수준으로 추론하고 있는가? 일관성과 포괄성을 중요한 요소로 생각하는가? 의미를 이해하는데 있어 고통이나 황홀경은 어떻게 다뤄지는가

자기-타자의 시각을 이해하기 위해서는 다음의 질문들을 제안 한다. 결정을 내리고 의미를 형성해 갈 때 어떤 사람들, 집단들 그리고 계층들이 포함되거나 제외되는가? 공동체와 권위를 선택 하는 일에 어떤 영역이 사용되는가? 자기 정체감을 유지하도록 하는 관계 안에서 중요한 타자는 누구인가? 공동체가 확인하고, 반박하고 계속 이어가는 작업에 대해 개인은 어떤 경험을 하는가?18 아이비의 각 단계별 상징적 소통과 자기-타자에 대한 시각은 표5와 표6에 요약해서 정리했다. 그리고 표7에서는 단계별로 요구되는 특정한 목회적 돌봄이 무엇인지 정리하였다.

발달의 스펙트럼을 충분히 이해하는데 있어, 이 질문들은 (그리고 이와 유사한 질문들은) 수련자의 발달적 난제와 의미를 만들어가는 체계가 어디에 놓이는지 알도록 도울 것이다. 그러나 우리가 자아 단계를 잘못 판단한다 해도 만약 우리가 각 개인의 경험들에 가깝게 머물고 보측자로서 그에 적합한 반응을 할 수만 있다면 발달에 대해서나 영성지도자의 역할에 대해서도 아주 다른 방향으로 빗겨가지는 않을 것이다.

지속적인 영성지도 관계 안에서 동시에 끌어 안기도하고 놓아 보내기도 하는 일은 영적 발달을 위한 강력한 환경이 될 수 있다. 우리가 보측한다 할 때 그것은 오랜 동안 유지해왔던 신념이나 행위에 도전을 가하기에 앞서 관계 안에서 현재의 신뢰 수준에 맞추어 조심스럽게 돌봄을 의미한다. 우리는 창조적 반박에 포함된 부조화를 충분히 분별해야 한다. 그러나 너무 지나치게 직면 시키지는 않아야 할 것이다. 또한 수련자가 자신의 여정에서 방향을 잃거나 낙담할 때 그와 유사한 문제들로 씨름하는 우리 자신들의 경험은 신뢰할만한 그리고 지속적인 역할모델을 제공함으로써 보측의 역할을 하게 된다. 그러므로 수련자들이 문제들을 놓고 씨름할 때 사려 깊게 속도를 맞추며 반응하고 동행할 때 수련자들은 더욱 더 영

성지도를 통해 하나님과의 심화된 관계를 위해 도움을 얻게 될 것이다.

치료적 의미 만들기라는 칼슨Carlsen의 모델은 영성지도에도 쉽게 적용할 수 있다. 상담가들 못지않게 영성지도자들은 수련자들과의 신뢰관계에 주의를 기울여야만 한다. 이 신뢰를 기반으로 수련자는 생각, 감정 혹은 행위 그리고 희망이나 실망, 은혜나 실패를 관찰할 수 있다. 신뢰는 수련자들로 하여금 지도자가 부조화를 평가하고 직면시키는 창조적 직면을 견딜 수 있도록 한다. 영성지도자는 주의 깊게 수련자의 하나님에 대한 인식, 그들의 목표, 드러나지 않은 실망과 두려움 등 삶에 대한 모든 것을 들을 수 있어야 한다. 부적합한 인식과 가설이 드러날 때 우리는 그것들을 온유하게 직면시킬 수 있어야 한다. 우리는 수련자들과 함께 그리스 도인의 다양한 삶 속에서 부적합한 혹은 파괴적인 개념들과 행위를 관찰할 수 있다. 그리고 새롭게 하나님의 부르심에 반응하도록 초대하고 함께 상상할 수 있도록 한다. 우리는 그들이 스스로 결정하고 반응하는 과정을 성찰해 보도록 돕고 분별을 배우도록 할 수 있다. 또한 그들이 하나님과 그들 자신 그리고 세상과의 관계 속으로 더 깊이 들어갈 수 있도록 지속적으로 동행해 준다.

이 장에서는 정지와 전환이 인간 발달 과정에서 자연스럽게 일어나는 것을 볼 수 있었다. 단계의 변화를 잘 이해하기 위해 구조 발달에 대한 외부 혹은 내부의 촉매들 그리고 몇몇 이론들에서부터 수확한 다양한 이미지들을 관찰하면서 우리는 대단해 보이지 않는 많은 변화들이 적합한 상황에서라면 매우 새로운 의미 체계를 만들도록 돕는다는 것을 알게 되었다. 그러나 발달은 넓은 영역에 관한 일이고 여러 다양한 이유들로 인해 매번 성공적일 수도 없는 과제임을 이해하게 되었다. 그리고 영성지도자가 적극적으로 수련자의 변화를 도모해야 하는지 여부는 더 생각해야 할 문제다.
나는 그에 대한 영성지도자의 역할은 언제나처럼 수련자의 인식의 틀에 근거해 돌보는 것이라고 생각한다. 또 영성지도에서 다루는 내용은 언제든 영성지도의 서약에 적합한 것으로 해야만 한다. 즉, 기도, 관계들 그리고 하나님의 부르심에 대한 결정 (분별)에 관한 것들이다. 그러나 영성 지도자는 그들을 돌보는데 있어서 어떤 렌즈로도 접근할 수 있다. 여기에는 개인의 발달 단계를 인식하는 일도 포함된다. 그리고 반응은 발달을 돕기 위해 보측하는 일들로 이루어진다. 수련자가 새로운 단계로 전환할 수 있는 계기가 될 문제로 씨름하기 시작할 때 영성 지도자는 그것들을 새롭게 나타나기 시작하는 해석(인식)의 틀과 연계하도록 도와야 한다. 전환의 과정들이 계속되면서 새로운 의미체계의 틀은 수련자의 삶에서 점점 더 큰 부분을 차지하게 된다. 지도자는 (수직적 격차인) 하나님의 부르심에 대한 새로운 시각에서 좀 더 깊은 자기 정체성을 다시 규명하는 과정을 적합하게 동행하며 안내 해야 한다. 각 사람은 특정한 곳에 이르면 새로운 관점으로 보지 못하는 경우가 더 많아질 수 있다. 그 때에 지도자는 자기에 대해 더 다양한 많은 면들을 포함하는 (수평적 격차) 논리체계를 새롭게 확장해 나가는 일에 함께 참여하도록 한다. 이런 식으로 지도자는 발달적인 면에서 통합성을 증진하도록 돕는다. 그러나 이 때 주의할 것은 새로운 단계로 나아갈 때 경험하게 되는 불균형과 맹목성 그리고 유혹들에 대해 창의적으로 대면할 수 있도록 도와야 할 것이다.

더구나 영성지도자로써 우리는 단계의 변화에 대해 과도하게 염려하지 않으면서도 확인, 창의적 직면 그리고 연속성이라는 "자연적 치유의 삼각형"을 이용할 수 있어야 한다. 명확하게 구성된 반응들은 수련자의 동화와 조정을 도와서 결국 단계의 변화를 도모하는 조건들이 된다. 수련자가 처음에는 중요하게 여기지 않던 문제나 상황이 그에 대해 확장된 시각을 가지게 되면서, 우리는 더 심오한 수용(조정)의 가능성을 기대할 수 있다. 그러나 그 시기나 단계의 변화는 수련자가 통합을 발달 시켜나가는 정도에 달려있다.

## 메리 베스에게 발달적으로 반응하기

구조적 변화의 역동이 영성지도자의 반응을 어떻게 도울 수 있는지 메리 베스의 경우를 통해 더 구체적으로 설명하도록 하겠다. 메리 베스는 발달적으로는 그녀가 속한 집단에서 만들어진 자기 정체성으로부터 벗어나고 있는 단계이다. 이 과정은 여전히 그녀가 새롭게 독립하는 일을 방해하는 가족과 관련된 사고나 감정들에서 벗어나 학교로 돌아가려 할 때 특히 더 분명해진다. 동시에 그녀의 내면의 삶은 생생해지지 시작한다. 그녀가 대학에서 만나는 다양한 사람들과 생각들은 그녀로 하여금 새로운 사고를 할 수 있도록 했다. 이들 새로운 지평들로 인해 촉발되고 계속 자극을 받는 것과 함께 그녀는 계속 남편과 자녀들로부터의 저항을 인식하면서 자신의 새로운 욕구와 관심 그리고 가족의 역동들 사이의 균형을 맞추려 하고 있다. 그녀는 양심적 단계의 시각에서 대부분을 바라보고 있지만 아직도 그녀가 고착되어 있는 집단들의 기준을 따라 행하려는 순응주의자의 특징을 보여주고 있다. 학교에선 자신의 생각을 따라 행하면서도 집에서는 자신의 일에 관해서만 그렇게 한다. 그러면서 새로운 자기를 격려하고 정당화 하기 위해서 기도의 이미지들에 의존하고 있다.

그녀가 이룬 잠정적 균형은 위험에 처해졌다. 그리고 그것들은 예상 밖의 장소에서 비롯되었다. 지금까지는 순응적 단계에서 양심적 단계 사이의 골짜기를 지나면서 길 안내를 해주었던 바로 그 하나님과의 관계가 이 새로운 휴전의 시기에 안주 하려는 그녀의 성향을 직면하도록 도전하는 자원이 된 것이다. 메리 베스에게 이것은 배신과도 같이 느껴졌다. 그녀는 다른 관계들에 있어서도 아직 성적이나 공격적인 감정들에 대해서는 저항감을 느낀다. 그러나 기도 안에서 이런 감정을 느끼게 될 때는 특히 혼란스러울 수 있다. 하나님과의 관계 안에서 일어나는 두드러진 성적 감정의 자극은 "규칙을 깨뜨리는" 있을 수 없는 일로 암시되면서 수치감을 불러 일으킨다. 그녀는 하나님이라면 이런 규칙들을 깨뜨리지 않으실 것이라고 여기기 때문에 문제는 자기 자신 혹은 자신의 기도 방법에 있다고 여긴다. 그녀가 기도에 대해 잘못된 점을 고치기 위해 권위자를 찾은 것은 분명히 순응주의자들이 취하는 태도다. 만약에 그녀의 지도자가 이 욕구를 수용해 주려고 한다면 지난 3년 동안 열중해 왔던 발달적 변화를 망치는 일이 될 것이다. 그리고 그녀는 이 도전에 맞서지 못하고 순응주의 단계로 물러서게 될지도 모른다. 워츨라윅과 동료들은 변화의 모델을 제시하면서 변화의 결과를 가져온 원인이 아니라, 일어나고 있는 것에 초점을 맞추도록 권한다. 이런 관점에서 영성지도자는 그녀가 처한 현재의 딜레마의 원인을 찾기 위해 메리 베스가 자연스럽게 내어놓는 자료들을 샅샅이 탐색하는 일을 자제하려고 해야 한다. 이 정보는 처음에는 발달의 단서를 제공하는 가장 유용한 것이다. 특히 따끈따끈한 최근의 전환의 증거로써 유용하다. 또한 "착한 소녀"로 있으려는 강한 동기를 볼 수 있게 한다. 심리역동적으로 발달적으로 또 영적으로 이 주제는 매우 핵심적인 것이 분명하다.

메리 베스는 지금까지 정식으로 일대 일 영성지도를 받아본 적이 없음을 기억하자. 장기적인 영성지도 관계의 기초를 놓기 위해서는 초기에 확인과 신뢰를 구축하는 일이 필요하다. 영성지도를 시작할 때에 영성지도자가 할 수 있는 일과 할 수 없는 일을 분명히 구분하는 것은 중요하다. 영성지도의 목적과 목표에 대한 이야기를 나누는 것은 메리 베스가 하나님과의 개인적 관계에 있어 성장하게 됨을 확인하는 것이다. 그러나 또한 이 관계로 인해 그녀는 좀 더 복합적이고 결정에 대해 개인적으로 책임을 져야 할 가능성이 시작됨을 말하는 것이기도 하다. 그것은 또한 그녀가 새로운 복합성을 배제 시키고 영성 지도자의 역할은 단지 어떻게 기도해야 하는지를 가르치는 것이라고 여겼던 가설에 대해 처음으로 반박하는 기회를 제공하기도 한다.

영성지도자들은 영성지도의 관계를 시작하면서 몇 가지의 결정을 내려야만 한다. 그 첫 번째 것은 우리가 종종 간과하고 넘어가는 것으로 이 사람이 일대 일 영성지도를 통해 도움을 얻을까 아니면 교회 안에서 이용할 수 있는 회중적 영적 인도의 자원들을 통해 더욱 더 진보를 이루게 될지 판단해야 한다. 메리 베스는 영성지도라는 개인적인 영적 인도에 적합한 후보일까, 아니면 그녀가 지금 겪고 있는 위기를 단순하게 재확인 하는 일만 필요로 하는 것일까?

그리고 두 번째 결정은 발달과 관련된 문제로써 수련자가 자신의 문제를 분별하는데 참여할 잠재력을 가졌는가 하는 문제이다. 만약 메리 베스가 그녀의 내적 고통을 주시하고 또 그 가운데 머물 수 있다면, 적어도 어느 정도는 그녀에게 분별할 수 있는 발달적 자질이 있다는 것이고 이것은 또한 그녀가 장기간 지속될 개인 영성지도를 받을 수 있는 잠재력을 지닌 후보임을 말해 주는 것이다. 그녀에게 이런 능력이 없거나 과도한 불안을 경험한다면 그녀의 지도자는 메리 베스가 그 내적 움직임을 주시하고 그것이 무엇인지 말할 수 있는 여건부터 조성해야 할 것이다. 그리고 지도의 내용은 최근의 기도 경험으로부터, 또 더 편안한 것들로부터 시작해야 할 것이다. 이런 접근은 양심적 단계의 특징인 내면의 삶이 성장하는 것을 확인한다. 그리고 분별을 위한 핵심적 기술을 연습할 수 있도록 한다.

이런 류의 해석을 하는데 필요한 인식은 메리 베스와 여러 번 만나면서 일어난다. 이 결정들은 영성지도자들에게 무엇보다도 중요한 이론적 문제들을 해결한다. 그리고 이 시점에 메리 베스가 직접 인식할 수 있도록 만 한다면 변화를 가져올 수 있다. 그렇지만 지도자는 그녀가 첫 회기 동안 표현하는 불편 함에 대해 단지 그것에만 초점을 맞출 필요는 없지만 매우 진지하게 그것을 받아들일 수 있어야 할 것이다. 그 외에도 메리의 지도자는 현실과 기도 가운데 그녀가 느끼는 두려움 그리고 새로운 감정들과 이미지를 확인하고 이것들을 느낄 수 있고 또 그 감정들을 표현하는 능력, 하나님께로 가깝게 가고자 하는 갈망, 하나님 아버지의 안정되게 품어주시는 은혜로 말미암는 체험을 확인해 주어야 한다.

그와 동시에 영성지도자는 그녀가 쓰는 언어와 이미지를 사용하여 그녀가 가지고 있는 가설들을 부드럽게 반박할 수 있어야 한다. 예를 들어 기도 가운데 경험하는 성적인 감정이나 이미지는 필연적으로 그녀가 나쁜 사람이나 잘못한 것임을 반증하는 것이다. 혹은 "책임"을 다할 때 하나님의 사랑을 얻을 수 있다거나, "잘 드린 기도"는 오직 "긍정적" 감정만을 느끼게 만든다는 생각들이 그것이다. 그리고 이 사실들을 직면하게 할 때 일어날 수 있는 불안의 정도에 대해서도 주의를 기울여야 할 것이다. 언젠가 신뢰가 충분히 깊어지고 메리 베스에게 적당한 시기가 되었을 때 지도자는 그녀가 불편하게 느끼는 것들을 더 조심스럽게 집중적으로 다루며 그녀가 직접 그 감정들을 탐색하며 명확하게 표현할 수 있도록 도울 필요가 있을 것이다. 이렇게 사실에 근거해 구체적으로 다루는 일은 직접적인 반응을 할 때 그리고 광범위한 지도를 시작할 때 매우 중요한 일이다. 이것은 메리 베스에게는 매우 큰 차이를 가져올 수 있다. 그녀는 단지 그녀의 기도가 말하는 것들을 무시할 수도 있고, 지금까지 계속 억제해 올 수 있었던 성적인 감정에 압도되는 두려움을 느낄 수도 있을 것이고 아니면 그녀의 삶 가운데 만나는 모든 관계들에서 발견할 수 있는 친밀감에 관한 문제들을 다루도록 도울 수도 있을 것이다.

현재에 계속 초점을 맞추는 일에는 메리 베스를 영성지도로 이끈 불편함을 둘러싼 지난 일들이 포함될 수 있다. 그러나 관심은 그것에 대한 원인이 아니라 그것을 어떻게 설명 하는지에 모아져야 한다. 지금까지 어떻게 기도했는가? 무슨 일이 일어났는가? 이들 하나님 경험들은 그녀에게 그리고 관계들에 어떤 영향을 가져왔는가? 이제 다시 기도하려고 할 때에 그녀는 어떤 감정을 느끼는가? 그녀는 자신의 갈망이나 두려움 혹은 둘 다를 하나님께 직접 말할 수 있었는가? 그렇게 했을 때 무슨 일이 있었는가? 기도하며 이미지를 떠올리는 일은 메리의 종교적인 경험에서 이미 중요한 특징이었기 때문에 지도 받으며 상상하는 일은 변화된 이미지들을 드러나게 할 것이다. 그리고 그것들은 혼란스러움을 줄여주고 하나님과의 친밀감을 정서적으로 경험하는 단계로 나아가게 돕는 것이 될 것이다.

만약에 지도자가 적합하게 속도를 조절해 준다면, 메리는 영성지도 과정에 다양한 방법으로 동행할 수 있을 것이다. 그녀는 명확하게 해석할 수 있을 것이고 영성지도 안에서 시도해 보는 새로운 인식과 행동들을 은연중 드러낼 것이고 그녀가 성숙한 관계들을 위해 꼭 필요한 싸움을 하고 있다는 것을 알게 될 것이다. 발달적인 관점으로 본 영성지도의 예들은 이어지는 장들에서 좀 더 구체적으로 세 가지 발달 단계들을 관찰하면서 더 많이 제시할 것이다.

# 제 5 장

## 세분화된 단계들;
## 초기 단계에서 순응주의 단계까지
### The Earliest Self through Conformity

전사회적 단계와 주체 객체의 균형/
충동적 단계/
자기 보호 단계/
순응주의 단계에서의 영성지도: 인지 체계, 의식의 몰두,
충동 조절, 개인 상호 관계, 재요약, 전환의 표지/
로저의 영성지도/

## 제 5 장  세분화된 단계들:
## 초기 단계에서 순응주의 단계까지

성인 회중들이나 수련자들이 포진해 있는 가장 일반적 발달 단계는 순응주의 단계Conformist, 양심적 단계Conscientious, 개인상호적 단계 Interindividual 세 가지이다. 앞에서 이들 의미 체계의 역동에 맞추어 로저, 탐, 메리 베스 그리고 케더린을 각 단계에 해당하는 사람들로 소개했다. 여기서는 세 단계들의 특성에 따라 영성지도를 어떻게 실행할지에 대해서 좀 더 심층적으로 관찰하도록 하겠다.

그러나 교회 전체의 회중들과 그들의 전형적인 발달 단계는 더 넓은 범위를 차지하고 있을 것이다. 주일학교 학생들까지 포함 한다면 유아기, 아동기, 성인아동기라는 정상적인 발달 과정을 따라 제인 로에빙거가 말한 전사회적 단계Presocial, 충동적 단계 Impulsive, 자기보호 단계Self Protective까지 다루어야 하지만, 이 책은 성인의 영성지도에 초점을 맞추어 발달 단계의 특성을 설명할 의도로 쓰였기 때문에 그 단계들은 생략하기로 한다.

그럼에도 불구하고 세 단계의 주요 성인 발달 단계를 이해 하기 위해서는 발달의 전 과정을 이해하는 일이 필요하므로 간략하게 생애 초반의 단계들을 설명함으로써 발달 과정의 복합성을 이해하도록 돕기로 하겠다. 그리고 개인은 현재 처한 삶의 상황 속에서 스트레스를 받게 되면 이전의 단계로 퇴보하고 이전 단계의 문제와 행동양식을 보이게 되어있다.

발달 단계의 양 극단은 서로 반대되는 양상을 보인다. 그리고 우리 문화에서는 통합적 단계Integrated Stage에 해당하는 사람들은 단지 1%에 지나지 않기 때문에 교인들 가운데도 그 수가 비교적 소수에 해당하므로 목사나 영성지도자가 만날 수 있는 확률은 매우 적다. 그래서 이 단계에 관해서도 간략한 특징만을 설명함으로써 개인상호적 단계에 속한 이들이 성장 하게 될 때 어떤 문제와 행동양식을 가지게 될 것인지 알 수 있도록 도울 것이다.

발달을 단계별로 나누어서 관찰하는 일은 마치 동영상을 멈추어서 해당 장면들만 보는 것과 같다. 그래서 정지된 화면을 연속 동작으로 보는 일이 힘든 것처럼 발달의 단계도 불연속적으로 받아들이기 쉽다. 세 단계만 초점을 맞추어 집중하는 것도 비록 그 단계들끼리는 연속적이기는 하지만, 각 단계의 "행동"들을 단계들 사이에 불연속적인 것으로 보는 동일한 결과를 가져올 수 있다. 이것은 각 단계에 해당하는 현실적 특성들이 분명하게 대비되도록 한다는 긍정적인 효과로 해석할 수도 있다.

그러나 부정적으로는 반복적인 출발과 정지, 전진 그리고 후퇴들이라는 움직임들이 모여서 만들어지는 전환기를 단지 불분명하고 복잡한 것으로 만들어 버린다. 그리고 마치 발달이 계단을 밟아 올라가듯 이루어지는 것으로 잘못 받아들이게 할 우려도 있다. 실제로 발달의 단계 변화는 작은 동화와 조정들이 많이 모여서 이루어지는 것이다. 우리는 말 그대로 손톱만큼씩 매우 천천히 움직이고 종종 뒷걸음치며 현재의 모습으로 되돌아온다. 발달은 아주 점진적으로 일어난다. [상상 속의 행성에 사는 거주자들이 다음 나라로 움직일 준비가 되었을 때 그들이 전진이나 후퇴 모두를 할 수 있었던 것을 기억하라.] 전환은 장기간에 걸쳐 일어나는 일이다. 특히 어른들에게서는 비록 오랜 동안 거듭해서 일어났던 일들이 어느 한 순간에 의식될 때도 있지만 전환기는 수 개월 혹은 수년 동안 계속 된다.1 부분적으로나마 전환의 점증적 흐름을 인식하도록, 이 책에서는 각 단계들 사이에 위치한 전환기들을 강조하여 다루도록 할 것이다.

이 일을 구체적으로 탐색하기 전에 먼저 주의를 기울여야 할 점들은 다음과 같다.
1. 단계를 설명하는 일은 비교적 넓은 영역의 행동들 가운데서 논리적으로 추론한 세계관을 일반화시킨 것이고 그래서 추상적인 것을 일반화 시키는 것이다. 그것들은 하나의 어떤 행동 양식이나 설명으로 규정될 수 없다. 예를 들면 메리의 의미체계를 단지 그녀가 영성지도자를 영적인 권위자로 받아들이고, 지도를 통해 자신의 문제를 해결 받기 원한다는 이유로 순응주의자의 단계에 있다고 여기는 것은, 비록 그것이 순응주의자들의 방법이기는 하지만, 단순하게 일반화시켜 받아들이는 부적합한 일이다
2. 아무도 각 단계의 모든 특성을 다 보여주지는 않는다. 각 단계는 이상적인 것으로 보통 사람들은 만약 포괄적인 의미체계를 따른다고 할 때는 평소보다 반 단계 정도 높은 수준의 추론을 통해 반응하고, 때론 그들의 평소 능력보다 더 단순한 반응을 보이기도 한다. 이처럼 각 사람의 반응은 평소와 다를 수도 있기 때문에 단계를 평가하는 일은 단순한 일이 아니다.
3. 특정한 어떤 시점에 한 개인이 특정한 발달 단계에 도달하는지 규명하는 일은 불가능하다. 마치 언제 아기가 걸음마를 배우는가? 한 걸음을 띤 후 엄마의 팔에서 벗어나 연속해서 세 걸음을 띠고 아빠의 품 안으로 안기는 때인가, 아니면 섰다, 걸었다 하면서 마음대로 방향을 틀어 방을 자유롭게 걸어 다니기 시작할 때인가? 발달적 능력은 한 단계에서 새롭게 드러나고, 다음 단계에서 만발할 수 있는 것이다. 새로운 단계가 굳어지기 시작할 때, 그 발달적 시각은 아직 제한적으로 적용되기 쉽다. 이전 단계의 패턴은 새로운 방식의 복합성을 가지고 새로운 논리를 점점 더 폭넓은 영역으로 적용해 가면서 변화되고, 포괄적인 원리가 되어 가면서 새 단계는 만들어진다.

그러므로 우리가 어떤 사람의 발달 단계를 직관적으로 평가 하게 되는 어떤 특정 단서라도 그 자체로, 그리고 어떤 발달 단계에 해당될 수 있는 가능성을 지닌 단서로 다루어야만 한다. 예를 들어 어떤 사람이 일반적으로 순응주의자의 패턴을 따라 움직인다고 확정할 때는 반드시 그에 대한 광범위한 단서가 전제되어야만 할 것이다.2 그리고 비록 그런 결론을 내린 후 에도, 해당 단계가 그 사람의 행동을 예측하는 기준으로 여겨져서는 안 된다. 외적으로 드러나는 행동은 많은 원인들의 결과인 것이다. 우리는 발달 단계를 단순히 하나의 행동이나 말을 근거로 확정할 수 없을뿐더러, 특정 단계의 구조 안에서는 개인이 정해진 어떤 행동들만을 하게 될 것이 라고 여겨서도 안 된다. 실제로 발달적 성숙의 표지들 가운데 하나는 (비록 그것이 무의식적일 수도 있지만) 상황에 따라 그에 적합한 최선의 행동과 태도를 달리 취할 수 있는 능력이다.

이런 사실에 주의를 기울이며, 순응주의자의 단계에 이르게 되는 이전 단계들을 대략적으로 살펴 보는 일부터 시작하도록 하겠다. 전사회적 단계에 대해서는 주체와 객체 사이의 연계된 전환, 교류와 변화의 과정에 대한 역동적 이해를 다루는 케건의 이론에 비추어 설명하지는 않을 것이다. 전형적으로 성인들에게서 볼 수 있는 첫 단계인 순응주의자 단계를 설명 하면서 자아발달을 구성하는 네 영역으로 나누어 그것들이 영성지도에 어떻게 적용될 수 있는지 탐색하고 각 영역을 설명하게 될 것이다. 그리고 마지막 부분에서 구체적인 예로써 로저와 그의 영성지도자가 소개될 것이다.

## 전사회적 단계와 주체 객체의 균형

자아형성이 처음으로 시작되는 시기는 언어를 습득하기도 전이기 때문에 구조발달론자들이 주로 사용하는 도구를 통해 관련 사항들을 관찰할 수 없다. 그러므로 로에빙거와 그녀의 동료들은 이 초기 단계를 실험적 관점에 비추어 이론적으로 추론하였다. 마가렛 말러 Margaret Mahler의 주장에 기초하여 로에빙거는 이 단계를 두 개의 하위 단계로 나누었다. 전사회적 하위 단계에서 유아는 흔들리지 않는 객체의 세계를 건설한다. 그리고 공생적 하위 단계에서는 외부 세계로부터 자기를 분리해 낸다. 전사회적 단계에 부적합하게 오래 머무는 어린이를 우리는 자폐아라고 부른다.3

유아의 초기 그리고 언어를 사용하기 이전의 몇 개월과 동일한 기간에 걸쳐 있는 이 단계는 로버트 케건의 인격 발달 이론에 토대를 제공한다. 그는 우리가 경험하는 최초의 발달적 전환의 패턴은 애착과 분화 사이의 갈등과 더불어 앞으로 우리가 겪게 될 모든 발달적 전환의 원형으로 남아있다고 주장한다. 물론 이후 계속되는 발달의 전 과정 안에서 전환은 점점 더 복합적으로 일어나긴 할 것이다. 케건의 주체에서 객체로의 변화에 대한 설명은 단계 변화에 대한 우리의 견해에 기초를 놓는다.

케건은 그가 탐구하는 주체를 개인the Person, 자기 the Self, 혹은 자아the Ego라고 바꾸어 부른다. 그리고 그는 개인이나 자기로 부르기를 선호하는데 이것은 로에빙거의 자아에 해당 하는 용어로 이해할 수 있다. 그러나 케건은 인격을 구성하는 데 가장 중요한 실재의 역동들을 지속적으로 강조하고 있다. 단계들은 발달의 휴전상태라고 그는 말한다. 단계들은 독특하고 독립된 실재들, 일관되고 충실한 각 단계만의 "심리학"을 분명히 드러내 보일 뿐만 아니라, 그것들은 환경과 자기의 관계 안에서 활발하게 점점 커져가는 구조다. 구조들처럼 단계들은 안정적이기도 하고 동시에 위태로울 수도 있다. 그것은 휴전상태와 같이 잠정적인 것이다. 마치 저울처럼 주어지는 조건들에 따라 "기울어진다." 그러므로 그것들은 계속되는 하나의 과정 가운데 지표들과 같은 것으로 볼 수 있다.4

이 과정은 하나의 견해에 의해 통제되거나 사로잡히는 것에 서부터 (그래서 세상을 그 시각으로 바라보는 것에서부터) 그 견해에서 벗어나서 그것을 바라볼 수 있는 것으로 발달되어 가는 것이다. 이런 변화는 피아제의 동화, 조정 그리고 균형의 역동을 말하는 것이고, 케건은 그것을 "주체에서 대상으로의 연속적인 전환"이라고 부른다. 이 발달의 움직임은 생애의 첫 몇 개월 동안 최초로 경험된다. 태어날 때 유아는 그들의 세상을 자신의 일부로 여긴다. 그리고 결국 그들의 주요 양육자들과의 상호작용으로 스스로를 다른 사람들과 분리해 낸다. 그들의 주요 양육자들과 융합되는 대신에 분리된 개인들로서 (혹은 대상들 로서) 그들과 관계하는 것을 배운다.

비록 단계들은 자기와 환경을 연속적으로 분화시키는 특징을 가지고 있지만, 역설적으로 그 단계들은 또한 환경과의 점진 적인 통합을 나타내는 것이다. 이 역동은 다음처럼 일어난다. 한 사람이 실제를 이해하게 되는 시각 혹은 견해를 만들어 내는 정황 자체에 대한 의식적 성찰은 거의 불가능하다. 그 시각이 어떤 결과로 도출되었는지는 의식하지 못하면서도, 그런 자신의 시각이 어떤 결과를 가져오는지는 알게 된다. 이 각인된 시각을 개인은 명확하게 세상에 투사하게 된다. 세상은 바로 이 시각의 결과인 실제들로 이루어진 것이다. 투사 과정을 통해 사람들은 세상이란 "이러 이러한 것이지"라고 받아들인다.

이 역동을 설명하기 위해 우선 순응주의자 단계의 이해체계 안에서 살펴보도록 하겠다. 이 시각으로 볼 때 우리의 자기는 이 세상의 많은 다양한 관계들로 조성된다. 우리는 관계 그 자체로 존재한다. 우리는 우리 자신과 분리되어서 관계를 비판할 수 없다. 왜냐하면 우리가 속한 관계망으로부터 떨어 져서 존재할 수 있는 자기는 없기 때문이다. 그러나 어느 시점이 되면 관계들은 자리를 옮겨 대상 자체가 되어버리고 우리는 더 이상 관계로 존재하는 것이 아니라 관계를 소유 하게 된다. 즉, 관계는 더 이상은 우리가 만들어가는 실제 안에서 성찰되지 않는 지평을 이루는 것이 아니라, (아직은 의식할 수 없지만) 새로운 개인의 정체성이라는 지평으로 부터 관계 자체를 비판할 수 있게 된다. 그래서 우리는 관계들 로부터 분리되어 있기 때문에 그것들을 명확하게 내재화 할 수 있는 것이다. 새로운 구조인 양심은 그 다음의 중재자가 된다. 그리고 그것은 새로운 주체성을 이루기 때문에 실제를 향해 그 나름의 투사를 하게 된다. 이 전환이 일어나는 초기에 관하여 케건은 이렇게 설명한다. "아이가 자신의 투영들이 자신이 아니라 그 투영들을 소유할 수 있게 될 때 그는 눈을 감을 때 세상도 어두워진다는 생각을 멈추게 된다."5

환경으로부터의 모든 연속적인 분화는 사람들로 하여금 "세상은 이런 것이다"라는 개념을 통합시키며 더 명확하게 만들어 간다. 분화와 통합이 같은 심리적 "사건"이라는 인식은 분화 만이 발달의 표지나 기준으로 받아들여졌던 깊이 각인된 우리의 인식을 수정하도록 한다. 이 인식은 여성의 발달을 평가할 때 특히 더 문제가 된다.6

이렇게 연속적으로 일어나는 재구성의 과정들은 인지적인 것에 바탕을 두고 있지만 그것은 또한 감정적인 것도 포함 한다. 케건은 정서가 움직임을 감정으로 경험하는 것이라고 명확하게 말한다. ("e-motion"이란 용어가 그래서 가능하다.) "나는 우리들의 감정의 원천이 방어하고, 내려놓고 그리고 중심을 다시 세우는 발달에 대한 현상학적인 경험이라고 제안하고 싶다."7

탈중심화는 "상실감", 불안 그리고 우울을 불러 일으킨다. 전환을 다름 아닌 자기로부터 분리되는 것으로 여길 때, 그 자기는 더 이상 유용하지 않음에도 불구하고 아직 "타자"로 구분될 수 없는 것이다. 다행히도 옛 자기가 죽으면 새 자기가 태어난다. 그래서 전환은 자기의 죽음과 탄생의 연속이고 죽음의 고통과 부활의 기쁨으로 점철된다. 우울의 반대편에 있는 소망의 도래는 이 미묘한 변화의 표지라 말할 수 있다. 발달적으로 보면 소망은 변화 transformation의 가능성을 말해 주는 것이다.8

이렇듯 주체에서 객체로 바뀌는 일이 연속적으로 일어나면서 인격의 발전 또한 이루어진다. 움직임은 모든 "주체"가 다음 단계에서 "객체"가 될 때 일어난다. 그러므로 케건의 방법과 마찬가지로 우리의 접근법은 전환의 단계들에 초점을 맞추기 보다는 마치 저울처럼 양쪽 단계들 사이의 전환에 초점을 맞추는 것으로 바꾸려고 한다. 실제로 케건은 "단계"들 보다 단계들 사이의 "균형"을 더 중요하게 여기며 각각의 균형을 그 전형적인 지평을 따라 이름을 부친다. 그의 발달 과정과 다른 발달적 개념들과의 관계는 부록의 표 3에서 정리했다.

단계에 대한 설명을 충분히 한 후에 우리는 주체에서 객체로의 변화를 주목할 것이다. 그리고 한 단계에서 다른 단계로의 중요한 움직임을 주목하고 다음 단계의 새로운 능력을 이해할 수 있는 방법을 발견하도록 할 것이다.

## 충동적 단계

충동적 단계가 시작되면서부터 어린이(혹은 어른)는 "자아를 가지는"것으로 말하는 것이 맞다. 왜냐하면 이 때 각자는 구별된 정체성을 세워가기 때문이다. 어린이들은 이 구별된 존재를 주로 자신의 뜻을 행사하면서 확인한다. 그들은 더 이상 우유부단하게 그들의 그림자reflex들을 대하는 것이 아니다. 이제 충동이 그것들을 지배한다. 그러나 충동의 조절은 아직도 매우 불안정하고 믿을 수 없다. 그래서 이 단계를 충동적 단계라고 부른다. 충동적 단계에 속한 사람들에게 필요는 충족되지 못하고, 특히 신체적으로 성과 공격성을 체험을 하게 될 때면 그들 자신의 필요나 감정들에 대해 스스로 두려움을 가질 수 있다.

그들의 생각은 견고한 논리적 체계가 부족하기 때문에 전조작적이고 유동적이며 마술적이다. 생각하는 것이 아직 가역적이지 않기 때문에 원인과 결과의 관계는 잘 이해되지 못한다. 원인은 단지 앞서 일어나는 어떤 것들이다. 그러나 이 단계의 강점은 상상의 탄생이라고 볼 수 있다. 이야기, 동화 그리고 성경의 담화들에서 볼 수 있는 상징과 이미지들은 오래 지속되는 가치들을 일깨우는 매우 강력한 힘을 가지고 있다.

이 단계에서 문제해결의 전형적인 전략들은 소원 성취와 수동적 의존이다. 중요한 사람들은 공급의 원천으로 여겨지며, 어린이는 유기되거나 공격받을 것을 두려워한다. "좋고" "나쁨"은 "내게 잘 대해주냐" "내게 나쁜 사람이냐"로 혼동 하여 생각한다. 권위는 독단적이고, 역할들은 정형화되어 있고 혼돈스럽다. 예를 들어 어른들은 부모와 구분되지 않는다. 배움은 이 단계의 도덕적 사고를 따라 상과 벌을 통해 일어 난다.

종종 있는 일은 아니지만 청소년들과 청년들은 어른의 책임감을 가지고 충동적 단계라는 틀 안에서 자신의 세상을 만들어간다. 그들의 전형적인 윤리관은 그들로 하여금 이 적대적인 세상에서 살아남기 위해 "먼저 일등이 되는" 일에 주의를 기울이도록 한다. 이 충동적 단계를 넘어가지 못한 성인들 가운데 과반수가 감옥과 정신 병원, 혹은 갱생원에 수감되어 있다는 사실은 이 단계가 지닌 원시적 사회성을 말해준다.9

## 자기 보호 단계[10]

평범한 발달의 과정 안에서 어린이는 즉각적이고 단기적인 상과 벌을 예측하면서 내적으로 조절하는 능력을 키워가기 시작한다. 충동은 드러나기 시작하는 그러나 아직 잠정적인 자기라는 주체의 객체가 된다. 내적인 조절은 처음에는 매우 깨지기 쉬운 것이므로, 어린이(혹은 어른)는 어느 정도 상처받기 쉽다고 느낀다. 개인의 내적, 외적인 세계는 아직 부분적으로만 조작이 가능한 것이기 때문에 그들은 언제라도 상황과 자기를 모두 방어하여야만 한다. 이런 이유로 이 단계의 이름이 부쳐졌다. 그러나 충동 자체가 되기보다 충동을 소유하는 능력을 갖게 되면서 그들은 새로운 자유와 권력 그리고 발동력이 주어진다. 이 수준에서 개인은 규정들을 내재화하기 시작한다. 그러나 그것들은 문자적으로 이해될 뿐이며, 주로 자신의 만족과 즉각적인 이익을 얻기 위해 사용된다. 다른 사람들의 시각, 상호성, 정당성 그리고 내재된 의를 받아들이는 능력이 증가 하면서 그들이 어떻게 보이는가가 주요 관심사가 된다. 그러나 개인 상호간의 관계 들은 아직 조작적이고 착취적이며 양가적인 그리고 비록 이전의 단계에서처럼 노골적이지는 않지만 의존적이다.[11] 우정은 정황적인 것이고 어느 정도는 좋은 상황에서만 가능한 것이다. 그것은 10살짜리 아이들이 생각하는 팀워크처럼 실용적인 동등성과 정당함에 근거한 것이다. 인생은 제로섬 법칙을 따르므로 한 사람이 이득을 얻으면 다른 사람은 잃게 되어 있다고 생각한다. 이 단계에 속한 개인은 아직도 자기 비판 능력이 결여되어 있다. 그러므로 비난의 개념은 존재하지만 그것은 다른 사람들, 사물들 혹은 상황들 심지어는 자신의 신체 중 일부로 외현화 되고, 잘못된 것이 눈에 띈다.

인지적인 과정들은 명확하고 문자적이며 정형화된 사고들로 구성된다. 그러나 이 단계에서 새로운 것은 사고가 가역적이며 전 단계에서는 불가능했던 원인과 결과를 추론하고 과정을 인식할 수 있다는 사실이다. 역할들은 "주어진" 것이고 그 역할에 적합하게 행위들은 종종 변화된다. 의식은 자기 보호, 소원, 이익을 얻음 그리고 다른 사람을 조종하는 일에 집중 되며, 또한 보복이나 들킴, 벌 받음에 대한 두려움에 집중된다. 외부 사건들을 조종하는 도구로 이해되는 종교의식은 이 단계의 특징이다. 배움은 상을 구하고 벌을 피하는 과정들을 통해 일어난다.

이 단계에서 새롭게 등장하는 자기는 훌륭한 이야기꾼이다. 그들은 모험적인 이야기와 중요한 영웅들의 삶 그리고 앞으로 그들에게 적합한 역할들에 대한 이야기를 자신의 것으로 만들고 재구성한다. 이를 위해 왕성한 상상이 여전히 중요한 자리를 차지하지만, 논리적 한계들이 점차 드러나게 되고, 결국 그것은 시간이 지나면서 이야기가 나타내고자 하는 의미들로부터 삶에 대한 일반적 결론을 끌어내는 능력이 된다.

전형적으로 이 단계는 후기 아동기에서 사춘기 초기까지에 걸쳐 있다. 주로 고등학교 고학년이나 대학 초년생에게 해당되는 좀 더 흥미롭고 눈에 띄는 전환 가운데 하나는 이분법적 사고에서 상대적 사고로의 전환이다. 이분법적으로 사고하는 사람들은 진리와 도덕에 관련된 모든 문제들을 그룹의 안에 있느냐 밖에 있느냐, 옳으냐 그르냐, 좋으냐 나쁘냐, 혹은 우리 아니면 그들로 나누어 바라본다. 도덕과 개인적 책임은 규칙에 순종하는 것과 자기 제어로, 그리고 (그것이 무엇을 칭하든) 권위 Authority는 곧 진리 Truth라는 의심의 여지가 없는 것으로 받아들인다. 이와 같은 사고방식은 근본주의의 특징인데, 사춘기 아동들은 이런 근본주의자들의 원조라는 것을 우리는 쉽게 알 수 있다. 물론 이런 이분법적 사고는 사춘기에만 한정되는 것은 아니다. 그리고 이런 특징이 어른에게서도 보이는 것은 자기 보호적 발달 단계가 있음을 짐작하게 한다. 만약에 이게 사실이라면, 이분법적 사고는 쉽게 포기되지 않는다. 단지 중요한 권위자들이 옳음, 질서, 혹은 진리에 대해 상반되는 견해를 드러낼 때라야 약화될 수 있다. 중요한 갈등은 보통 절대적 권위Authority가 일반적 권위authority로, 절대적 진리Truth가 일반적 진리truth로 강등되기 전에 일어난다.12

## 순응주의 단계에서의 영성지도

이제 우리가 초점을 맞출 것은 각 단계를 구성하는 네 가지의 하위영역인 인지 형태, 의식의 몰두, 충동 조절 혹은 성격 발달 그리고 개인 상호 관계의 형태로서, 이것들은 독립적으로 발달하지만 로에빙거에 따르면 각 발달 단계의 특성들은 이 네 영역들의 배열을 통해 출현한다.

즉, 순응주의 단계의 특징은 자신의 행복을 집단의 행복과 동일시한다는 것이다. 필요와 관심과 바라는 것들이 전에는 의미를 구성하는 토대였다면 이제는 인간 상호관계를 구성 하는 토대가 된다. 이제 그들은 충동 자체가 아니라 충동을 소유하게 되었다. 주체-객체의 용어로 바꾸어 말하자면 충동은 이제 객체가 되었고 인간 상호관계가 주체가 된 것이다.

비동조와 반동조까지도 포함하는 일종의 원동조meta-conformity가 중심 영역을 차지하면서 이 단계를 순응주의 단계라고 명명하였다. "밀접한" 관계가 집단이 되므로 어린이에게 집단은 가족이고, 사춘기 아동에겐 또래집단, 어른에겐 민족, 교회 혹은 그와 유사한 집단의 구성원들이 될 것이다. 집단과 동일시한다는 것은 또 다른 수준의 신뢰를 요구한다. 결국 적대적 환경 가운데 있는 사람은 고질적인 자기 방어로 고착화할 것이고 이 단계의 특징인 진정한 인간 상호관계성을 결코 개발할 수 없게 된다.

집단은 사회 전체로 경험된다. 공통 관심과 믿음을 나누어 가진 공동체이고 거기에는 합의된 협약과 공통된 기대가 존재한다. 순응주의 단계에 속한 사람은 집단 사이의 다른 점은 받아 들이지만 한 집단에 속한 개인들의 다른 점들에는 아직 둔감 하다. 집단 자체도 나이, 성, 국적과 같은 외적인 특성에 따라 구분된다. 순응주의자는 사회적으로 바람직한 것을 명시 하고 기대한다. 즉, 사람들은 사회로부터 받아 들여진, 또 받아 들여 져야만 하는 존재다. 이 단계의 특징인 통일성은 다원주의의 가능성을 억제한다. 모든 집단원들이 공통적으로 받아들인 것이 불편해지기 시작하면 집단은 나뉘어지게 된다. 특히 분노는 순응주의자들에게 문제가 된다. 왜냐하면 분노를 표현하는 일은 바로 자기 자신을 구성하는 인간 상호 관계라는 조직을 찢어 버리는 일이 되기 때문이다.

순응주의 단계는 전형적으로 사춘기에 시작되지만, 대다수의 성인들은 이 단계에 영원히 머무르는 것을 볼 수 있다. 그렇기 때문에 우리는 교회 회중들 가운데서 그리고 수련자들 가운 데서 이들을 만나게 될 것이라는 예상을 당연히 할 수 있다. 물론 그 집단 안에 "영성지도자를 찾는" 사람이 있을 것이라는 전제 아래서 말이다.13 로저는 근본적으로 이런 시각을 가지고 세계를 지어간다.14

### 인지 형태

발달 단계를 이루는 네 가지 하위영역들 가운데 첫째는 사고 형태의 복합성을 다룬다. 순응주의자인 개인들은 정형화된 사고, 진부한 표현, 흑백으로 나누는 서술 형태를 보여준다. 그리고 이것은 비록 그들이 자신들의 관념을 뒤집거나 여러 가지 시각들을 동시에 인식할 수는 있지만, 아직도 피아제의 구분에 따르면 형식적 조작보다는 구체적 관념에 더 익숙하다는 것을 알려준다.15 그러나 여러 선택들 가운데 결정할 때는 외적인 질서에 그 기준을 둔다. 옳고 그름에 대해서도 예외가 별로 없다. 모든 사람과 세상 일은 같은 것이다. 상대적으로 미묘한 차이를 인정하지 않는 그들의 태도는 삶에 대해서 감상적이고도 이상적인 시각을 갖도록 부추긴다. 그들의 구체적 관념은 외적인 대상들과 행위, 예를 들면 외모, 명성, 사회적으로 받아들여짐, 소속됨 그리고 물질적인 것들에 초점이 맞춰진다. 그들은 아직 내사할 능력이 조금밖에 없다. 그리고 자신의 내적 감정에 대한 설명도 일반적이고 진부하다. 그들은 행복하거나 슬프다. 행복하면서도 슬픈 감정은 느끼지 못한다. 문제는 "이해"를 통해서만 해결하며, 더 "사랑"하길 원하고, 종종 어떤 사람이 그들을 "좋아하지" 않는다고 불평하곤 한다. 순응주의 단계에 있는 사람들은 분화된 감정 상태를 내적으로 인식하는데 기반을 둔 통찰 심리치료에는 적합하지 않다. 이처럼 오직 개념만 중요시하는 것은 영성지도와 분별에도 중요한 영향을 미친다. 이 둘은 그들의 내적인 삶과 더 많이 관련되어 있다. 영성지도와 관련하여 이 단계의 인지 형태가 야기시킬 수 있는 큰 어려움은 미분화되고 진부한 내적인 삶에서 비롯 된다.16 순응주의 단계에 속한 사람들에게 어떻게 느껴지냐고 물으면, 그들은 느끼는 것을 말하지 않고 생각과 행동에 대한 말로 답한다. 그렇지 않고 느낌을 말한다 하더라도, 그것은 "대화를 하면서 기분이 좋았습니다" 혹은 "기도할 때 별 특별한 것 없이 그냥 좋다고 느꼈습니다"처럼 매우 일반적인 서술이다. 그래서 영성지도자들이 이들과 할 일은 필연적으로 내적으로 어떤 일이 일어나고 있는지 주목하고notice, 내적 움직임을 설명describe 할 수 있도록 하며 결국 감정을 기도 속에 결합시키도록 하는 것이다. 지도자는 대화 가운데 수련자가 느낌을 말할 때마다 지속적으로 강조해서 반응하고 지난 사건을 기억할 때에도 느낌에 관한 것을 주목한다. 지도자는 또한 일반적인 묘사도 다듬어 말할 수 있도록 돕는다. "당신은 일어난 일에 대해 기분이 그다지 좋지 않았다고 말했는데 좀 더 정확하게 말하자면 죄책감, 수치심, 실망감 혹은 당황스럽다거나 하는 등의 감정인가요?"
어떤 사람들에게는 단지 하나님 앞에서 그들의 영적인 삶이 어떤 의미를 가지고 있는지 확인하거나 그 풍요로움을 소통하도록 좀 더 생생하게 말할 수 있도록 돕는 일만으로도 충분할 수 있을 것이다. 이들은 비교적 빨리 내면의 움직임을 주목하고 소통하는 것을 배울 것이다. 예를 들어, 집에 갇혀 사는 것과 다름 없는, 그리고 남편에게 감정을 말할 때마다 무시당하는 여인이라면 자신의 감정을 무가치하게 여기고 주의를 기울이지도 않기 쉽다. 그러나 만약에 하나님께서 그녀가 어떻게 느끼는지에 관심이 있으시다는 믿음을 갖기 시작한다면 그녀는 정감적 기도를 꽃피울 수 있을 것이다.

그러나 만약 어떤 사람의 의미 체계가 뼛속까지 순응주의적이라면 지도자는 그가 내적인 삶을 주목하고 설명하는 능력은 매우 느리게 성장한다는 사실을 주로 발견하게 될 것이다. 변화는 며칠 혹은 몇 주일이 아닌 수개월 혹은 수년이 지나야 일어날 것이다. 어떤 경험 많은 영성 지도자는 2년 동안 지도한 자신의 수련자가 기도 훈련과 기도 후 성찰에서 느낌을 강조 하고 질문을 했음에도 불구하고 결코 내면으로 들어가지 못했던 경험을 말했다. 비록 이러한 사람들이 외적인 삶에서 내면으로 옮겨가지 못하고 기도 안으로 다양한 감정을 도입하지 못한다 하더라도, 그들이 무관심하다거나 고집스러워서 그런 것은 아니다. 실제로 풍성하고 분화된 내적인 삶은 다음 단계인 양심적 단계의 특징이다. 그러므로 감정을 인식하고 표현하는 일이 많아진다는 것은 단계의 변화를 알려주는 표지가 된다.

## 의식의 몰두

외양은 그것이 신체적이든 사회적이든 순응주의자들의 주목을 강하게 끌어당기는 것이다. 그리고 사회적으로 수용 받는 일과 집단의 기준도 마찬가지이다. 그들은 집단에 속한 다른 사람들이 자신들을 어떻게 보는지를 매우 예민하게 인식하고 궁금해 한다. 그들의 영성지도자에게도 같은 태도를 지니고 있기 때문에 지도자가 스스로 생각하는 것보다 더 큰 권위를 부여 받게 된다.

이 단계의 사람들이 개인적으로 원하는 것은 집단이 원하는 것과 동일한 것이고, 집단이 가치 있다고 판단하는 사람이 되거나, 그것을 갖기 원한다. 그들은 집단에서의 지위를 상징하는 것, 특히 사무실, 비서, 자동차, 전문가 자격증 등과 같은 끝도 없이 많은 구체적인 형태로 드러나는 상징들을 갈망하고 그것을 위해 일한다. 그리고 집단에서 그들의 명예가 어떤 이유로든 의심을 받게 되면 그들은 굴욕감을 느낄 수 있다. 중요한 사람으로부터 소홀히 여겨지거나, 개인적으로 기준에 맞추어 살 수 없다는 수치심, 혹은 집단의 규범을 따르지 않는 사람들로부터 받는 비판적인 판단은 그들로 하여금 균형감각을 잃게 만들고 영성지도로 향하게 하는 문제들이다.

순응주의자들의 영성지도 내용은 외적인 기준과 눈으로 볼 수 있는 행위 같은 구체적인 측면들이다. 기도 역시 구체적인 형식에 초점을 맞추게 된다. 규칙적으로 행하는 개인 묵상이나 정례화 된 기도 즉, 시간에 맞추어 기도서 읽기, 성서일과 혹은 다른 형태의 전통적 기도를 순응주의자들은 가치 있게 여기고 교회 공동체에게도 같은 것을 기대한다.

각 개인들은 종교적인 것들을 포함하는 특정 행위와 집단들과 기꺼이 동화되며 이것은 순응주의자들의 주된 장점이 된다. 물론 그들의 명확성이나 구체성을 잘못된 것에 적용하던가 비본질적인 것을 본질적인 것으로 오해하는 일 등은 위험을 불러 일으킨다. 성전을 무슨 색으로 칠할까 하는 문제를 사형제도를 복원하려는 지역 사회의 문제보다 더 치열하게 토론하는 결과를 가져올 수도 있다. 혹은 후자의 문제는 전혀 안중에도 없을 수 있다. 순응주의자들은 그들이 속한 집단을 지지하고 긍정적으로 기여하려 하기 때문에 영성지도를 받으려 할 때 영성지도자 특히 제도권 안에 있는 지도자에게 주어지는 문제는 그들을 과연 "맞는correct" 행동을 따라 가느냐 아니면 규정에 도전하고 집단이 원하는 것과 개인이 원하는 것을 차별화 하려는 타고난 성향에 그들을 맞추느냐 하는 것이다. 후자를 지지하는 일은 수련자들이 이전에는 매우 모범적인 일원으로 있던 집단에 대해 반대하며 비판을 하기 시작할 때 특히 문제가 복잡해진다. "나는 이전에는 교회가 말하는 것, 예를 들어 유전의 문제 같은 것들에 관해 잘 듣곤 했지요, 그런데 요즈음엔 규칙들에 반대를 표할 수도 있어야 한다는 생각이 들기 시작했습니다." 수련자와 영성지도자의 내적 자유를 극대화 하여 그들 모두에게 어떤 사람이 되고 어떤 일을 하기 원하는지 하나님의 부르심을 듣기 위해서는 영성지도자가 정형화된 기관의 평가로부터 온전히 자유로울 수 있어야 한다.

## 충동 조절

순응주의자들은 그들이 잘 알려진 "좋은 사람"으로 소개되길 원한다. 그래서 모든 바른 일을 하고 심지어 무심코 규칙을 어긴 것도 부끄러워한다. 그들은 충동적 단계에서 그랬던 것처럼 더 이상은 규칙을 간과하거나 자기 보호단계에서처럼 자신의 즉각적 이익을 위해 순종하는 일은 하지 않게 될 것이다. 전형적으로 그들은 교회의 훈계와 교회법 그리고 문서화 여부를 떠나 공동체 생활을 위해 주어진 모든 행동 기준을 알고 순종할 것이다. 그러나 모든 규칙과 기준이 대략적으로 동일한 중요성과 구속력을 가지고 있다고 여긴다. 더구나 그들은 모든 규칙들에 대해 순종하는 것을 당연한 일로 여긴다. 규칙은 규칙이다. 그리고 그것들을 따름으로 해서 집단의 기준에 맞추게 되고 이전의 발달 단계 안에서는 불가능했던 소속감 같은 것을 인식하게 된다.

규칙의 지배를 받는 행동으로 말미암아 순응주의자들이 어렵게 얻은 충동을 제어하는 능력은 보호를 받는다. 그렇기 때문에 그들에겐 규칙들이 필요하고, 규칙을 편리한대로 수정하거나 다른 사람들에게 그런 자유를 허락하는 일이 불가능한 것이다.17 반면에 분명하고 예외가 없는 규칙은 그들처럼 규칙을 따르는 다른 사람들과는 다툼 없이 정연한 상호 관계를 갖도록 할 수 있다. 순응주의자들은 집단의 강력한 동질성을 만들어내고, 규칙에 대해 유연한 태도를 보이는 다른 사람들에 대해서는 매우 위협적으로 느낀다. 특히 중요한 인물이나 권위자로부터 승인 받지 못하는 것은 절대로 있어서는 안될 일로 여겨진다. 반대로 인정을 받을 때는 학습과 사회화가 촉진된다.

여기에서 비롯되는 영성지도와 관련된 두 가지의 핵심 문제가 있다. 하나는 이 단계의 "이래야만 한다should"는 특성과 관계가 있다. 순응주의자들이 자신에게나 다른 사람들에게 부과하는 강력한 도덕적 명령은 모든 영역의 규칙이나 조례들이 동일한 중요성을 지닌다는 생각과 합해져서 자기 스스로를 매우 혹독하게 밀어붙이는 경향을 갖게 만든다. 그리고 다른 사람들의 행위에 대해서도 매우 비판적이 된다. 영성지도자는 순응주의자가 자신과 다른 사람들에게 가하는 판단들에 대해 온유한 태도로 직면시키고, 도덕, 행위, 교리 들에 대한 논란들을 구분함으로써, 그리고 우리의 노력으로 얻어지는 것이 아니라 값없이 주어지는 하나님의 은혜를 강조함으로써 이들의 세계관이 불가피하게 지닐 수 밖에 없는 모순들을 드러내고, 그 일을 통해 지지 받도록 도움을 줄 수 있다.

순응주의자들의 충동 조절의 특징을 통해 제기되는 두 번째 핵심 문제는 특히 성적이나 공격적인 감정과 같은 부정적 감정을 부인하는 일과 관련 있다. 이들 영역은 영적 발달에 있어서는 특히 중요하기 때문에 예리한 지도자는 성에 대한 언급이 결여되어 있다는 사실과 하나님께 어떤 분노를 돌리는 일도 불가능해 보임을 간파한다. 그래서 그 지도자가 이 일 들을 할 수 있겠는지 조심스럽게 물어볼 때면 그들은 매우 당황 하거나, 생각을 잃거나 부인하는 일을 하게 된다. "나는 이성에게 끌리는 것에 대해서는 그다지 걱정할 필요 없습니다, 내겐 큰 문제가 되지 않죠"라거나 "하나님께선 나를 낙담시킨 적이 없습니다"라고 답한다.

심리적 시각으로 보면 이런 반응은 저항처럼 보인다. 그러나 정상적인 발달을 이뤄나간다 할 때, 이런 부인은 충동에 이끌리던 이전의 단계에서 진보했음을 나타낸다. 전에는 충동을 제어하기 위해 온전히 쓰였던 에너지가 이제는 타인 지향의 사회적 행동에 쏟아진다. 심리적으로 건강하지 않은 저항과 순응주의 단계의 특징들을 구분하는 과정은 다음의 단서들을 포함한다.

예를 들어 순응주의자 단계의 다른 표지들이 드러나는가? 모든 정서들이 이처럼 애매하고 일반화된 말들로 표현되고 있나 아니면 단지 이 영역의 것들만 그렇게 표현되는가? 만약에 모든 감정들이 동일하게 그런 식으로 표현된다면 그 사람은 단지 순응주의자들의 일반적이고 분화되지 못한 내면 의 삶을 표현하는 것일 뿐이다.

수련자들이 성이나 공격성에 대한 대화로 옮겨갈 때 회피, 불안, 혹은 투사와 같은 다른 저항도 함께 드러내는가? 만약 그렇다면 성 혹은 공격성은 발달단계와 결합된 주요 과제일 수 있다.

수련자는 이 영역들에 관해 영성지도자와 논의하는 것, 혹은 하나님 앞에서 그 문제들을 다루는 것이 무가치하고 적합하지 않은 것이라고 여겨 회피하는가? 이런 경우라면 성과 분노의 문제와 관련해서 하나님을 이상화시켜서 보고 죄악과 추함에 대해서도 과장되게 생각할 수 있다. 그리고 영성지도자에게 잘 보이고 싶은 부풀려진 욕구를 가지고 있을 수도 있다.

그러므로 이에 관하여 영성지도자가 실제로 만나게 되는 순응주의자의 독특한 행동은 주기적으로 다음과 같은 사실을 주지시킴으로 성찰하도록 돕는다. 즉, 모든 "부정적" 감정들은 그들을 향한 하나님의 사랑스런 관심 안에 포함된다. 앞으로 언젠가는 이 영역들을 지금보다 더 강렬하고 주체할 수 없는 것으로 보일 수도 있다. 그래서 이들 감정들을 영성지도자에게 가져올 수도 있는 것이다. 순응주의자들이 이들 영역에서 깨어질 때, 그들은 매우 실제적으로 수치를 극복할 수 있다. 용서에 대한 확신, 하나님과의 화해는 (만약 공적인 문제라면 집단 안에서 이뤄질 수도 있는) 하나님 앞에서 그들이 균형을 잃지 않고 이들 영역을 더 탐색할 수 있도록 돕는다.

### 개인 상호관계

순응주의자들의 소속감에 대한 욕구는 그들의 인간 상호 관계에 매우 중요한 영향력을 미친다. 우선 이들의 사회적 상호 관계의 범위는 비교적 구체적이고 "가까운 사람"들에 국한된다. 순응주의자는 직계 혹은 확장된 가족, 교회 회중들, 교구나 교단, 특정한 일이나 직장에서의 동료들 심지어는 이웃시민 등의 "자신 같은" 집단으로부터 신뢰와 따뜻함을 느끼고 그것에 협조를 아끼지 않는다. 그러나 그들의 상호적 개인관계에는 다음 두 가지의 특징적인 한계가 있다. 첫째, 관계를 동등하게 맺을 수 있는 능력, 즉 상호성을 인식하는 일은 아직 의식적으로 관계에 참여하기에는 제한적이다. 그들은 단지 무의식적 동기를 따라 자연발생적으로 관계할 뿐이다. 둘째, 폭넓고 포괄적인 사회적 세계관은 발달적으로 볼 때 순응주의 단계 이후에 생겨난다. 그것은 개인 상호적 단계에 이르러서야 두드러지게 드러나는 특징이다. 결국 자신들 스스로를 위한 친절함과 사랑스런 관심과 함께 외부 집단에 대해서는 악의적이고 인정 없는 편견이 공존할 수 있다. 이런 발달적 한계는 왜 어떤 종교집단들, 특히 많은 순응주의자들로 이루어진 집단들이 우리 사회에서 가장 편견이 심한 집단일 수밖에 없는지 설명해준다. 이들에게는 울타리 밖의 사람들은 하나님의 심판을 받을 자들인 것이다.18

발달단계와 관련된 또 다른 순응주의자들의 특징은, 전에도 이미 암시되었지만, 관계를 이해할 때 그들이 접근하기 어려운 감정이나 마음의 동기보다 행동의 관점에서 접근한다는 것이다. 그러므로 순응주의자들에게 친구란 함께 무언가를 하는 사람이다. 어떤 방식으로든 이들에게 개인들 사이의 관계는 매우 중요한 영역이다. 개인 상호관계는 그것이 아무리 암묵적으로 (케건의 용어로는 주체적) 맺어진다 하더라도 정체성 형성이라는 중요한 문제와 관련된 것이다.

이것은 영성지도자를 위해선 어떤 논의를 불러일으킬까? 우선 개인 간의 상호성은 자신이 선택한 집단에서 가치 있다고 여겨지는 사람들에게뿐 아니라 하나님께로도 확장될 수 있다. 그리고 그 중요성은 이전의 단계들에서보다 더욱 크다. 점진적으로 하나님은 깊은 관계를 맺을 수 있는 분화된 인격이 되어 간다. 이전 단계의 전형적 하나님 개념이 어느 정도는 전인격적인 의인화된 것이었다면, 여기서는 비록 여전히 특정 적이고 의인화된 것이긴 하지만 매우 인격적으로 여겨진다. 이 단계의 특징을 잘 말해주는 계급적이고 권위주의적이며 양분 법적인 부모-자녀의 관계는 하나님 개념에 영향을 준다. 그리고 권력지향적이고 착취적 방식의 의존관계를 조장한다.19 그러므로 이 역동이 유해한 영향을 미치게 될 때 개인들은 하나님을 마치 규칙을 어길 때마다 나타나는 심판관이나 엄격한 부모로 경험할 수 있다.

교회 회중이나 공동체의 중요한 일원이 되는 것은 정체성 형성에 있어 핵심적 중요성을 지닌다고 볼 수 있다. 교단의 지도자, 목사, 교사나 영성지도자들을 통해, 성서 속의 "하나님 말씀"이나 종교적으로 규정된 행위들을 통해 "하나님의 뜻"을 구하는 일은 행동을 하도록 이끄는 매우 중요한 동기부여를 할 수 있다. 그러나 "하나님의 뜻"은 태도나 동기부여와 관련된 것 보다는 행동과 관련된 말로 이해하는 것이 대부분이다.

순응주의자의 역동에 영성지도자가 참여하게 될 때 미묘한 문제 하나가 드러난다. 그것은 하나님과의 개인적인 관계를 성장 시키기 위해 매우 중요하다. 순응주의자들과는 구체적으로 반응하는 일이 필연적이기 때문에 지도자는 "지시적"이 되기 쉽다. 그리고 수련자 들은 영성지도자를 중요한 권위자로 여기는 만큼, 지도자들은 은연중에 순응주의자들의 성향을 인정하고 심지어는 강화시키는 일들을 하도록 내몰린다. 중요한 영적 권위자가 규정하는 것은 특히 지속적인 일대 일의 관계 안에서는 엄청난 힘을 가질 수 있다. 한편 영성지도자들은 만약 순응주의자들의 태도가 그들의 삶과 부르심에 대한 진정성있는 표현으로써, 그 자체로 가치 있는 것일 수 있다는 사실을 간과할 수도 있을 것이다. 제임스 파울러는 다음과 같이 말한다.

"자신들의 삶에 있어 주어진 어떤 단계, 주어진 어떤 시간에 처해 있는 사람들이 해야 할 과제는 그 단계가 지닌 장점과 은혜를 온전히 실현하고 통합하는 것이지 다음 단계로 달려가는 것이 아니다. 각 단계는 특유의 온전성, 은혜 그리고 통합을 위한 잠재력을 가지고 있다. 그리고 삶에서 겪게 되는 역경 혹은 축복을 위한 충분한 잠재력을 가지고 있다."[20]

## 재요약

순응주의 단계의 저력은 자신이 아니라 외부인이나 단체들에게 투자할 때 생겨난다. 집단과 공동체적 기준들에 동화되는 일은 쉽게 일어난다. 그러나 한 단계의 장점은 바로 다음 단계와 관련하여서는 약점으로 동시에 받아들여질 수 있다. 순응주의 단계에서 개인들은 그들이 속한 다양한 집단들 안에 잠겨있다. 내적이고 자기 선택적인 정체성이 부족하기 때문에 순응 주의자들은 그들이 헌신하는 집단이 말해주는 다양한 정체성- 다른 인격들-을 받아들이게 된다.

좀더 신학적인 용어로 말하자면, 순응주의 단계의 좋은 열매 virtues는 관대함, 일관성, 온유함, 섬김이라고 말할 수 있다. 순응주의자들은 적극적으로 집단의 목적을 지지한다. 그리고 그 목적은 곧 자기의 것으로 동일시된다. 그들은 결단코 집단을 "동요시키는" 일은 하지 않는다. 그들은 새로운 수준의 신뢰와 하나님과의 개인적 관계를 포함하는 상호 관계를 맺을 수 있다. 그들의 기도는 행위 지향적이고 구체적이다. (그러나 소위 정감적 기도는 아직 편안한 수준에는 이르지 못한다.) 여기에서 유혹은 완전히 충동적으로 행동함, 부정적 감정을 억압하면서 저항함, 규정과 말씀 그리고 관계(하나님과의 관계도 포함하는)들을 문자적으로 편협하게 해석함, 다른 사람들에 대한 편견, 권위주의, 완고함, 규칙을 어기게 될 때 자신과 타인에게 혹독한 판단을 함, 그리고 개인적인 실패 앞에서 수치심에 함몰됨 등이다.

영성지도자들 가운데는 순응주의자인 수련자를 화를 불러 일으키고 도전하는 사람들로 받아들이는 사람도 있을 수 있다. 지도자는 수련자가 자기를 인식하고, 자기 정체성을 가지고 있으며, 스스로에 대해 책임감을 지니고 지도를 받으러 오며, 또 그 일들에 대해 성장할 것이라고 여기는 정도에 따라 그들에 대해 당혹해 하고 화를 내게 될 것이다. 왜냐하면 순응주의자들은 자신의 삶을 스스로 책임지려 하거나, 내적인 작업을 하는 일 혹은 정감적으로 기도하는 일에 무능해 보이기 때문이다. 지도자들은 이들에 대해 더 지시적이 되어야만 하며 이들의 영적인 삶에 대해 생각보다 더 많이 책임져야만 하는 것 아닌가 하는 느낌을 받을 수 있다. 그래서 이 단계가 지닌 강점을 확인시키거나 증진시키지 못하고 단지 부모와 같은 역할을 떠맡으려 할 수도 있다.

## 전환의 표지

발달 단계의 실제 변화가 일어나는 때와 양태를 짚어 내는 것은 불가능하긴 하지만 전환을 증진하는 표지들로 받아들일 수 있는 상황들과 경험들이 있음을 우리는 알 수 있다. 연속적인 발달 과정들 가운데 이 전환의 시점에서 그들은 존경 받는 권위자들이 서로 견해를 달리 할 수 있고, 자신들이 속한 다양한 집단들은 각각 상반된 헌신이나 행동을 요구할 수도 있음을 깨닫게 된다. 그리고 그들은 사회적 기준으로 정해진 이상화된 그림을 따라 사는 일에 "실패"를 경험했을 수도 있다. 예를 들면, 개인은 명성을 얻고 발전을 이루기 위해서는 열심히 일해야 한다는 생각으로 그렇게 했으나 다른 사람들로부터 주목 받지 못하고 무시될 수도 있다. 어떤 사람들은 비록 규칙을 따르지 않는 것에 대해서는 의식적으로 인식하려 하지는 않지만, 다른 사람들의 칭찬을 살만한 노력이 부족하며, 감정을 밖으로 드러내는 것을 수치스럽게 생각한다. 우리는 이미 메리 베스를 통해 집을 떠나는 것이 얼마나 가혹한 경험인지 볼 수 있었다. 그녀의 경우에는 물리적인 것이 아닌 정서적 경험이었는데도 그랬다. 순응주의 단계로부터 벗어나는 변화가 시작되는 것은 수련자나 지도자 모두에게 위기를 불러온다. 그리고 그것은 단번에 영원히 해결할 수 있는 것도 아니다. 수련자는 비록 자신의 세계관을 벗어나야 하기 때문에 생기는 고통스런 정신적 혼란에도 불구하고 제어되지 않는 감정들이나 갈등들이 함의하는 바를 탐색할지 말지를 결단해야만 한다. 어떤 사람들은 변화의 가능성마저도 배제하려 하거나 심지어 이전 단계인 이원론적 단계로 퇴행하려고 할 수 있다. 억지스럽게 단순하고 명료한 삶 쪽으로 "선택하려" 하는 이런 사람들은 영성지도자들에게는 특히나 어려운 도전이 된다.

그들을 대하며 지도자는 어떤 것을 인정할지 결정해야만 한다. 현재의 경험으로 혼란에 빠진 "옛" 세계관이냐, 아니면 아직은 단지 소망하는 것에 불과하지만 새로운 자기를 찾을 수 있는 잠재력이냐? 더 나아가 이 위기 가운데 무엇을 소망할 것인가? 지금 수련자에게 하나님은 누구인가? 지도자와 수련자의 관계는 어떻게 바뀔 수 있는가? 혹은 어떻게 바뀌어야만 하는가?
전환은 매우 점진적으로 일어나기 때문에 우리는 진행되는 동안이 아니라 뒤돌아 볼 때 비로소 알아차릴 수 있다. 전환 그 자체는 실제로 우리가 내적 외적 어려움을 충분히 느낄 수 있도록 한다. 그래서 전환의 시기가 마치 영원히 지속될 것처럼 여겨진다. 여기서는 이어지는 전환의 때를 자세히 살펴보기 전에 먼저 로저에게로 돌아가 그의 영성지도가 신학교 마지막 학기에 어떻게 진행되었는지 따라가 보도록 하겠다.

## 로저의 영성지도

첫 만남에서 로저의 지도자는 그의 신학교가 속해 있는 교단에서는 영성지도를 요구하지도 기대하지도 않기 때문에 그가 영성지도를 찾아온 이유를 물었다. 로저는 그의 담임 목사와 교구 감독이 둘 다, 그의 말을 그대로 인용하자면, "영적 교사spiritual advisor"를 만나고 있기 때문이라고 그들과 연관 지어 말했다. 그들은 로저에게 영성지도를 권했다. 또한 그 자신도 영적 교사를 만나는 것이 좋을 것이라 생각했다. 지도자 리스트에서 이 영성지도자는 "그런 종류의 일을 하는" 목사로 함께 소개되어 있었기 때문에, 그와 함께 해보자는 마음을 먹게 되었다.

로저는 영성지도에서 무엇을 기대했는가? "글쎄요, 아마도 내가 영성훈련을 계속하는데 도움을 줄 사람을 만나는 것이었을지 모르겠네요. 저는 세 개의 교회들을 돌보는 아주 바쁜 일정을 소화하고 있습니다. 그래서 변명을 해야만 할 경우가 끔찍하게 많습니다. 읽어야만 할 경건 서적들도 넘쳐나지요. 가끔 차 안에서 찬양을 틀어놓고 기도하기도 합니다. 그러나 매일 정해놓은 기도를 빠뜨리지 않으려고 하지요. 신학교는 정말로 영성하고는 상관없습니다. 머리 돌리는 일을 하다가 남는 시간에는 설교준비를 하면서 내 영성은 말라갑니다. 매 주일마다 세 교회를 돌면서 같은 설교를 반복하고 있지만, 설교준비는 생각보다 여전히 시간을 많이 필요로 하는 일입니다. 한 교회에서는 성인 주일학교를 운영하고 싶은데 혹시 좋은 아이디어가 있다면 알려주셨음 좋겠습니다."

로저는 기꺼이 매 달 만나기로 약속했다. 그리고 영적 생활을 어떻게 했는지 나눌 준비도 하고, 일상의 중요한 일들에 관해서도 성찰해서 오기로 약속했다. 그러나 초반의 몇 회기 동안 그는 자신의 친구가 한 행동에 대한 분노를 피력했다: "어떻게 표현할지 모르겠네요. 나는 이들 중 한 사람을 거의 10년 이상, 오랫동안 알아왔습니다. 고등부 그룹에서부터 일 겁니다. 또 다른 사람은 신학교에서 알게 됐죠. 그들은 평범한 청년들 같았죠. 그런데 어느 날 갑자기 이 일이 벌어졌습니다. 이 어리석은 일 때문에 그들을 죽이고 싶은 생각까지 들었습니다."

"왜 어리석다고 생각하나요?"

"그들 스스로 미래를 위험하게 만들기 때문이죠. 지금껏 해온 신학 공부를 수포로 돌릴 수도 있는 일입니다. 그들은 잘못 걸리면, 안수 받을 수도 없을 겁니다. 우리 신학교도 수치스럽게 만들고…… 동성애 신학생들은 뒤로 숨을 구실만 찾고 신학교를 난처하게 만듭니다. 또 나머지 학생들을 죄책감에 빠지게 하죠. 나는 그들이 우리 교단의 대중들에게 호소하고, 안수에 관한 이슈를 또 불러일으킬 거라 생각합니다. 만약에 우리 같은 이성애자들에게 목사의 "혼외 정사금지"가 우리를 판단하는 충분한 기준이 된다면, 그들 또한 그래야 할 것입니다."

"당신은 그 일로 매우 화가 난 것 같군요. 이중적 잣대 때문에요."

"네…… 아마 그럴 겁니다. 저를 오해하진 마세요. 나도 만약 그들이 생물학적으로 동성애자라면 어쩔 수 없는 걸 압니다. 그렇더라도 그들 역시 우리처럼 결혼하지 않았다면 성관계를 가지면 안되죠. 적어도 조심은 해야 하는 거 아닌가요? 만약 나중에 교회에서 들키면 모든 것이 수포로 돌아가는 거 아닙니까? 그리고 교회는 분명히 구설수에 시달릴 겁니다. 우리가 도덕적 신뢰를 잃었기 때문에 교인들이 이렇게 빨리 줄어드는 것 아닙니까? 이제 우리는 더 이상 본을 보이지 못하죠. 평신도들은 다 알고 있습니다. 이 비슷한 일이 일어날 때마다 교인들의 수가 급격히 줄고 있어요. 이런 일을 더 이상 허용해선 안됩니다. 그래서 나는 이 일이 어리석고 동시에 비도덕적이라고 생각합니다."

"이 상황 가운데 하나님께서는 그들에게 무엇을 요구하고 계신다고 느낍니까?"라는 질문에 그는 "내 생각에, 하나님 께서는 그들이 성적 관계에 있어 기본적인 도덕 원리를 따라 살기를 원하신다고 봅니다"라는 답변을 했다.

"그것이 그들을 향한 하나님의 부르심일 수 있겠군요. 그렇다면 당신을 향한 부르심은 무엇일까요?"

"글쎄요, 그들을 위해 기도하라는 것일까요? 나는 친한 친구와 이야기를 나누려고 했습니다. 그런데 그와는 어떤 결론에도 도달할 방법이 없습니다. 그는 다른 사람을 속이며 사는 삶에 지쳤다고 합니다. 그 역시도 이중적 잣대로 살수 없다고 생각하는 거죠. 그렇지만 그가 말하는 이중적 잣대란 나는 결혼할 수 있는데 그는 못한다는 사실입니다. 그는 자신들의 관계를 만천하에 알리지도 않을 것이지만, 그렇다고 관계를 끊을 생각도 없다고 합니다. 그는 내가 자신들의 행동에 반대하는 것을 알고 있지만 내가 다른 사람들에게 말하진 않을 것이라고 여기고 있습니다."

위의 대화의 예에서 로저가 순응주의자 단계임을 알려주는 사실들은 무엇일까? 우선, 로저는 존경하는 멘토가 그렇게 해 보라고 요구했기 때문에 영성지도의 자리에 왔다. 그리고 그는 남성 목사를 지도자로 선택했다. 비록 이 선택이 그들의 대화에서 분명하게 드러나지는 않았지만, 순응주의자들은 그와 비슷하거나 그가 되고 싶어하는 전형적 타입의 목사를 선택한다. 로저는 영성지도자가 그를 도와 "영성"을 회복하고 싶고, 필요한 자료를 얻기 원했다. 즉, 그는 영성지도자가 자신을 돕는 일을 하며, 거기에는 정보를 제공해 주고 답을 주는 일도 포함된다.

둘째, 로저는 그의 친구를 향한 분노를 일반화로 희석하고 있다. 그 친구들이 결국 들키게 되면 마주하게 될 결과에 대해, 동성애 신학생들에 대해서, 그의 교구원들과 교단들에 대해서 말하면서 그렇게 하고 있다. 로저는 그들의 행위가 잘못되었다는 판단을 (자기 보호의 이유인) 들키게 될 것이기 때문도 아니고 (양심적 이유인) 그들에게 미칠 영적 영향 때문도 아니고 공동체를 해칠 것이라는 잠재성 때문이라고 한다. 로저는 그들을 대하는 하나님의 뜻에 대한 질문의 첫 번째 응답으로 자신과 관련된 일을 말한다. 그의 두 번째 응답도 여전히 외적으로 향하고 있다. 로저의 분노는 의로운 어조를 띤다. 그는 울타리 안에 있고 그들은 그것을 벗어났다.

어느 시점엔가 로저의 영성 지도자는 그에게로 가깝게 다가가 말한다. 로저가 경험하고 있다고 생각되는 감정이 무엇인지 이름을 부치게 한다. 로저는 그 감정을 인정하긴 하지만 곧바로 친구들의 행위로 초점을 돌린다. 그는 그것이 드러낼지도 모르는 그 자신의 감정적 반응에 머무르지도 않고, 표현할 수 없든지 아니면 그 필요를 모르는 것이다. 지도자는 다시 로저에게 그를 향한 하나님의 부르심에 대해 물으면서 그 상황으로 더 가까이 이끌려 했고, 조금 더 성공적으로 해낼 수 있었다.

다음 회기에서 로저는 그 두 친구들과 말 섞는 것을 중단 했다고 했다. "정말, 뭐랄까, 섭섭한 것 같습니다. 그들은 정말 좋은 친구들이었는데. 이제는 거의 모르는 사람들 같아요. 알고 싶지도 않고요. 대부분의 기독교인들이 이들과 단교 하지는 않을 겁니다. 그러나 나는 그들에게 화내면서 내 시간과 에너지를 소모하고 싶지 않아요. 그들을 중보기도 리스트에 올려 놓긴 했습니다. 하나님께서 그들의 마음을 고쳐주시겠죠."

"네, 당신은 섭섭함을 느꼈군요. 또 다른 감정은 없습니까?"

"네, 나는 아직 그들이 돌이킬 수 있는 지금, 안수 받기 전에 돌아왔으면 합니다."

"그건 감정이 아니지요? 화가 나거나, 슬프거나, 좌절되거나 체념하는 그런 느낌은 없습니까?"

"아마 화가 좀 나는 것 같지만, 말했던 것처럼 그것도 그만두려고 합니다. 생산적이지 않은 것 같아요. 기독교적 이지도 않고⋯⋯ 대체적으로 나는 일어난 모든 일들에 대해 후회스럽습니다. 우리의 관계가 변했고, 그들이 모든 것을 망쳐버릴 수 있다는 것에 대한 섭섭함이죠."

"화가 생산적이지 않을 수도 있다는 말이 이해가 좀 안됩니다. 예수님도 화를 내시지 않았다고 생각합니까?"

"물론 주님도 환전상들을 성전에서 내쫓으시며 화를 내셨죠. 그러나 그건 좀 다른 경우죠. 이들은 나의 친구들입니다. 나는 계획한 미래가 있고 그들과 이 문제에 관해 공적으로 연루 되고 싶지는 않습니다. 언제나 그들을 위해 기도는 할 수 있겠죠. 그리고 실제로 기도하고 있고요."

화제를 바꾸어 로저는 거의 매일 개인 성경 공부를 계속할 수 있어서 만족스럽다는 말을 했다. "마음이 번잡할 때면 나는 매일 말씀 묵상집을 가지고 기도 합니다. 아무리 쫓기는 상황이어도 매일 묵상할 수 있었고 중보 기도 리스트를 가지고 끝까지 할 수 있었습니다. 시험기간이나 크리스마스, 또 다른 일들이 많을 때도 할 수 있었죠. 이번 주는 정해진 일정대로 일들이 진행돼서, 개인 성경 공부를 할 수 있었습니다. 지난 영성지도에 왔을 때 보다 이번 달에는 영성 훈련을 잘 할 수 있어서 더 더욱 기분이 좋습니다. 말씀에 다시 집중할 수 있어 선지 설교에도 크게 도움이 되었습니다."

부활절이 지나고 로저는 설교 본문을 매주 찾는 것이 어렵 다고 말했다. 영성지도자는 그에게 교회력을 따라 성경 구절을 택할 것을 권했다. 그는 교회력을 따라 설교도 하고 기도나 성경공부도 할 것을 권했다. 로저는 아주 적극적으로 지도자의 생각을 수용했다. 그리고 졸업 바로 전 마지막 영성지도에서 자신의 경험을 지도자와 함께 나누었다.

"사순절 동안 설교할 유용한 본문을 얻었습니다. 그것들 중 어떤 것들은 정말 좋았죠. 지난 주에는 여름 동안 교인들이 행할 미션에 관해 전하면서 어른들은 아이들이 학교에서 방학하듯이 교회에서 방학을 해서는 안 된다고 말했습니다."

"이 기간 동안 당신의 기도 생활과 영적 독서는 어떠했나요?"

"들쭉날쭉했습니다. 어느 날은 풍성했고 아무 것도 얻지 못한 날들도 있었습니다. 그런 때는 기도 생활에서도 많은 것을 못 얻는 것 같아서 매우 좌절됐죠. 만족스러웠던 것은 단지 내가 계속 영성 훈련을 하고 있다는 것 뿐이었습니다."

"당신은 그 동안 기도가 잘 안된 것 같았다고 느끼는군요?"

"머리로는 감정으로 모든 것을 판단할 것이 아님을 압니다. 그러나 하나님의 임재를 느끼지 못할 때면 그 하루를 버티는 것이 더 힘듭니다. 하나님은 내 사역에 그다지 열정적이지 않으신 것처럼 느껴지고, 그래서 마치 그 분과 상관없이 단지 내 자신의 일을 하는 것 같은 의문이 들고, 나 역시도 시들 해지는 것 아닐까 하는 의문이 듭니다."

졸업 후에 로저는 세 교회의 전임 교역자로 돌아왔다. 그는 영성 훈련을 계속 이어가기 위해 그 지역의 성서일과 사역자 연구 모임에 참여하고 싶다는 생각을 했다. 그는 일정대로라면 부사역 자로 만 2년을 지낸 후에 안수 받을 것이다.

현재 로저는 그의 발달적 관점이 재조정될 수 있다는 조짐을 조금밖에 보여주지 못했다. 그는 지도자가 제기한 것들을 주목했지만 더 이상 그의 인도를 따르지는 않았다. 비록 그가 기도 성구나 설교 본문을 교회력에 따라 하는 것으로 확장 시키기는 했지만, 그는 전에 하던 기도 훈련을 다시 정비할 수 있었던 것으로 만족했다. 로저는 친한 친구들의 삶의 방식과 감리교 목사로써 지켜야 할 공식적 제재조항 사이에 놓여있는 갈등을 해결했다. 그는 자신의 정체성을 말해주는 체제에 도전하는 목소리를 효과적으로 누그러뜨릴 수 있었다. 반면 그의 기도 경험들은 그의 감정과 기도 그리고 사역의 열매 사이의 관계를 확장시켰다. 만약 그가 영성지도를 계속했다면 "기도 가운데 하나님의 임재를 느끼지 못한다", "하나님이 그의 사역에 대해 큰 관심을 가지고 계시지 않다"는 불편함은 그의 영적인 삶에서 더 깊은 분화를 돕는, 그리고 기도와 사역에서 "영적 고독"21의 효과를 잘 이해하도록 돕는 도구로 제공될 수 있었을 것이다. 영성지도를 받지 않더라도 만약 로저에게 새로운 삶의 정황들 속에서 이런 자연적 치유 환경으로 인한 발달적 역동이 계속 일어날 수만 있다면 하나님과의 단절감은 발달적 전환이 일어나도록 돕는 기회가 될 수 있다.

로저의 영성지도가 효과가 있었는지는 확실하지 않다. 그러나 비록 발달 단계를 분명하게 알려주는 변화가 없다고 해서 영성지도의 효과마저 부인하는 일은 옳지 않다. 발달의 변화는 수개월 혹은 수년에 걸쳐 일어나는 것이다. 그리고 결코 일어나지 않을 수도 있다. 그러므로 질문을 다음과 같이 바꿔야 할 것이다. 로저의 삶에서 영성지도로 인한 성령의 열매를 더 많이 볼 수 있었는가? 그의 삶은 좀 더 온전해 졌는가? 그가 얻은 관점을 따라 충실하게 행하는가? 그의 지도자는 진실하게 반응하는가? 지도자는 로저의 삶 가운데 역사하시는 은혜를 보는 대로 확인해 주는가? 지도자는 로저와 함께 약속한 방법에 맞추어 인간 상호 관계의 관점을 확장할 수 있도록 도전하는가?

우리는 로저의 영성지도를 외부에서 표면적으로 바라보았기 때문에 그가 하나님께 마음을 열지 않고 맡기지 않았다고 쉽사리 판단했을지도 모른다. 사실 우리 모두는 너무 자주 그렇게 판단하고 있지 않은가!

# 제 6 장

## 세분화된 단계; 양심적 단계의 영성지도
Spiritual Direction at the Conscientious Stage

자기 인식 전환기, 재요약/
양심적 단계의 영성지도: 인지 체계, 의식의 몰두,
충동 조절, 개인 상호 관계, 재요약/
탐의 영성지도/

**제 6 장 세분화된 단계: 양심적 단계의 영성지도**

다음 단계의 발달적 의미 체계로 옮겨가는 길에 우리는 많은 사람들이 머무르는 간이역과도 같은 전환기를 발견한다. 그들은 때론 수년간 이곳에 머문다. 로에빙거는 이 시기를 "자기인식 단계"로 불렀다.1 이 시기의 연구는 가장 쉽기도 하고 가장 어렵기도 하다. 왜냐하면 매우 전형적이기 때문에 예들을 찾기는 가장 쉽지만, 반면 너무 자명하기 때문에 발달과 관련시켜 이해하기 힘들기 때문이다. 이 단계는 청소년기의 정상적인 발달에 해당하는 변화이다. 그리고 많은 성인 여성들이 이 의미체계를 가지고 영성지도를 찾아온다. 그러므로 양심적 단계에 관한 논의로 넘어가기 전에 이 전환기의 특징들을 먼저 탐색하도록 하겠다.

그러나 이 장의 주요 초점은 양심적 단계에 맞춰질 것이고, 그와 관련된 네 개의 하위 영역들과 영성지도의 상호 연관 성에 관심을 둘 것이다. 이 장의 결론 부분에서는 탐과 그의 영성지도자를 통해 양심적 단계의 영성지도의 실제 예를 제시할 것이다.

### 자기 인식 단계; 발달의 전환기

우리가 언제나 사회적 기준들을 따라 이상화된 그림에 맞추어 살아갈 수만은 없다는 것을 인식하면서 순응주의 단계에서 이 전환기로의 이동은 가속화된다. 발달적 진전은 두 가지 능력에 근거해 일어난다: 자기 인식의 증가, 그리고 같은 상황에서 다수의 가능성들을 인식하는 능력. 자신에 대한 새로운 의식은 집단적 가치를 개인적 가치로 바꾸는 데 있어 필수 조건으로 기능한다. 그리고 이것은 다음 단계인 양심적 단계의 특징 이다.

자기인식 단계에서는 아직도 내면의 삶을 어느 정도 보편 적이고 미분화된 그리고 진부한 태도로 경험한다. 그리고 종종 다른 사람들 혹은 집단들과의 관계 안에서 감정에 대해서는 다소 막연하게 표현하곤 한다. 이들이 잘 쓰는 전형적인 서술어는 외롭다, 당황스럽다, 자신 확신, 자기 의식이며, 뒤의 두 단어는 이 단계의 명칭을 암시한다.

아직도 개인적인 성향이나 필요들이 반영되기 보다는 정형화 된 영역들 속에서이긴 하지만, 이제 규칙에는 예외가 생기거나 특정한 단서가 붙게 된다. 그리고 개인적 단계에서는 순응주의 단계 에서 보였던 인습적 틀이나 역할로부터 벗어나기 시작한다. 그러나 아직 양심적 단계에서 볼 수 있는 독특성은 찾을 수 없다.

개인상호간의 스타일은 집단과 관계를 맺는 자기를 인식하게 된다. 인지는 좀 더 복합적으로 바뀌고 형식적 조작기의 사고가 분명하게 드러난다. 배움은 이상과 실제의 본보기를 동일시하면서 일어난다. 그리고 아직은 불분명하지만 의식의 몰두는 제어, 자기의 문제, 추론과 기회들에 모아지며 점차 확대된다. 개인의 목표와 계획을 말하는데 있어서도 점점 구체화되고 자신만의 독특한 것이 된다.2

샤론 박Sharon Parks은 이 단계를 주로 고등 교육의 현장에서 성인 초기의 사람들이 반드시 거쳐가는 정상적인 발달의 전환으로 보았다. 이 단계의 특성으로는 헌신에 대한 탐색, 깨지기 쉬운 자기-의존, 그래서 자신만의 멘토를 찾아 적극적으로 반응함, 이상적으로 양립 할 수 있는 그러나 영향력이 큰 공동체를 형성 함이다. 가장 긍정적인 상황에서 라면 이런 연합은 돌봄의 공동체, 심지어는 예언자적인 증인 공동체가 될 수 있다. 반면에 그것들은 파괴적인 이

데올로기를 만들어내는 기지가 될 수도 있다.3

자기 인식 발달 단계는 많은 여성들의 삶 가운데 오랜 기간을 차지하는 특성을 가지고 있다. 그래서 전형적인 교회 모임 안에서 이들을 찾기 쉽다. 한 연구 그룹은 이 여성의 경험들 가운데 특히 눈에 띄는 미묘한 차이점을 설명한다. 순응 주의로부터의 위치 변화가 일어날 때 세 가지의 움직임이 있다: 수동성에서 능동성으로, 자기에 대한 고정적 개념에서 무엇이 되어 가는 과정적 자기로 인식함, 침묵에서 확고한 내적 인식에 의존함4

이들 여성들에 대해 벨렌키Belenky와 동료들은 이 변화를 촉진하는 것이 더 높은 수준의 교육 때문이 아님을 주목한다. 메리 베스처럼 그들은 순응주의를 벗어나면서 그 결과로 교육을 다시 받게 될 수는 있을 것이다. 그들은 마치 스스로가 교육을 받을 가치가 있는 사람임을 방금 알게 된 것처럼 그렇게 한다. 학교 안에서나 밖에서 이 전환기의 여성들은 종종 논리, 분석 그리고 관념을 불신한다. 대신 권위가 진실이라고 말한 것의 진위를 가리는데 열중한다. 그들의 내적인 목소리가 잠잠할 때면 혹은 개인적인 경험이 부족할 때면, 그들은 많은 선택들 중 하나는 유효할 것이라 믿으며 다양한 시도를 해 보는 "카페테리아식 접근"을 한다. 그래서 주관적인 여성들에게는 직감적 경험이 특별히 중요하다. 미술작품들은 그들의 내적 경험을 풍부하게 할 수 있도록 돕는 놀랍도록 유용한 도구가 될 수 있다.

그들은 이전의 관계 맺는 방식들을 버렸기 때문에, 그리고 아직은 변화된 관계를 맺기에 필요한 일관되고 안정된 자기 개념이 발달되지 않았기 때문에, 믿을만한 모든 관계를 잃었다고 생각한다. 새롭게 태어났다는 희열과 극심한 불안 혹은 불신감이 교차한다.

벨렌키 팀이 인터뷰한 여성들 가운데 거의 반 정도는 이 발달 구조의 특성을 보였다. 결과적으로 우리 문화 안에서 여성들이 이 단계를 벗어나 발달적 전환을 이루는 데 문제가 있음을 유추할 수 있었다. 여러 환경적 이유들로 그들은 말로 표현 못하고, 두려움 때문에 자신의 목소리를 내면에 가둬둘 가능성이 크다. 그녀들은 진솔한 감정을 말하면 자신이 속한 세계를 한데로 묶고 있는 끈이 끊어져 나갈 수 있다는 두려움을 숨기고 있다.5 메리 베스도 이 같은 전략을 쓰고 있던 여성이었다. 전에는 상상할 수도 없었던 생각을 하게 되었지만 가정에서 조용히 그것들을 숨기고 있었다. 그러나 마침내 표현했을 때 가정에서도 그런 생각들은 저항에 부딪히고 놀림거리가 되었다. 시간이 흐른 후에야 이들 자기인식 단계의 여성들은 누구도 희생시키지 않는 방법으로 자기가 의식적으로 선택한 정체성을 다른 사람들을 배려함과 통합할 수 있을 것이다.

아주 많은 성인들이 이 자기인식 단계에 오랜 기간 안주하기 때문에 영성지도를 받는 사람들 중에는 이런 특성을 보이는 사람들이 꽤 있을 것이다. 이 전의 단계에 속한 사람들은 영성지도에서 만날 가능성이 거의 없다. 자신들이 속한 집단에서 영성지도를 받도록 요구하지 않는다면 이들은 거의 필요성을 인식하지 못하기 때문이다. 그러나 자기인식 단계에서는 자신의 성장하는 내면의 삶을 주목하고 다른 사람과 나눌 수 있도록 할 내사의 능력을 새롭게 습득했기 때문에 영성지도에 좀 더 집중할 수 있다.

**재요약**

이 시기의 강점은 개인적인 비전이 시작되는 것, 상호적 관계에 깊은 관심을 보이는 것, 규칙과 사람들 사이의 관계를 존중하는데 있어 융통성을 보이는 것이다. 이 단계에 해당하는 초기 성인기 동안은 이상의 지배를 받을 수도 있다. 그리고 이 비전을 구체화할 수 있는 공동체를 찾게 된다. 로에빙거의 문장완성 검사는 이 단계의 사람들 가운데 하나님, 죽음 그리고 종교에 대해 보편적이고 미분화된 표현을 하는 경우가 많음을 보여주었다. 이러한 반응들은 가치와 관계에 있어서는 근본적 원리를 알고 있지만, 그에 대한 잠재력과 활력은 아직 많이 부족하기 때문이다. 그러므로 자기인식 단계의 한계는 새롭게 인식된 다양성과 스스로 선택한 가치체계 사이의 상관 관계가 여전히 미완성 상태라는 것이다.

이 단계의 장점은 유용성, 인내, 정직함이다. 자기인식 단계의 사람들은 탁월한 시민이다. 이 단계의 함정은 안주하는 것이기 쉬우며, 만약 삶의 난제들을 처리하지 못한다면 많은 사람은 그렇게 할 것이다. 이 단계에서 전환은 순응주의 단계에서처럼 집을 떠나는 것으로 촉진된다. 그리고 죽음이나 이혼 같은 문제로 주요 관계가 끊어지면서 일어난다. 이런 외적인 압박은 자기 비판이나 자기 성찰의 시작과 함께 양심적 단계의 사고 체계를 받아들이도록 이들을 초대한다. 이런 전환이 반드시 일어나는 것은 아니다. 실제로 이를 받아들이기 위해서는 정신적 용기가 필요하다. 윌리엄 페리William Perry는 상대적 사고로 전환하는데 치러야 할 희생과 위험에 대해 다음과 같이 말한다.

"이 발달은 두 과정이 평행으로 달릴 때에만 긍정적 경험이 될 수 있음을 우리는 발견했다. 즉, 1) 다양성에 직면하는 일은 개인이 계단을 오르듯 동화와 조정을 통해 그 충격을 완화 시킬 수 있도록 허용될 때 가능하다…… 그리고 2) 확실성이 결여된 세상에서 무력한 실망에 빠지지 않고 그 대안으로…… 상황에 맞게 분석적이고 종합적인 사고를 할 수 있는 기술이 개발된다."6

성장을 위한 대안을 논하면서 페리는 또한 개인들을 위한 가장 큰 성장의 자양분을 돌봄의 필요에 대한 공동체적 인식에서 발견한다. "그러므로 교육가가 해야 할 노력은 학생들로 하여금 돌봄의 위험성도 감수할 수 있는 용기를 가지고 공동체 일원으로 인식하고 확인하는 경험을 많이 하도록 돕는 것이다."7 그래서 영성지도자는 위험을 무릅쓰고 궁극적 가치와 관심을 돌봄에 두고 있는 공동체로 수련자들을 환대하도록 해야만 할 것이다.

### 양심적 단계의 영성지도

양심적 단계는 영성지도와 관련하여 가장 중요한 발달 단계이다.

발달의 연속선 가운데 이 단계로부터 수련자들은 영성지도에서 영적 통합을 증진시키기 위해 요구되는 중요한 구조적 선결 요건을 모두 가지게 된다. 이 단계의 특징을 말해 줄 중요한 발달적 진전을 간략하게 설명한 이후에 의미 체계를 구성하는 네 가지 하위 영역들을 관찰하고 영성지도와 관련된 문제도 언급하도록 하겠다.

양심적 단계의 핵심적 특징 가운데는 전에는 암묵적이었던 가치 체계를 비판적으로 전용하는 것이 포함된다. 이 일은 외적인 권위에 의존할 수 없게 되고 권위를 자신 안으로 재배치함으로써 이루어진다. 결국 순응주의 단계의 특성을 만들었던 개인적 상호 관계는 자기를 내적으로 구성된 일관성 있는 정체로 새롭게 인식하며 바뀌게 된다. 자기를 조직체organization로 여기며 관계를 판단할 수 있게 된다. 그것은 관계들에 의해 결정되는 것이 아니라 관계를 소유한다. 자기로 조성된 자기self-constituted self는 새로운 주체가 되고, 그 안에서 실제가 만들어지고 개인적 상호관계들은 새로운 "객체"가 된다. 이 단계가 지닌 발달적 강점은 자기를 비판적으로 성찰하고 조망하는 능력이다. 메리 베스의 경우에는 대학 생활을 다시 시작하며 경험하는 희열을 성찰할 수 있는 것이 되겠다. 그러나 이 단계의 한계 역시 바로 여기서 비롯된다고 볼 수 있다. 양심적 단계의 사람들은 의식적 사고 과정을 지나치게 확신하는 경향이 있다. 그래서 모든 것을 자기 시각에서 판단한다. 앞에서 탐이 영성지도를 찾은 시점에 그가 중요하게 여겼던 것은 동료들과 관계된 것에 치우쳐져 있었다.

이 단계가 "양심적"이란 명칭을 얻게 된 것은 성인의 양심을 구성하는 주요 요소들이 이 단계에서 발달적으로 증가하기 때문이다. 이들 요소에는 장기적, 자기 평가적 목표와 이상, 분화된 자기 비판, 그리고 목표를 이루기 위한 책임감이 포함된다. 즉 이 사람은 순수하게 성찰하며8 풍부하고도 분화된 내적인 삶을 분명하게 드러내고 있다.9

이제 자아 발달의 네 영역에서 양심적 의미체계가 어떻게 드러나는지 보도록 하자.

## 인지 체계

양심적 단계에서 개념의 복합성은 예외적인 것이 아니라 반드시 있어야 하는 규칙 같은 것이다. 그래서 결과와 대안적 선택 그리고 예기치 않은 일들을 볼 수 있게 한다. 이제 개인들은 체계들 안에서 생각할 수 있고 체계의 구성 요소들 가운데 우선순위를 결정할 수 있다. 그래서 그들은 공동체와 사회 속에 있으나 구분되는 자신들을 볼 수 있다. 이제는 더 이상 그들이 깊이 뿌리내리고 있었던 상황화된 관계가 규정하는 자기가 아니다.

심리적 인과관계의 개념이 이 단계에서 자연스럽게 일어난다. 양심적 단계의 개인은 정서의 그늘들을 많이 경험하고 점차 다른 사람들의 감정 또한 경험하게 된다. 패턴을 인식할 수 있는 그들의 심화된 능력은 자신 뿐 아니라 다른 사람들의 성향과 동기들도 인지할 수 있도록 한다. 그리고 성격 자체를 체계로 이해 할 수 있다. 다른 사람들에 대한 이해가 깊어질수록 더 넓은 사회적 정황을 인식하게 되며 인간 관계들에 있어서도 상호성은 더욱 커진다.

영성지도자는 이제 마치 모든 관계가 사라져 버렸다고 느끼는 그들을 만나게 될 것이고 결국 그 문제를 다루어야 한다.10 "새롭고" 예측할 수 없는 사태들이 드러난다. 전에는 외부의 권위에 의해 행동적 제재를 했던 분명한 도덕 기준들이 이제는 상대적이고 주관적인 기준이라는 늪에게로 자리를 내어줄 것이다. 동기를 평가하는 일은 안개주의 지역에 해당한다. 수련자들은 전에는 순수하고 이상적이라고 생각했던 동기를 이기적이고 흠이 있는 것으로 인식할 수도 있다. 세상을 단순하게 보는 것은 이제 불가능하다. 어떤 사람에게는 이러한 상실에 대해 애도할 수 있도록 잠시 머무르게 할 필요도 있다. 이제 이들은 어릴 적의 것들을 뒤로하고 새로운 의미의 틀을 아주 실제적으로 사용해야 할 때가 온 것이다. 외적인 확실성을 잃어버리는 경험은 영성지도로 이들을 데리고 올 수 있다. 외적인 소용돌이의 한 복판에서 이들은 내면의 길을 찾기 원하는 것이다. "이 모든 것이 (나에겐) 어떤 의미인가요?"라는 질문은 이 시점부터 계속 가능성과 동기부여 모두를 위한 것이 될 것이다. 만약에 길을 잃는 불확실성으로 인해 혼란과 슬픔이 너무 클 경우에는 파행이 시작될 수도 있다. 특히 전환기가 시작될 때 너무 많은 가능성들과 우연성들이 주어질 때 그럴 수 있다. 윌리엄 페리는 이 시점에서 경험하는 상대주의 안에 있는 고통과 방향상실을 잘 묘사하고 있다.11 그는 이 싸움 속에 내재된 하나님의 때Kairos를 지목한다. 치러야 할 희생을 인식하면서 노력을 중단할 수도 있고 복잡할 것 없는 세상으로 인위적 회귀를 할 수도 있다. 그러나 상대성과 우연성을 어렴풋이 경험한 이후에 인위적 단순성으로 돌아가는 것은 엄청난 정신적 에너지를 필요로 한다. 이들은 말 그대로 내적인 삶 가운데 복잡한 것 조차도 멀리하려고 한다. 페리의 연구는 퇴보의 가능성이 매우 큼을 말한다.12

반면에 상대적 보편성에 다다를 가능성 또한 있다. 페리는 이 단계가 지닌 딜레마 두 가지를 분명하게 찾아낸다.
1. 신학적으로 상대주의는 믿는 것belief과 신앙faith의 가능성 사이를 구분하는 중요한 기점이다. 믿는다는 것은 인간 편에서의 노력이 요구되지 않는다. 의심을 마주할 수 있을 때에만 신앙이라는 헌신의 행위를 하도록 요구된다. 상대주의 안에서 개인은 더 이상 의심의 여지 없이 단순하게 "믿을" 수는 없다.
2. 만약 누군가가 절대자에 대한 신앙에 헌신하게 된다면, 이 헌신이 상대주의적인 틀에서 만들어진 것임을 보여줄 수 있는 한 영역이 있다. 이 영역은 다른 절대자에 대한 믿음 혹은 신앙을 가진 사람들을 향한 태도다…… 그들을 회심시키려 하거나 없애야 한다는 의무가 사라져버린다.13

그러나 상대주의를 이해하면서 받아들인다 하더라도 하나의 함정이 아직 남아있다: 상대적인 세상에서 개인은 분리되고 일이나 사람들에 대한 헌신도 회피한다. 즉, 그들은 소외를 선택하는 것이다. 페리는 두 가지 형태의 소외를 말한다: 수동적으로 모든 책임을 운명 혹은 하나님께 돌림; 혹은 과대 행동이나 완벽주의를 핑계 삼아 더 심오한 가치에 다가서지 못함이 그것이다.14 이 둘은 서로 다른 방식으로 신자들을 유혹할 가능성이 크다.

이러한 의미 체계의 변화는 영성지도에서 어떻게 적용될 수 있을까? 모든 발달적 전환은 "믿음의 위기"라고 말할 수 있다. 왜냐하면 그 시기에는 기존의 의미체계가 무너지고 새로운 틀이 생겨나기 때문이다. 그리고 오직 이 단계에 이르러서 비로소 종교적 가치, 행위들 그리고 믿음들을 자의식을 가지고 수용할 수 있기 때문이다.15 그러나 영성지도자는 이 전환에 어떤 형태로든 의미 체계의 위기가 존재함을 예상할 수 있을 것이다.

사람들에 따라 차이는 크다. 어떤 사람에게는 위기가 하나님 이미지, 하나님의 권위 혹은 악이 성행하는 이 세상에서의 하나님의 권능과 관련된 것일 수 있다. 또한 이 단계의 많은 여성들에게는 그 동안 거룩함에 대해 남성 중심적 개념이 내면화되었음을 점점 더 많이 의식하게 되면서, 남녀 차별이 없는 언어를 사용하는 등 모든 하나님 이미지에 대한 혁신을 도모하면서 드러나게 된다. 또 어떤 사람들에게는 도덕적 기준으로 받아들여졌던 교회의 권위, 종교생활의 형태, 사회 속의 여성의 위치 혹은 가정에 대한 이해처럼 이전에는 종교적 제재를 받던 구조에 대한 반항과 붕괴를 둘러싼 것일 수도 있다. 위기는 스캔들 등으로 목사나 다른 종교적 권위자들에 대한 이상화된 시각을 상실하게 되면서 조성된다. 어떤 이유로든 영성지도자는 이 위기를 정당화하느냐 아니면 무시하느냐를 결정해야 하는 일에 직면한다.

이러한 믿음의 위기는 개인으로 하여금 실제로 균형을 잃게 만들기 때문에 수련자는 이 시기에 특히 지도자의 영향에 취약할 수 밖에 없다. 영성지도자는 자칫 정체성의 상실을 정체성의 형성으로 조장하거나, 문제로부터 철수하는 방어를 이미지가 바뀌면서 생기는 고통스런 진공상태에 대처하는 것으로 받아들이도록 조장할 수 있다. 우리는 그처럼 미묘하게 수련자들로 하여금 우리 자신의 가치, 기준 그리고 행동들을 따르도록 조종하거나, 그들이 스스로 영적 정체성을 선택하는 과정을 지연시키고 좌절시키도록 할 수 있다.

지도자는 수련자가 하나님 앞에서 자신의 정체성을 찾아 가는데 얼마만큼의 자유를 허락할 수 있을까? 우리는 수련자가 고통스럽게 만들어가고 있는 깨지기 쉽고 독특한 영적 여정을 어떤 방법으로 지지하거나 지지하지 않을 수 있을까? 더구나 수련자에게서 새로 나타나는 정체성이 이전 보다 더 경직되고 더 편협적인 경우라면 어떻게 하겠는가? 이 때 뒤로 잠시 물러서는 것은 강력한 선택이다. 그것은 마치 급류에 휘말리기 전에 느린 물살에서 쉬어가는 것과 마찬가지이다. 시기가 딱 맞아떨어지지 않을 수도 있다. 짧게 보면 이렇게 꾸물대는 것은 완전한 후퇴처럼 보일 수 있다.16 그러나 발달적 전환의 복합성과 장기간을 요구하는 특성을 이해할 때, 흡족하게 할 만큼 발달하지 못하는 수련자를 우리는 더 넓고 덜 판단적인 시각으로 바라보게 될 것이다.

상대성이 자라면서 외적인 기준을 판단을 위한 유일한 기초로 받아들이는 일은 불가능하게 되었다. 다양한 "권위들"은 서로 일치하지 못한다. 영성 전통에서 선택들 사이를 식별하는 능력을 일컫는 말인 분별은 도덕적, 영적인 사건들을 평가하는데 있어 그 중요성과 가능성이 커지고 있다. 내적 움직임에 대해 더 많이 인식하게 되는 양심적 단계의 인지적 특성과 감성적 복합성은 분별의 대상을 풍성하게 한다. "나는 느껴"라는 새로운 목소리는 이제 이전의 의미 구조를 만들던 교회와 사회 그리고 가정의 목소리 보다 점점 커지면서, 결정을 내리는 데도 큰 비중을 차지하게 된다. 성숙한 성인의 양심이 나타나면서 분별의 가능성은 더 풍부해지고 결국 수련자 스스로 영적 이끄심을 따라 자신을 지도할 수 있는 가능성이 생긴다. 이 새로운 가능성은 영성지도의 분기점을 이룬다.

그러나 양심적 단계의 시각이 가지고 있는 맹점은 분별을 이 전보다 더욱 결정적인 것으로 만든다. 이 단계에서는 자기 자신이 규범의 기준이 되기 때문에 이 의미 체계를 가지고 그들은 "나는 이 문제에 대해 기도 했어, 그리고 이렇게 하기로 결정했어 ……"라고 쉽게 말할 수 있다. 사려 깊은 분별은 자신의 결정이 다른 사람들에게 미칠 영향력을 고려 하는 일과, 길고도 종종 애매하게 느껴지는 영적이며 교회적인 전통 속에서 상황에 따른 결정도 포함하기 때문에, 영성 지도자는 수련자가 자신을 분별의 유일한 규준으로 삼는 것은 과신이 아닌지 돌이켜 보도록 도와야 한다.

## 의식의 몰두

자기 자신의 운명의 저자가 된다는 인식은 이 단계에 이르러 표면화 된다. 양심적 단계의 개인들은 성취를 가치 있게 여긴다. 그러나 성과를 판단하기 위해서는 외적 기준보다는 내적인 기준들을 사용한다. 의식은 의무, 이상, 특성 그리고 성취에 몰두한다. 이 단계에서 사람들은 자신의 행동이나 동기를 언제나 알고 있는 것은 아님을 새롭게 이해한다. 비록 "무의식"이란 용어는 사용되지 않지만 그럼에도 불구하고 개념은 조작적이다. 이 단계의 사람들은 자신의 능력, 자기 주도성 그리고 개인적 발달에 동기부여를 받으면서 가장 잘 배게 된다. 이것들은 정확하게 탐이 그의 신학교 영성형성 프로그램에서 결여되어 있다고 느꼈던 것이다.

자기와 자기 정체성은 개인적 의식의 중앙 무대로 오른다. 시간을 더 길게 보고 자기를 인식하는 것은 장기 목표와 이상 그리고 가치를 담을 수 있는 역량을 풍부하게 해준다. 영성지도는 한 사람이 다른 사람을 도와 자신의 심오한 가치와 목표를 발견하고 그것들을 따라 하나님 앞에서 살아 가도록 하는 것이기 때문에, 이 능력은 영성지도의 범위를 확대 시킨다.

이 단계의 인지 체계는 이전의 의미체계를 "탈신화화"17할 수 있는 능력으로 이해된다. 그리고 그것은 실제로 지금까지 암묵적으로 지녀온 의미와 체계들을 명료화하기 위한 필요 조건이다.18 또한 우리의 동기들을 인식하는 일이 이 단계에서는 제일 먼저 이루어지기 때문에, 탈신화화는 개인 자신의 이미지로도 확대될 수 있었다.

전에는 중요하던 문제들이 이젠 더 이상 수련자들에게 의미 없어진다. 상징들은 평범해지고 삶은 방향과 추동력을 잃은 것 같다. 수련자들은 다른 사람들이 보지 못할 것 같은 것을 자신들이 본다는 것을 알게 된다. 그래서 이젠 그 체제 속에 깔끔하게 끼어 있을 수가 없다. 삶도 더욱 복잡해져 간다. 전에 기도 드리던 방식이나 하나님의 이미지는 떨어져 나갔고, 그들은 이제 혼란 속에 서있는다.

그러나 동시에 이 단계의 구조적 요소들은 삶을 개방시킨다. 한 사람이 길을 잃었다고 여기는 그곳에서 다른 사람은 생기 어린 여정을 시작하는 느낌을 얻는다. 혹은 성장하거나 자신을 발견함, 자기 자신의 삶을 스스로 책임지는 것 같은 인식을 하게 된다. 주어진 단계의 구조는 특정한 내용과 정서적 색채에 의해 구체화 된다. 그리고 이 다양함은 각 개인의 독특함 가운데 한 부분이 된다. 대부분의 사람들에게 이런 주요 전환의 시기는 흥하거나 망하거나 하는 단순한 문제가 아님을 생각하게 한다. 전진과 후퇴를 거듭하면서 신체적, 환경적, 사회적 그리고 지적인 자극에 반응하면서 개인들은 결국 독특한 성격을 구축해 나간다. 더구나 우리의 신학적 가설들은 하나님께서 각 사람과 자유롭고 독특한 방법으로 교통하심을 주장한다. 그러나 발달의 단계들 가운데 이 시점에 이르러서 독특함은 새롭게 받아 들여진다. 왜냐하면 이제 하나님 앞에서 자기 정체성을 의식적으로 성찰하는 일이 가능해졌기 때문이다.

### 충동 조절

양심적 단계에서 규칙은 내면화, 자기 평가화 되고, 자기 선택적인 것이 된다. 더 이상 그것은 절대적인 것이 아니며, 예외와 우발 성을 염두에 두게 된다. 개인의 책임을 맡는 것도 내적, 도덕적, 자기 평가적 기준을 적용하여서 하게 된다. 죄책감을 경험하는 것도 변화한다: 순응주의 단계는 규칙을 어길 때 수치를 느끼지만, 양심적 단계에서는 행동의 결과에 대해 죄책감을 느낀다. 이러한 변화는 진정한 성인의 도덕적 양심이 생기고 있음을 알려주는 신호다. 왜냐하면 행위가 아니라 동기가 도덕적 평가의 중심 기준이 되기 때문이다.

이 충동조절의 변화는 영성지도에서 새로운 역동을 일으킨다. 예를 들어, 이 단계의 강점인 자기 평가는, 이전 단계의 충동 조절과 비교해 볼 때, 자신과 다른 사람, 종교 집단들 그리고 영성지도자까지 포함하여 모두를 과도하게 비판적으로 보도록 만들 수 있다. 수련자들은 무엇이 옳거나 그른지에 대해 혼란스러울 수 있다. 그리고 심지어 무수한 상대성 속에서 결정을 내릴 수 없어서 혼란을 겪게 된다. 그래서 더러는 타협적인 태도를 취한다. "이것이 모든 사람들에게 옳은지는 모르겠습니다. 그러나 내게는 옳은 것 같습니다." 우리는 이미 신중한 분별이란 도덕적 영역에서 "기분 좋게 하는"("잘못 됐을 리가 없어요, 기분이 너무 좋은데요.") 것의 추구를 초월 하도록 한다고 언급했다. 이 분별은 공동체 안에서 더 깊이 자기를 인식하면서, 그리고 그에 상응하여 자신의 구원에 대한 필요를 더 깊이 느끼면서 "내게 최선인 것"을 상황에 맞추어 선택하는 것이다.

다시 말해서 수련자들이 자신의 행동과 동기를 통해 자신의 흠 많고 이중적인 모습이 감추어져 있음을 보고 깨닫기 시작하는 것처럼, 이전에는 관찰할 수 없었던, 예를 들어 나는 스스로를 구원할 수 있다거나 스스로 구원을 얻을 수 있다는, 가설들도 재점검할 수 있게 된다. 영성지도자는 이 깊어진 자기 지식을 가지고 우리를 구원하시는 하나님께 의지하는 온전한 은혜라는 더 근본적인 지식을 깨닫도록 인도해야 한다.

**개인 상호 관계**

양심적 단계의 특징인 내면의 삶으로의 돌아섬은 다른 모든 관계들을 넓히기도 하고 심화시키기도 한다. 친밀함을 위한 발달적 태세가 이 단계에서 시작된다. 그리고 상호적이고 강렬한 관계들을 위한 잠재력이 증가하는 결과를 가져온다. 다른 사람들을 위한 책임감과 소통에 대한 관심 그리고 특히 분화된 감정들에 대한 관심은 이들 관계를 지속하게 해준다.

관계 속의 자기 인식이 새로워진다는 것은 영성지도에 상당한 영향을 준다. 첫째, 자기와의 관계에 있는 자기가 변한다. 이들은 진정으로 성찰적이다. 성찰의 방법은 가끔 꿰뚫어 보는 것이 아니라, 바라보는 특징을 가지고 있다. 수련자들은 그들의 관계, 성격적 성향과 반응들 가운데 있는 강점과 약점을 인식할 수 있다.

둘째, 자기-객관성은 개인간의 관계에서 상호성과 친밀함을 깊게 하기 위해 필요 조건인 다른 사람들을 객관적으로 보는 것으로까지 확대된다. 그러나 영성지도자도 상호성으로 돌아서는 데 실패나 좌절을 겪을 수 있다. 수련자가 중요한 관계 속에서 자신을 독특한 존재로 대해주는 경험을 못할 때, 예를 들어 권위가 비인격화된 태도를 보일 때, 혹은 배우자가 내면의 삶을 나누는 데 전혀 관심을 보이지 않을 때, 따라오는 위기는 기본적인 부르심의 선택마저도 흔들 수 있다. 이런 딜레마는 "내가 어떻게 계속 성장할 수 있을지 모르겠습니다. 내 영적 삶을 지원해줄 사람이 더 이상 없습니다." 혹은 "우린 이제 더 이상 감정, 가치 그리고 내게 중요한 것에 대해 소통할 수 없을 것 같습니다"라는 말로 종종 표현된다. 양심적 단계의 사람들이 이런 말을 할 때는 다른 사람이나 기관이 그들의 새로운 자기 정체성을 어느 정도 조절해주기를 바래서 하는 암시이다. 개인상호 단계의 사람들이 이와 비슷한 말을 할 때는 그것은 단지 사실을 말하는 것이고, 긴장 속에서 새롭게 자기 인식을 하게 되는 도약대와 같은 것이다. 케더린은 자신과 남편 사이의 교착 상태를 더 깊이 성찰하게 되면서 그녀에게 어떤 의미 체계가 더 현저하게 드러나는지를 알게 되었고, 영성지도자에게 이 문제를 내어 놓으려고 했던 것 같다.

양심적 단계에 해당하는 의미의 틀이 가지는 가능성과 문제점을 뒤집어 말할 수도 있을 것이다. 이들은 이상에 심취하는 것, 개인들과 체제들과의 관계 그리고 고양된 자기 인식에 전력을 다할 수 있다. 이 전의 단계들에서보다 지금 이들은 줄 수 있는 자기가 많다고 말할 수 있다. 양심적 단계의 제한성은 그들이 다른 사람들을 위해 열심히 일하는 것이라고 말할 수 있다. 이것은 다른 사람들을 돌보는 것과 자신을 돌보는 것이 서로 반대라고 여기게 한다. 그러므로 수련자들은 돌봄의 대상에 자신들을 포함하려고 하지 않는다. 오히려 끊임없이 다른 사람들을 위해 자신을 쏟아 붓는 일을 멈출 때 죄책감을 느낀다. 비록 이들이 녹초가 되어버리지 않을 전략을 세울 수는 있지만, 이 딜레마를 해결할 수 있는 최종적 방법은 돌봄의 영역을 재조정할 수 있도록 하는 것이다.19

개인간의 관계를 위한 잠재력이 커지면서 하나님과의 관계에도 변화가 온다. 하나님을 만나는 곳은 개인의 내면으로 옮겨졌다. 이제 하나님은 부모, 교회 혹은 사회의 하나님이 아니라, "나의 하나님"이 될 수 있다. 소통에 대한 관심과 열망 그리고 분화된 감정의 영역은 하나님 그리고 타인과의 관계로도 확대된다. 아마도 생애 최초로 기도는 감성적인 것이 될 수 있다. "그것에 대해 당신의 감정을 하나님께 표현해 보았습니까?"라는 질문은 양심적 단계의 사람들이라면 비록 그들이 습관적으로 그렇게 하고 있지는 않을지라도, 잘 받아들일 수 있는 매우 적합한 질문이다. 사람들에게 긍정적인 감정의 표현은 비교적 쉬울 수 있다. 그러나 성, 공격성 혹은 분노를 하나님께나 다른 사람들에게 표현하는 것은 또 다른 문제일 수 있다. 지도자는 수련자가 가능하면 다양한 감정을 직접 하나님께 표현하도록 지지하면서 개인적인 정서적 반응을 주목하도록 도울 수 있다.

## 재요약

양심적 단계의 강점으로는 성인의 양심이 장기간의 자기 비판적이고 스스로 선택한 목표들과 동반된 것들로, 성찰 능력과 심리적 사고 능력이 커지면서 내면의 삶이 발달하고 분화 되었다는 것을 들 수 있다. 그리고 한계점으로는 이전보다 더 상대적인 세상을 마주해야 하기 때문에 단기 혹은 장기적으로 관계들을 잃을 가능성이 있다는 점이다. 이들은 기이한 그리고 자기 중심적이며 주관적인 판단을 자기와 타인에 대해서 할 수 있다. 자신의 평가와 비판적 성찰에 대해 지나치게 과신한다. 때론 이방인들에게는 순응 주의 단계에서처럼 배타적이지만 "일반적인 세상사"에 대해 서는 이해를 달리하기도 한다.

이 단계의 독특한 장점은 내면의 도덕적 기준들, 통합성, 진실됨, 이해, 공감, 이타주의, 그리고 이 후의 단계에서도 계속될 유머가 포함된다. 그리고 이 단계의 함정으로는 소외, 냉소주의, 행동주의를 통한 자기 맞춤식 책임의 회피를 들 수 있다. 지나치게 비판적인 자기 성찰; 도움의 범주에서 자신을 제외시킴; 내적인 종교경험이나 이데올로기로 빠질 수 있다. 다른 사람들을 제어하려고 함. 자신의 기준에 따라 남을 판단함.

양심적 단계에 속한 사람들은 영성지도나 통찰 지향적 심리치료를 가능하게 만드는 특징적 능력을 가지고 있다. 즉, 자신의 삶을 성찰적으로 인식함, 자기 선택적 기준과 목표, 목표와 헌신에 대해 넓은 시각으로 바라봄 그리고 성인의 도덕적 양심이 그것들이다. 실제로 이 단계 이전의 사람들은 자연적으로는 구조화된 영성지도를 찾지 않는다. 그러나 영성 지도자가 모든 수련자들에게 양심적 단계에 속한 사람들처럼 반응하기를 기대한다면, 그 만큼 그들은 수련자들에게 실망 하게 될 것이다. 수련자들은 그 단계에 절대 이르지 못할 수도 있다.

이 장을 끝내기 전에 탐과 그의 영성지도자를 다시 만나 보도록 하자.

## 탐의 영성지도

탐의 영성지도 초기 단계를 먼저 살펴보자. 그 과정에 대한 이해와 결과에 대한 기대가 질적으로 다른 것을 볼 수 있다. 탐의 초기 대화에서 그가 지도자를 택한 이유를 분명히 볼 수 있다. 그는 영성지도자 리스트에서 겸임 교수이고 가톨릭 신자인 여성 평신도를 선택했다. "나는 당신이 신학교에 대한 나의 좌절을 이해할 수도 있을 것이라고 생각했습니다. 의문 없이 모든 것을 받아들이지는 않을 만큼 적당한 거리를 두고 있으면서도 이곳에서 가르치기 때문에 영성지도를 받는 사람 들을 보았을 테니까 내가 말하는 것들도 잘 이해할거라고 생각했지요. 그리고 안수를 받는 일에도 획일화된 태도로 접근하지 않을 것이고, 게다가 당신은 좋은 평판을 얻고 있는 것으로 알고 있습니다."

"그렇군요. 그러나 나는 당신이 한 말에 대해 모두 동의하지 않습니다. 나는 다른 사람들이 말하듯 비지시적이지도 않고, 또한 당신에게 압박을 가할 필요가 있으면 그 일에 대해서는 밀고 나갈 것입니다."

"그것이 바로 내가 원하고 있는 것입니다. 나를 도울 분은 내가 마땅히 생각할 것과 내가 실제로 생각하는 것을 가려내고 정형화된 신학생의 모습들로부터 내가 누구인지를 가려내도록 돕는 사람이기를 원합니다. 그것이 내가 여기에 속한 사람인지 아닌지를 알 수 있는 유일한 방법일 것 같습니다."

탐은 영성지도에 대한 기대도 표현했다. "이미 당신에게 말한 것 같기도 한데, 내 자신이 되는 것, 내게 진정 소명이 있는지 확인하는 것, 그리고 더 잘 기도하는 방법을 배우고 싶습니다."

"우리의 대화를 기도에 국한시킬 필요는 없다고 봅니다. 그러나 우리가 만날 때마다 당신의 삶 가운데 이와 관련된 것들에 초점을 맞추도록 합시다. 우리 모두에게 기도하면서 무슨 일이 일어나는지 인식할 수 있는 유용한 방법으로 다음 몇 주간 동안은 기도 일지를 쓸 것을 권합니다. 기도 시간이 끝나고 5분 정도 시간을 내서 당신이 기도하면서 경험한 것들을 돌아보고 메모하는 겁니다. 새로운 깨달음, 생각, 기도의 과정과 결론, 또한 감정들, 그리고 그것이 어떻게 변화되었는지 쓰도록 합니다. 다음에 만날 때 일어난 일들에 대해 얘기할 수 있으면 합니다."

그러나 2주 후에 탐은 다른 이야기를 끄집어 냈다. "제가 얘기를 해야겠죠! 지난 주에 내 영적 훈련을 돕는 책임자가 제게 왜 다른 동료들과 잘 어울리지 않냐고 물었습니다. 잘 모르겠다고 대답했죠. 그러곤 '무슨 영문이지?'하는 생각에 지난 번 당신에게 했던 말을 그대로 했습니다. 영성 훈련 프로그램이 나를 어른이 아니라 사춘기 아이처럼 느끼게 만들고, 실제로 다른 학생들이 모두 나보다 훨씬 어린 것 같다고 말했죠. 그는 내가 그들로 부터도 많은 것을 배울 수 있으며, 공부하는 동안 그리고 안수 후에도 그들이 나의 지지 그룹이 될 것이기 때문에 좀 더 그들에게 다가가 자신을 알리고 그들을 알아가는 일이 필요할 것이라고 말했습니다. 이것이 내가 기억하는 대화의 핵심입니다. 그러나, 나는 그러고 싶지 않아요. TV 볼 시간도 없을뿐더러 그들과의 대화는 지루하게 느껴집니다. 식사 시간에 듣는 것만으로 충분하지요. 지난 수요일 이런 대화를 나눈 후에 화도 좀 나고 마음이 언짢았습니다. 사실, 지난 며칠 동안은 기도하려고 하면 그 사람이 한 말이 생각나서 내가 이 공부를 지금 그만둬야 하는 건 아닌가 계속 고민이 됐습니다. 샐리는 아직도 저를 기다리고 있고요."

"아, 다시 말하면, 당신은 그와의 대화에 압도되어 헤어나올 수 없었다는 말이군요…… 당신 감정은 어떤지 말할 수 있겠어요?"

"나는 황당한 기분입니다. 아니, 애기 취급 받는 느낌이죠. 난 성인입니다. 나는 누굴 만나고 무엇을 할지 수년간 내 스스로 결정해 왔죠. 그런데 지금은 마치 사촌들이랑 놀기 싫어 하는데도 팔을 비틀어 억지로 놀게 만드는 그런 느낌을 받습니다. 굴욕적이죠."

"실제로도 그런가요?"

"물론이죠. 그래서 내가 황당해 하는 것입니다."

"그래서 이 상황을 벗어나는 것이 간단한 해결 방법일 수 있겠군요. 특히 샐리가 기다리고 있다면요."

"네, (유감스러운 듯) 내가 극단적인 결론을 생각했던 것 같긴 하네요, 그렇죠? 단지 몇 개월 밖에 이곳에 있었을 뿐인데, 나는 또 사람을 천천히 사귀는 타입이기도 하죠……"

나중에 대화 가운데, 탐의 영성지도자는 그의 기도에 관해 언급했다. "당신은 수요일 이후의 모든 기도 내용이 그 영성 훈련 책임자와의 만남과 고민에 관한 것이란 얘기죠?"

"네"

"기도가 끝나고 성찰은 하셨나요? 기도하는 동안의 역동을 살피셨나요?"
"아니요, 전혀 기억하지 못했네요. 그전에는 했었는데요."
"눈에 띄는 것이 무엇이었나요?"
"처음에는 좀 이상한 느낌이었습니다. 자기 인식이 있었는데 기도를 끝내고 한 것이 아니라 하는 동안 무슨 일이 일어 나는지 보기 시작했습니다. 그리고 기도하는데 방해가 됐지요. 그러나 지난 주말쯤부터는 나를 보는 일도 멈추었습니다. 요한복음 1장부터 읽기 시작하던 그 날, 그러니까 세례요한의 두 제자가 예수님의 거처까지 따라온 그 구절에서 이상한 일이 일어났습니다. 예수님께서 "와서 보라"하고 말씀 하실 때 내 마음에 그러고 싶은 마음과 그러고 싶지 않다는 마음이 동시에 일어 났습니다. 마치, 매력적이라고 느껴 이 사람에게 크게 이끌리면서도 집으로 가려는 계획을 동시에 하고 있는…… 그러니까, 내 자신에게 이렇게 말씀하시는 것을 바로 그 시간, 그곳에서 듣고 있으면서 혼잣말로 이렇게 말하고 있는 것 같았습니다: "나는 이제 걸려들고 말았어, 그런데 어쩌지…… 한편으론 집에 가고도 싶어."
"집에 가고 싶다는 것은 당신에게 무슨 의미죠? 좀더 얘기해 줄 수 있나요?"
"그립다…… 슬프다…… 아니, 외롭다. 내가 무엇을 할지, 어떻게 할지 그 방법들을 스스로 통제하는 삶과 그렇게 할 수 있는 능력…… 아마도 그런 것들에 대한 그리움 같습니다. 어떤 느낌이냐 하면…… 마치 내 자신을 잃어버린 느낌인 것 같아요."
이 짧은 대화 속에서 우리는 탐이 그의 내면의 반응을 주지할 수 있음을 알 수 있다. 그리고 그의 반응들은 섬세하고 다양 하다. 탐은 자신이 걸려들었고, 자기 인식을 하며, 애 취급 받는 모멸감, 황당함, 외로움을 스스로 묘사한다. 아마도 그는 자신을 대하시는 하나님, 그 분에 대한 혹은 다른 사람들에 대한 자신의 반응이 어떤 패턴인지 알고 있는 것 같다. 그는 벌써 그의 기도 가운데 일어나는 일과 삶 가운데 일어나는 일을 연관시키고 있다. 로저와는 달리 탐은 지도자의 도움으로 영성지도 과정이 촉진되지만 대체로 자신의 발견에 근거해서 이루어질 것이라고 기대한다. 제자들을 부르시는 성구에 대한 탐의 기도는 영성지도자와 나누는 과정에서 더 깊어졌다. 그래서 영성 지도자는 평소처럼 다른 묵상 성구로 넘어가지 말고 같은 본문을 가지고 "부르심"에 대해 더 깊이 묵상할 것을 권했다. 아마도 예수님이 어떤 분인지 직접 물어보고 싶을 수도 있을 것이고, 또 그 자신이 주님을 따르는 일에 두 마음을 가졌다고 고백할 수도 있을 것이다. 또는 집에 갔다가 돌아 와서 주님의 말씀을 경청하며 시간을 보내고 싶을 수도 있다. 그리고 영성지도자는 탐이 주님의 임재 안에서 하도록 감동 받은 것이라면 무엇이든 하도록 권했다. 탐도 그렇게 할 수 있을 것 같다고 생각했다. 그는 무엇이든 해 보겠다고 말하며, 아마도 좀 더 친밀감을 느낄 수 있는 사람과 영화를 보러 갈 수도 있겠다고 말했다.

2주 후 다음 회기에서 탐은 이렇게 말문을 열었다. "전 여전히 외롭습니다. 지난 번 이야기 나눈 후에도 줄곧, 그리고 아직도 그 감정이 강하게 느껴집니다. 나는 신학 대학원생인 릭에게 금요일에 영화를 같이 보자고 말을 꺼냈고, 우리는 피자도 함께 먹었습니다. 재미있었죠. 우리는 친구가 될 수 있을 거라 생각했습니다. 그에게 끌리는 이유는 그도 TV를 보지 않는다는 것입니다. 그도 나처럼 주변인으로 있길 좋아하죠. 우리는 종종 만나기로 약속했습니다.
그리고 또 정한 것 하나는 모든 교수, 교직원 그리고 학생들을 위한 성대한 추수감사절 저녁식사를 준비하는 자원봉사에 참여하기로 한 것입니다. 위원회가 오늘 구성될 것입니다. 이를 통해 나는 총장의 비서인 페터슨과 구약학 강의를 같이 듣는 메리와도 친해질 좋은 기회가 될 수 있을 것입니다. 그녀는 목회학 석사 과정도 듣고 있죠. 혹시 아셨나요? 그녀의 교단에서는 평신도 여성도 목회학 석사 학위를 가지고 있다면 교구 담당 책임 목회자가 된다는군요. 저는 이런 사실을 몰랐습니다."

"당신의 외로움이 기도에는 어떤 영향을 준 것 같습니까? 혹시 이런 것들을 기도로 가져갔나요?"

"아니요, 그런 생각은 전혀 못했습니다…… 그러나 내가 외롭다는 것을 알았죠. 특히 어느 날 더욱 외로웠는데 기도 저널에 그것을 기록했기 때문에 깨달았습니다. 그렇지 않은 날은 그냥 무시하고 지나가죠."
"당신의 모든 감정을 하나님, 혹은 예수님께로 가지고 갈 수 있었는데, 최근에 당신의 묵상 가운데 주님은 나타나지 않습니까? 이 일에 대해 어떻게 생각하시는지?"
"그러니까…… 그냥 이야기 하라는 거지요?"
"네, 아니면 저널에 쓸 수도 있겠죠. 그냥 대화를 계획하거나 검열하지 않고 자연스럽게 흘러 가도록 하면서 말이죠."
"그건 나 스스로와 얘기하는 것 아닌가요? 내 대화의 상대가 하나님이라고 어떻게 확신 할 수 있죠?"
"분명하게 알 필요는 없지요. 계속 하다 보면 그것이 하나님과의 대화인지 무의식적인 이야기인지 구분이 갈 것입니다. 다른 점이 있을 겁니다. 이런 대화만으로 얻게 되는 것에 근거해 결정을 하지는 않지요. 그렇지만 지금까지 당신 자신에게 말하지 않았던 것들이 드러나게 될지도 모릅니다."
"지금 그 말은 좀 무섭게 들리네요. 아마도 나는 나 스스로에게 아직 말하지 않은 것들을 알고 싶지 않은지도 모르겠습니다."

탐이 자신의 분별과정을 감지하고 정감적으로 기도할 수 있는 발달적 능력이 있다는 것을 알고 그의 영성지도자는 이 두 가지 능력을 심화시키도록 돕기로 했다. 그녀는 탐이 단지 규정을 따르기 보다는, 그가 행동을 하도록 하는 권위, 힘이 어디에 있는지, 규칙과 사회적 규약을 따르도록 결정하는 것은 무엇인지 살피도록 제안했다. 그리고 그의 성찰 능력을 기도에 적용하도록, 따로 떼어 놓은 기도 시간이 줄곧 어떤 과정으로 진행 되었는지 돌아 볼 것을 권했다. 그녀는 탐이 자신의 생각의 시작, 중간, 끝 부분 전 과정을 성찰하는지, 그래서 이냐시오의 설명처럼[20] 전체 과정이 모두 좋았는지 혹은 어느 부분에서 분심이 생겨 생각이 비껴갔는지 짚어 낼 수 있을 거라고 생각 했다. 그가 그렇게 할 수 있는 능력은 성찰에 달려 있음을 알았다. 탐의 영성지도 초기 과정은 비록 습관 적으로 이루어지는 것은 아니었지만 양심적 선택(결정), 성인의 양심과 분별에 해당하는 필수 여건들을 모두 가지고 있었다.

탐의 영성지도는 재학기간 동안 이런 형태로 계속되었다. 영성 지도자의 격려에 힘입어 매일 겪는 힘겨운 싸움과 기쁨 모두를 하나님께 말함으로써 그는 생각과 감정 모두를 기도로 올릴 수 있었다. 점진적으로 그의 외로움과 소외감은 줄어 들었고 친구나 지인들과도 폭넓고 다양한 사귐을 가졌다. 실제로 추수감사절 저녁을 준비하는 일로 시작된 메리와 그녀의 남편 그리고 가족들과도 좋은 친구가 되었다.
한 학기가 끝날 무렵 탐은 이주 인구가 크게 늘어난 교외에 있는 한 교구에서 인턴쉽을 하게 되었다. 그리고 가을 학기에 돌아오면 영성지도를 다시 시작할 계획이었다.
그러나 6월 말경에 탐은 영성지도자에게 전화를 했다. "저도 8월까지는 약속이 없는 것을 알지만 그전에 당신을 만나야만 할 것 같습니다." 그래서 그들은 다음날 아침으로 약속을 정했다.

"저는 샐리를 계속 만났습니다"라고 말문을 연 그는 "그녀가 제 교구에서 50마일도 떨어지지 않은 곳에 사는 것을 기억하시지요? 이곳에 오는 것보다 더 가까운 거리입니다. 우리는 커피를 마시며 그동안 밀린 얘기를 했고, 다시 만나기 시작했어요. 전 샐리에게 아직도 감정이 많이 남아 있음을 깨달았어요. 정말 혼돈스럽습니다. 이런 감정들에 끌리지만 않는다면, 나는 대학원에서 계속 공부하는 것에 대해 "청신호"로 여길 싸인들을 많이 생각해 낼 수도 있었을 것입니다. 그러나 지금은 전혀 모르겠어요."

탐은 샐리와 나눈 이야기들을 설명했다. 그의 의문과 혼돈, 서로를 향한 감정들, 그간의 샐리의 생활, 그리고 바로 이틀 전에 그들의 관계를 계속할지 말지 곧 결정해야 한다는 그녀의 생각 등.
그리고 계속 말을 이어갔다. "그녀는 더 길게는 이 상태로 지내려 하지도 않을 것이고 그럴 수도 없을 것입니다. 내가 대학원으로 떠나 있는 동안도, 샐리를 얼마나 무의식적으로 의지하고 있었는지 처음으로 깨달았습니다. 난 이제 결정을 내려야 한다는 압박감을 느낍니다. 당장 떠날 수도 있죠. 그럼 가을학기 시작 전엔 결혼을 할 수도 있을 겁니다."
"지금까지 얘기한 걸 들어보니, 그리고 지난 해 동안 내가 당신에 관해 알아 온 것들에 비춰볼 때, 뭔가 뜬금없다는 느낌이 드네요. 얘기 안 한 무엇인가가 있나요?"
"(한숨) 내가 무의식적으로 샐리에게 의지한다는 것을 깨달았을 때, 그리고 그녀가 나를 더 이상 기다리지 않을 것이란 생각을 하게 되면서 나는 패닉에 빠졌습니다. 왜냐하면 그 날 나는 그녀에게 같이 잠잘 것을 요구했고 우리는 그렇게 했습니다. 난 매우 혼돈스러웠고 죄책감에 심하게 눌렸습니다."
"당신의 죄책감이 무엇과 관련된 것인지 좀 더 말해 줄 수 있나요?"
"글쎄요…… 나는 샐리를 유혹했어요, 그렇지만 의식적으로 그렇게 한 것은 아니지요. 그런데 이번에는 그녀와 관계를 갖는 것이 다르게 느껴졌습니다. 예전에는 결혼으로 이어졌을 수도 있는 관계였지요. 그러나 지금은 그렇지 않습니다. 마치 내가 그녀에게 어떤 희망을 품도록 잘못 이끌었다는 느낌이 듭니다."
"아마 그랬을 수도 있겠죠. 어떻게 생각하세요?"
"글쎄요, 아직도 내가 사제가 되어야만 하는지 모르겠어요, 아니, 되지 말아야 할지도 모르겠습니다. 만약 이 상황이 싸인이 아니라면요."
"당신의 말을 들어보니, 마음에 동요가 있고 쫓기는 것 같군요."
"맞아요, 최근 며칠 동안 나는 이 생각 밖에 할 수 없었습니다. 기도하려고 앉으면 즉시 이 생각에 사로잡히고, 계속 반복하죠, 그리고 끝나는 시간이 되면 명확하게 다시 시작했던 곳으로 와 있습니다. 지금, 샐리 때문에 신학교를 그만두면, 아마도 그 이유는 내가 샐리를 유혹했기 때문이고 스스로 원해서 결정하는 것이 아니라는 생각을 마음 저 깊은 곳에서 하는 것 같습니다. 그러나 그녀를 사랑하는 마음은 진심입니다."
"그러나 죄책감에 쫓기는 것도 사실이군요? 그렇게 말하는 겁니까?"
"네."
"아마도 그 죄책감은 하나님께로 가져가야 하는 것일 테고 어떤 일이 기도 가운데 일어날지 봐야겠죠? 그런데 이 모든 것의 의미를 분별하는 과정 가운데, 샐리에게는 어떻게 반응을 해야 한다고 생각하시나요?"
"나는 내가 신학교로 떠났다 해도 그곳에 있었을 샐리를 무의식적으로 의지하고 있었고, 또 나와의 관계로 묶어두려 했음을 깨닫고 거의 패닉 상태에 빠졌습니다. 이제는 무엇이 좋은지 알게 되었으니 그녀를 이용하려 했던 것을 모두 말할 필요가 있다고 생각합니다."
"앞으로의 성관계는 어떻게 할 건가요?"
"안 가져야 한다고 생각합니다. 교회가 그것을 나쁜 것으로 규정해서, 혹은 우리가 알려질 수 있다는 두려움 때문이라기 보다는, 내 진짜 동기가 무엇인지 모르기 때문입니다. 나는 샐리를 내 안전을 위한 도구로 이용하고 싶지 않습니다. 우리는 둘 다 후회를 했습니다. 그녀는 내가 당신을 만나러 갈 것을 알았습니다. 그리고 그렇게 권했지요. 그녀 자신도 생각할 자신만의 시간이 필요하다고 말했습니다. 지금 그녀는 괜찮아 보입니다. 일종의 유예기간인 셈이지요······"

탐이 학기 중이 아닌데도 그녀에게 전화할 만큼 뭔가 특별한 것이 마음 속에 있음을 안 영성지도자는 곧장 약속을 했다. 일년간의 만남으로 생긴 지도 관계는 탐으로 하여금 이런 우발적 전화를 하도록 했다. 그러나 그녀의 계속되는 도움은 위기 가운데 탐과 함께 있어주면서 적합한 태도에 대해서는 확인해주는 것뿐 아니라, 그가 할 수 있는 것은 용기를 내어 하도록 권하면서 현실을 보는 시야를 넓혀주고 더 다양한 선택의 가능성을 생각할 수 있도록 돕는 것도 포함된다. 그래서 지도자는 샐리에 대한 탐의 직접적 반응으로 눈을 돌리도록 했다. 비록 최근의 탐의 행동이 지닌 의미가 명확하지 않은 때도 있지만, 지도자는 이 혼돈스런 상황에서 조급하게 반응하지 않으면서도 그가 자신의 책임을 다할 수 있도록 도왔다. 즉, 탐은 여러 다양한 시각으로 동시에 이 상황을 받아들이고, 이 상황에서 무의식적으로 일어나는 충돌을 인정했으며, 그 여파가 더 넓게 가정, 신학교, 교회 공동체로 퍼져나가는 것을 인식할 수 있어야 했다. 지도자는 이를 위한 환경을 만들어 주었다. 그녀는 탐이 스스로를 비판하기 전에 그를 판단하지 않으면서도 여러 시각으로 그것에 대해 성찰하도록 도왔다. 그리고 탐이 그녀에게 투명해질 것으로 기대하면서, 계속 하나님 앞에서도 더욱 투명해질 수 있도록 요구했다. 물론 얼마나 깊고 또 폭넓게 이 과정이 진행될지는 탐에게 달린 것이다.

# 제 7 장

## 세분화된 단계: 개인 상호적 단계의 영성지도
Spiritual Direction at the Interindividual Stage

개인주의 단계로의 전환/
개인 상호적 단계의 영성지도: : 인지 체계, 의식의 몰두,
충동 조절, 개인 상호 관계, 재요약/
통합적 단계/
회중의 발달적 평가/
케더린의 딜레마/

# 제 7 장  개인상호적 단계에서의 영성지도

우리가 탐색할 마지막 단계는 개인상호 단계며, 양심적 단계와 이 단계 사이에 있는 전환기를 포함해서 이 장에서 설명하겠다. 로에빙거는 이 전환기를 개인주의 단계로 불렀다. 앞에서와 마찬가지로 본 단계의 설명과 영성지도로의 적용, 그리고 통합적 단계에 대한 간략한 설명도 이곳에 덧붙이겠다. 그리고 캐더린의 후반 영성지도로 본 장을 맺을 것이다.

## 개인주의 단계로의 전환

자기 인식 단계라는 전환기에서 그랬던 것처럼, 이 개인주의 단계도 간략하게 요약해서 설명하겠다. 여기에는 양심적 단계에서 얻은 것들과 아직 싹트지 않은 개인상호적 단계의 씨앗이 공존하고 있기 때문이다. 비록 구조발달이론들은 단계 별로 세계관을 일반화시켜 설명하고 있지만 모든 사람들은 독특한 세계관을 몸에 지니고 있다. 이 개별성은 발달의 단계가 높아 갈수록 훨씬 더 두드러진다. 왜냐하면 고유성이 증진될수록 발달적 복합성도 더 증가하기 때문이다. 이 독특성은 그 이름이 말해주듯이 특히 개인주의 단계에서부터 시작해 더 분명해진다.

이 단계를 특징짓는 개인적 차이에 대한 인식의 확대는 자기와 타인에 대한 새로운 관용을 허용하게 된다. 양심적 단계의 사람들에게 전형적인 도덕주의는 점차 내적 갈등과 역설 그리고 반론에 대한 관용에게로 자리를 내주기 시작한다. 감정과 욕구는 생생하게 전달되고, 상반된 욕구 또한 동시에 존재함을 알게 된다. 개인의 자유와 개인 상호간의 책임감 사이의 갈등은 이 단계의 특징이다. 개념적인 복합성은 계속 발달을 이어간다; 결국 개인주의적 단계의 개인들은 내적 실제와 외면으로 드러나는 것, 과정과 결과, 심리와 신체의 인과관계를 구분하고 이해한다. 때를 인식하는 능력이 증가 하면서 양심적 단계에서는 불가능했던 진정한 발달의 개념은 좀 더 자연스러운 사고 양식이 된다. 인식의 몰두는 내면의 삶과 외적인 활동을 구분하는 것에 집중된다. 그리고 활동적인 추구를 통해 배움이 일어난다.1

마틴 락Martin Rock의 경험적 연구는 개인주의적 단계에 이르러 자기 인식과 성찰의 괄목할만한 변화가 일어남을 확인한다. 그것은 또한 개인주의 단계의 자기 성찰은 더 통합적이고, 자신의 경험에 대한 원인과 이유들을 더 많이 발견하려고 하며, 관계 속에서 자기를 이해하고, 시간이 지나면서 심리적 발달을 점점 더 인식 한다.2 이러한 역량들은 영성지도의 과정에 매우 긍정적인 영향을 미친다.

개인주의 단계가 가지고 있는 힘은 이름처럼 개인상호적 단계를 준비하는 새로운 식별력이라고 말할 수 있다; 즉, 과정과 결과, 내면적 삶과 외현적 삶을 구분함, 개개인이 매우 다름을 알아감, 살면서 감정적인 의존과 더불어 동시에 독립적인 면도 있음을 알게 된다. 수련자들은 이제 영적 여정의 과정에 더 관심을 가지게 될 것이고 그들이 목표 지점에 대해선 덜 관심을 갖게 된다. 그들은 계속 증가하는 사회 문제에 대해서도 인식할 수 있게 될 것이고, 그러면서도 정의에 관해서는 개인적으로 맞서려는 조급함은 줄어든다. 이 문제에 대한 부르심은 개인 상호단계에서 심각한 문제가 된다. 그들은 좀 더 많이 내적 갈등을 참아내며 역설적인 방법들로 인해 씨름할 것이다. 그리고 그 결과 복합적인 세상을 좀 더 이해하게 된다. 예를 들어 이 단계에 속한 사람은 친밀감과 성취 모두를 가치 있게 여긴다. 그러나 이 두 가치를 결합하는 실제적 기준을 찾는 데는 어려움을 겪는다.3 이 단계가 자기고 있는 **제한성**은 바로 개인의 욕구와 집단의 욕구, 관계의 친밀함과 일의 성취, 혹은 개인적인 자유를 향한 욕구와 개인 상호적인 책임감을 통합하지 못하는 구조적 무능에 있다. 개인주의 단계는 양자 택일을 강압적으로 선택하게 하는 강요로 보는 경향이 있다.

케더린은 이 전환기의 강점과 딜레마 모두를 영성지도의 자리에 가지고 왔다. 그러나 그녀는 또한 개인상호 단계의 독특한 의미 체계 구조를 통해 자신의 갈등을 다루려는 준비 된 자세도 가지고 있었다.

## 개인상호적 단계에서의 영성지도

성격구조들은 안정을 추구하기 때문에 변화는 느리게 일어 난다. 그러므로 간혹 대학에 다닐 나이에 이 단계에 이른 사람들을 볼 수는 있으나, 중년 이전에 온전히 이 단계에 이른 사람은 거의 흔치 않다. 사람들이 이 새로운 형태의 의미 체계로 내몰리는 경우는 그들이 살아 온 삶이나 자신의 선택 으로 인해 환상이 깨지게 되면서이다. 그리고 자신의 삶이 이제 후반전에 들어섰음을 인식하면서, 혹은 자신의 이상과 논리적 추론이 책임 있는 헌신이라는 딜레마와 충돌하면서이다. 개인상호 단계에 속한 사람들은 자기를 판단의 기준으로 사용하는 대신, 많은 구조들과 연계된 혹은 그 안에서 행동하는 사람으로 바라볼 수 있다. 결국 자기와 타인 모두를 개인이 되도록 할 수 있는 능력은 결과적으로 더 넓은 사회적 관점에 자신을 "개방"하는 이 단계의 매우 중요한 역동이다. 케건의 주체-객체 용어로 말하면, 이전의 주체였던 자기로 구성된 자기self constituted self는 상호의존이 일어나면서 새로운 객체가 된다. 조앤 월스키 콘Joann Wolski Conn은 이렇게 말한다: "이제 제어로서의 자기가 아니라 제어를 소유한 자기가 있다."[4]

로에빙거는 이 단계를 자율적 단계로 부른다. 나는 여기부터 그녀의 용어와 결별하려고 한다. 왜냐하면 좀 더 구체적인 설명을 포함하지 않으면 "자율"이라는 용어는 이 단계의 발달적 힘을 자칫 불분명하게 만들 수 있기 때문이다. 로에빙거의 자율적인 개인들은 스스로도 자율적으로 행동할 뿐만 아니라, 다른 사람들에게도 동등한 수준의 자율성을 허락해야만 한다. 이러한 자율에 대한 인식은 관계에 있어 더 깊은 상호성과 동등성을 불러 일으킨다. 그러나 불행하게도 우리 사회에서는 이 자율이라는 단어는 폐쇄되고 고립적이며 지극히 개인적인 자기가 다른 사람들이나 구조들에 의해 영향을 전혀 받지 않는 의미를 내포한다. 그런데 이것은 이 발달 단계의 강점과는 정반대 되는 의미로, 그것을 정확하게 설명할 수 없다. 이런 오해를 피하기 위해 나는 케건의 용어를 빌려왔다. 그의 "개인상호적"이란 용어는 문화 사회적으로 이 단계의 강점을 전달하기에 훨씬 적합하다고 본다.

그러므로 개인상호 단계의 발달적 진보는 다른 사람으로 하여금 스스로의 방법을 따라 그리고 실수도 허용하면서 책임 있는 개인이 기꺼이 되도록 준비시키는데 있다. 그리고 그 결과로 친밀함과 상호성은 더욱 증진될 수 있다. 이 단계에서 개인들은 또한 자율의 한계도 인식한다. 그리고 결국 상호 의존의 불가피성을 인식하게 된다. 마침내 개인상호 단계의 개인들은 인생 전반에 대해 넓은 시야를 보여주며, 사회 정의와 같은 추상적 이상도 소유하게 된다.5 샤론 박Sharon Parks은 이 단계의 기쁨과 고통을 다음처럼 적절하게 요약했다.

이들은 온전한 자기로 우리가 상호의존적 존재라는 진리를 인식하고 알 수 있다. 이 앎은 기쁨, 경이로움, 자유를 느끼는 것과 동시에 다른 사람들은 할 수 없고 그러지도 못함을 알 수 있게 되면서 오는 깊은 비애감을 함께 느낀다.6

### 인지 형태

강요된 선택보다는 모순을 받아들일 수 있는 새로운 능력을 가지게 되면서 개인과 구조 사이, 구조들 사이의 복합적인 패턴을 받아들이고 애매함도 관용하기 위해 개인상호 단계의 사람들은 피아제의 형식적 조작기의 사고가 갖는 한계를 넘어선다. 이 복합적 사고는 두 개의 반론이 모두 맞는 상황, 혹은 한 설명이 동시에 진실이면서 거짓이기도 한 상황, 혹은 정형화된 논리가 어떤 행동들이 적합한지 판단을 내리기에 불충분한 상황이 지속되면서 생겨난다. 이런 상황들에 반응 할 수 있는 정황적 사고는 다른 것, 다른 사람 그리고 자기 자신과 동시에 소통하기 위한 논리의 초월을 요구한다.7 제임스 파울러는 이런 정황적 이해를 "소통의 지식dialogical knowing"이라고 설명한다.8 이처럼 함축성을 가지고 생각하는 능력은 자녀 양육을 위해 오랜 시간이 요구되는 것과 마찬가지로, 장기간의 헌신에 기초한 행동의 결과물이다.

상호개인적 단계의 사람들에게 분별은 필연적으로 더 복합적인 시도가 된다. 왜냐하면 전 단계의 인지형태를 넘어 선택과 적용의 범위가 급진적으로 증가했기 때문이다. 예를 들어, 그들은 스스로를 죄악 된 구조에 참여하는 사람들로 보고, 기꺼이 구조적 압박과 사회악에 대해 파악하려고 할 수 있다. 그들은 회심으로의 부르심이 개인적으로나 제도적으로 일어날 수 있고 양쪽 모두의 변화를 모색해야만 함을 인식한다. 죄, 회개 그리고 의로운 행동에 대한 인식이 모두 폭넓어진다. 지도자가 "지금 당신이 보고 있는 것을 하도록 하나님은 어떻게 부르시고 계신지 인식됩니까?"라고 묻는 것은 이 단계에서는 상당한 영향력을 지닌다.

### 의식의 몰두

내적인 삶이 깊어지면서, 개인상호 단계의 사람들은 의식적으로 실존적 유머나 통절한 슬픔을 포함하는 감정의 표현을 생생하게 한다. 성적인 감정도 상호 관계 속에서 자연스럽게 올라온다. 발달의 개념은 이제 심리적 신체적 발달과 동기까지 포함한다; 심리적 원인과 과정은 이 단계에서 자연스런 사고 영역을 구성한다. 자기성취는 의식적 목표가 된다. 그렇지만 개인 스스로 발견한 그리고 소속된 사회에 의해 주어진 다양한 역할들에 의해 그것은 설정된다.

새로운 가능성과 제한성을 모두 가지고 있는 관계 속의 자기에 대한 확대된 시각을 감안할 때, 이 단계의 수련자들에게는 과거의 헌신들과 인생의 중요한 선택들을 모두 재검토 해보도록 권하는 것이 좋다. 확고한 헌신처럼 여겨졌던 것들이지만 지금은 내려 놓은 것들과 계속 헌신하고 있는 것들도 재평가 해야만 할 것이다. 케더린의 솔직한 고백은 남편과 그녀의 관계에 대해 사려 깊은 분별이 요구되는 중대한 재점검이 필요함을 알려준다. 로욜라의 이냐시오는 영신수련 지도자들에게 이러한 초대의 결과와 그에 따른 분투에 영향력을 행사하지 말라고 주의를 준다. 이것은 수련자가 비전과 행동 사이에서 더 많은 일치를 이루도록 부르심 받고 그에 응답하는 매우 중요한 분기점에 서 있을 때 지도자가 어떤 태도를 취해야 할지 알려줄 수 있는 가장 적합한 훈계일 것이다.9

양심적 단계에서 자신의 관계들과 자신을 분리해서 이해하기 위해 필요했던 비판적 판단은 이 단계에서는 이들 중요한 선택이 상징하는 것을 새롭게 이해하려는 의지적 자발성으로 바뀐다. 폴 리쾨르Paul Ricoeur는 이러한 재적용을 "의지적" 혹은 "제 2의 순수성"으로 묘사한다.10 수련자들은 이제 새롭게 바라보는 삶의 목표를 향해 나아가면서 양심적 단계에서 매우 중요했던 비판적 거리를 무효화 하는 것이 아니라 상대화 하도록 초청을 받게 된다.

### 충동의 조절

개인상호적 단계의 사람들은 자기 자신과 다른 사람들에 대해 현실적이고 객관적이 되려고 애쓴다. 또한 더 온화하고 동정적이 되려고 한다. 이 전 단계들의 압제적인 양심으로부터 어느 정도 자유로워진 것은 모든 문제를 다 해결할 수 있는 것은 아님을 인식하기 때문이다. 원숙함은 잘 만들어온 개인의 세계 가운데 어떤 부분들을 포기하면서 드러난다. 참된 신조를 따르는 도덕적 추론은 이들 새로운 시각으로부터 생길 수 있다. 행동은 도덕적 원리를 표현하는 것이 되고, 이것은 내적 인 삶과 외적인 삶의 일치를 열망하는 것에서부터 비롯된다.

개인 상호적 단계에서는 양심적 충동 조절에 자신이 경험하는 내적 모호성에 대한 인내가 새롭게 첨가 된다. 이 단계의 특성인 복수의 관점들을 받아들이는 능력은 자기에게로까지 확대된다. "나"는 많은 경쟁하는 목소리와 충동들로 구성될 수 있다. 통합의 범위가 확대되면서, 무의식은 다시 목소리를 내도록 허락된다. 더구나 전에는 의식으로부터 차단되었던 "부정적" 감정을 통해서도 가능하게 될 수 있다. 예를 들어, 성적인 표현, 개인간의 상호적 관계들에 의해 새롭게 설정된 표현들은 우발적으로 다시 나타날 수 있다. 메리 베스의 기도 가운데 드러난 이미지는, 비록 현실의 다른 구조들보다 훨씬 앞서가는 것임은 분명하지만, 이 특성들을 잘 드러낸다.

영성지도에서 볼 수 있는 이 단계의 충동 조절 방법은 비전과 자기 이상 사이의 고통스런 조정과 구체적인 삶 속에 내재된 제한성들을 대면하면서 발견되기 쉽다. 수련자들은 때로는 더 이상 무시할 수 없는 요구를 암울하게 인식한다. 물론 전에는 무시하는 것이 매우 성공적일 수도 있었다. 이 필요들은 그들이 받아들인 의무와 쉽게 갈등을 일으킨다. 그들은 자신과 타인의 부족함을 모두 인식하면서 자신의 비전을 재점검 해야만 할 것이다. 그렇게 할 때 비전은 살아있을 수 있지만, 새로운 현실로 인해 위협을 받을 수도 있다. 케더린이 마주한 과제가 정확하게 이것이다. 발달적 전환을 긍정적으로 해결 하는 일은 여타의 재통합들과 마찬가지로 자동적으로 일어나 지는 않는다. 다시 한 번 변화의 과정을 시작하는 일은 깊은 믿음을 요구한다. 개인상호적인 사람은 더 많은 것을 보고, 그 결과 체계 안에서의 자기 통합을 더 많이 소망하면서 위험을 무릅쓰는 일도 더 많이 한다.

### 개인 상호 관계

자신 안에서 자율에 대한 인식이 발달하는 것처럼, 되돌릴 수 없는 헌신을 실현하는 것도 그렇다. 자율이 상호적임을 인식할 때 개인들 사이의 관계는 필연적으로 상호 의존적이 된다. 더구나, 자신 뿐 아니라 다른 사람의 시각도 적합한 것으로 받아들일 때 가치와 목표가 상반된 집단이나 구조와 어떻게 상호 의존성을 갖느냐 하는 문제가 제기된다. 다른 사람들의 관점으로부터 배우는 능력은 개인상호적 단계에서 구조적으로 상승하게 된다. 반론들을 초월하고 통합하는 것, 그리고 이룰 수 없는 것을 받아들이는 것은 통합적 단계의 과제로 남겨진다.

영성지도에 파급 효과를 가질 수 있는 두 가지는 자기를 돌봄의 대상에 포함시키는 것과 하나님을 하나님 되시게 하는 것이다. 양심적 단계에서 각 사람의 자기는 전체의 현실을 검토하고 평가하기 위한 시금석이었다. 그렇기 때문에 자기의 한계를 넘어갈 수 없고 자기가 돌보았던 집단 속에 자기도 포함시킨다. 양심적 단계의 사람들이 자기를 돌봄의 대상에 포함시킬 때, 그것은 특별한 경우가 된다. 그러나 개인상호 단계에 속한 사람들은 전반적인 돌봄의 문제와 "이기심"과 "책임" 사이의 명백한 충돌을 유화시키는 방법으로 돌보는 일에 대한 틀을 재구성한다. 그러므로 캐롤 길리건Carol Gilligan은 돌봄의 윤리를 "자기와 타인은 결국 상호 의존적 존재임을 깨닫게 만드는 인간 관계에 대한 축적된 지식을 반영하는 것"[11]이라고 말한다. 이 문제는 여성에게만 국한된 것이 아니라 인간 경험들 가운데 역설적 진리 하나를 말하는 것이다. 즉, "우리는 타인들과 관계를 가지고 살아갈 때에라야 우리 자신들이 분리된 존재라는 것을 안다. 그리고 우리로부터 타인을 분화시킬 때에라야 관계를 경험한다."[12] 그러므로 개인상호 단계에 다다를 때 자기-돌봄의 문제를 새 틀에 맞추어 재구성하고 해결 할 수 있는 충분한 복합성과 깊이를 비로소 가지게 된다.

둘째, 이제 수련자들은 하나님을 자치적이며 절대 타자로 완전히 새롭게 경험한다. 하나님의 이미지는 자기 이미지와 관련이 깊은 만큼, 자기와 하나님 사이의 새로운 관계를 맺게 되면서 이 단계에 부적합한 하나님 이미지들은 떨어져 나간다. 현상학적으로 하나님은 누구신가에 대한 어두움과 모호성을 경험하며 동시에 이 절대 타자를 만나기 위해 그 어두움 속으로 이끌려 들어가 심화된 친밀함을 역설적으로 경험한다. 십자가의 요한이 "영혼의 어둔 밤"이라고 부른 것은 개인상호 단계에 다다른 사람이 양심적 단계에서 안정되고 견고했던 자아가 변화의 위협을 직면할 때와 여러 면에서 유사한 자기의 죽음을 지혜롭게 설명하는 것 같다.

개인상호적 패턴을 따라 살아가는 일이 점점 많아지면서, 영성지도자는 그들이 자신들 고유의 여정을 걷는데 단지 동행해 줄 필요만을 느끼게 될 것이다. 여기에는 두 가지 이유가 있다. 자율성의 성장은 인간 존재의 다른 측면들에서도 그렇거니와, 영성 생활로도 확장된다. 수련자는, 의인화 해서 말하자면, 더 많이 자율적이신 하나님 앞에 선 개인으로써 더 큰 책임을 받아들인다. 더불어 매우 현실적으로 이 단계에서 자아 통합이 복합성을 띠는 만큼 영성지도자는 동행하는 여행자로서의 역할만 할 수 있을 뿐이다.

## 재요약

개인상호적 단계의 강점들은 다음과 같은 결과를 가져온다: 자기를 넘어서는 비전과 헌신, 그러나 자신도 여전히 그 비전에 통합된 가치 있는 구성 요소로 여긴다; 무의식 속의 자기 자신과 하나님을 포함해서 다른 사람의 자율성을 인정하며 관용한다. 이 단계의 약점은 근본적으로 분리된 자기이다. 그리고 그 분리의 근원은 자신의 것과는 다른 가치와 목표를 가지고 있으며, 고집스럽게 개인적인 행동은 받아들이지 않는 기관이나 구조에 불가피하게 참여해야만 하는 데에 있다.
개인상호 단계의 덕목은 자기, 타인 하나님과의 친밀감을 계속 키워가는 것이다. 하나님과 공동 창작자로 인식함; 자신이 속한 집단, 교단, 종교 혹은 국가에 국한시키지 않고 전반적인 사회적 돌봄을 위해 헌신함; 내면의 삶과 외부적인 활동, 도덕적 원리와 행위를 결합시킴으로써 얻는 통합성. **함정**으로는 다른 사람의 자율성을 허용하고 진정한 상호적 관계와 적합한 친밀함을 이루기 위해 요구되는, 혹은 좀 더 심각하게는 현재 자기가 불가피하게 속해있는 구조의 죄악 된 현실과 정면으로 맞설 때 요구되는 자기 비움을 회피하는 일이다.

## 통합적 단계

이 단계의 사람들은 흔히 만날 수 없기 때문에 경험적으로 알아가기는 어렵다. 게다가 이 단계가 더 복합성을 띠어갈수록 심리학자 자신이 알고 있는 "이상적 인간"으로 곡해될 가능성이 더 커진다. 이러한 이유들 때문에 로에빙거는 이 단계를 광범위한 필체로 묘사했다. 이 단계의 핵심은 개인상호 단계의 갈등과 분화를 초월하고 잘 대처하는 것이다. 그리고 필요하다면 성취할 수 없는 것을 받아 들이는 것이다. 개인의 정체성을 위한 힘겨운 노력은 일상의 다양한 활동들을 일체화 한다. 친밀함과 상호성은 단일화된 하나의 인격 안에서 대리자와 결합한다. 통합 단계의 개인들은 또한 광범위한 영역의 사회적 문화적 관심도 표한다.13

제임스 파울러나 다니엘 헬미니악은 모두 발달의 마지막 단계를 설명하는데 있어 로에빙거처럼 말을 아끼는 태도를 보이지는 않는다. 그들은 자신들의 발달이론을 결론지으며 "이상적 인간"을 각자 묘사한다. 파울러는 기독교의 신학적 개념에 근거해 성숙을 설명한다. 파울러가 말하는 보편적 신앙을 따라 사는 사람은 성육신적이고 제자화된 사람이다. 이들은 사랑하고 의를 위해 살라는 명령을 사람들이 만질 수 있도록 삶에서 드러내는 활동가들이다. 또한 자기 보존에는 주의를 기울이지 않고 정상성의 기준을 재정의하고, 제한하고 제한 받는 사회구조를 기경하는 일을 한다. 그들의 공동체와 긍휼의 대상은 우주적 영역으로 확대된다.14

다니엘 헬미니악Daniel Helminiak은 버나드 로너간Bernard Lonergan의 철학적 체계를 이용해서 마지막 단계의 이상적 완전에 대해 이론적으로 설명한다. 헬미니악의 우주적 인간 Cosmetic Person은 계속해서 통합의 과정과 진정한 자기 초월을 이어간다. 그들은 환경(이웃)이 요구하는 변화를 기꺼이 일구어 내려는 개방성을 가지고 있다. 그들은 자신들과 존재하는 모든 것들 사이에서 깊은 조화를 이루면서 현재적 순간에 살아있고, 동시에 자신의 깊은 내면과도 맞닿아있다.15 이 단계의 사람들은 로에빙거에 따르면 아주 소수의 실제 인물이지만, 파울러와 헬미니악은 이상적 발달 환경에서라면 성취될 수도 있는 규준적인 인간들로 그리고 있다.

우리는 이제 발달적 영역들 자체를 설명하는데 걸림돌이 되는 몇 가지 문제점을 다룰 수 있는 충분한 토대를 가지게 되었다. 발달적 자아를 인정하는 이론은 자아 혹은 자기가 단계를 진행해 가면서 더 강해지고, 더 자율적이 되고, 더 분화됨을 암시한다. 그러나 영성의 발달을 다루는 고전적 글들은 자기를 비우고, 자기를 부인하며, 금욕적인 삶으로 가득하다. 발달에 대한 이 두 견해는 서로 반대되는 것일까? 단순하거나 심지어 파괴적이기도 한 인간 이해의 금욕적 전통은 그것을 비판 적으로 바라보는 현대의 인간 이해와는 등을 돌리는 것인가? 아니면 자기와 발달을 추구하는 것은 기본적으로 금욕주의를 반대하고, 단지 쾌락주의나 자기애에 대한 유혹에 항복했음을 위장하기 위한 것인가?

발달 영역 전체를 조망해 볼 때, 우리는 모든 전환은 매우 실제적으로 자기 초월, 특정한 의미 체계인 자기가 죽는 것이 요구됨을 알 수 있다.16 양심적 단계의 맹점은 모든 것을 개인적인 자기의 기준으로 평가하는 데 있었다. 여기서 자기 성취를 궁극적 목표로 삼으려는 유혹은 매우 강렬할 수 있다. 그러나 개인상호 단계와 통합적 단계는 이에 대한 현실적 한계를 드러나게 한다; 진정한 성취가 자신을 더 큰 비전과 목적에 넘겨 줄 때 일어난다. 이 두 단계는 개인에게 각각 자기를 현실의 기준으로 삼는 것을 내려놓으라고 요구한다. 그러나 내려놓아야 할 자기가 생생히 살아있고, 또 내려놓지 못할 원인, 가치, 비전 혹은 따르고 싶을 만큼 충분히 전이를 일으키는 사람이 있는 경우라면 자기를 비우는 것과 제자화 한다는 말은 가장 깊은 곳에서부터 도전을 받는다. 아마도 조성된 자기로서의 자기가 지닌 관점으로만 자기 소멸 없이 자신을 내려놓을 수 있을 것이다. 그러므로 발달의 연속은 성장, 발달, 자기, 내려놓음, 훈런 그리고 자기에 대해 죽음과 같은 이미지들의 의미가 단계가 바뀌며 함께 계속 변화하고 있음을 보여준다.17

그러므로 발달적 통찰력을 지닌 영성지도자는 발달 단계에 따라 자기를 죽이라는 부르심을 가리기 위한 옷이 다양함을 인식한다. 그리고 때론 수련자의 깨지기 쉽고 새롭게 드러나고 있는 자기 인식에 맞추어 동행할 것이다. 또한 우리는 이 이미지들이 성, 계층, 문화와 관련해서 다양한 형태를 띠는 것을 본다. 이 모든 현실들은 자아 발달을 개인화시키고, 수련자들의 삶에서 하나님의 역사하심을 구체적으로 만든다. 그러나 자아발달 이론 그 자체는 더 크고, 더 강하며, 더 독립적인 자아란 발달이 단순히 진행되며 그 결과로 기대할 수 있는 것이 아니며, 자기 부인을 경시하는 것도 부정하는 것도 아님을 알 수 있다.

다양한 발달 단계에 속한 사람들의 영성지도를 지금까지 다루었다. 이제 이 일을 매듭지으며 다시금 강조하려는 중요한 사항이 두 가지 더 있다. 첫째, 우리는 자아발달이라는 연속적인 변화를 하나님과 하나님의 행하심이라는 더 큰 틀에 안에 놓아야만 한다. 즉, 하나님은 순응주의 혹은 양심적 단계 아니면 심지어 통합된 의미 체계를 가지고도 쉽게 이해될 수 없다. 그분은 그렇게 단편적인 하나님이 아니다. 우리는 각 단계에서 불가피하게 마주하는 부서짐을 경험하면서, 하나님은 "이런 분이야"라고 쉽게 말할 수 없음을 알게 된다. 나는 여기에 영성지도자의 가장 기본적인 역할이 있다고 본다. 초월적 하나님의 편에 서있으면서, 동시에 수련자가 가장 잘 이해할 수 있는 방법으로 그들의 하나님 경험을 촉진하는 것이 지도자의 역할이기 때문이다.

둘째, 여기에서 거론되는 영성지도의 적용은 단지 전형적이고 제안적인 내용들일 뿐이다. 개인의 경험들과 각각의 특별한 색조는 구조 이론으로는 명확하게 설명할 수 없는 것이다. 구조이론은 성격상 내용보다는 형태만을 강조한다. 더구나 영성지도자가 이들 단계에 대한 설명을 대화에 포함하거나 개인을 "단계" 자체로 본다면, 그 정도에 따라 다르겠지만 이론을 오용하고 정확성이 떨어질 때 오류의 책임을 지게 된다. 비록 단계의 개념을 이해 할 때 좀 더 명확하게 사람을 볼 수는 있지만, 사람을 단계 자체로 보아서는 안 된다. 지금 설명한 두 사항은 매우 다른 내용이다. 이제 개인상호 단계에 속한 사람의 계속되는 영성지도를 통해 살펴보도록 하자.

## 캐더린의 딜레마

캐더린이 새로운 영성지도자를 처음 두 번 만났을 때 몇 가지의 근거로 그녀가 아직은 더 완전하게 통합될 필요는 있지만 세상을 개인상호적 시각으로 본다는 것을 알 수 있었다. 그녀가 이 단계에 속했다는 가장 분명한 표지들은 다음과 같다. 캐더린은 자신을 다양한 그룹과 구조들 속에서 동시에 행동하는 사람으로 본다. 그리고 그녀의 남편이 자신과 다른 삶을 사는 것을 허용하며 자신이 헌신해야 할 중요한 것, 특히 결혼에 대해, 잠잠히 재성찰하는 점이 그렇다. 남편과의 관계가 점점 불편해지자 그녀는 새로운 영성지도자를 찾게 되었다. 그녀가 직면하게 된 이 복잡한 상황을 어떻게 분별해야 할지 몰랐던 것이다. 또한 캐더린은 자신의 욕구와 남편의 욕구가 서로 부딪치는 어려운 상황에서 양자택일을 해야만 하는 것은 피할 수 없는 선택이라고 여기고 있다.

캐더린이 속한 가족 체계는 자신과 남편으로 구성된 핵가족 이다. (그녀는 아직 남편 이외의 가족에 대해서는 언급하지 않았다.) 적어도 두 그룹의 친구들이 서로 자신의 주장을 하면서 충돌하고 있었고, 교회는 예배를 통해 캐더린을 지지하고, 영성지도자, 사회정의에 대한 비전 그리고 그녀의 사회 활동 영역과 공동체적 사회 정의 활동은 해를 거듭하며 관련 그룹이 확장되고 있음을 보여준다. 후자의 그룹들은 캐더린이 기존에 알고 있던 미국 중상위층의 문화와는 아주 다른 것들로써 지구촌의 정치 분야에까지 관심을 갖도록 했다. 예를 들면 그들의 제안으로 캐더린은 주둔 지역에서 미군의 역할에 대해 조사하는 교회에 속한 사실규명위원회의 활동을 위해 중미의 세 나라를 방문하기로 결정했다. 캐더린이 그녀의 남편과의 싸움을 발달적으로 해석할 때, 그녀가 자신의 자율성도 인식하면서 남편의 자율성 또한 인식하게 될 때 일어난 긴장은 그녀의 가치체계를 재강화하지는 못했음을 알 수 있다. 이 딜레마에 대한 불완전한 해결로 그녀의 남편과 자신의 자율성은 대결할 처지에 놓인 것 같았다. 캐더린은 남편 켄이 그녀가 조종해서 만든 어떤 인물이 아니라 그 자신이 되길 원한다고 말한다. 그렇게 될 때 그의 욕망들과 결정들은 그녀 자신의 커져가는 강한 욕구와 결정들을 위협하는 것이 된다.

새 영성지도자와 캐더린의 세 번째 만남은 다음과 같이 시작되었다. 거의 흐리는 말로 캐더린은 그녀가 "좋은 친구를 잃었고 전에 만났던 영성지도자와도 신뢰를 잃게 돼서" 아직 슬픔을 느낀다고 말했다. 슬픔과 함께 다른 감정은 느껴지지 않냐고 물었을 때 그녀는 잠시 말을 멈추었다. 그리고 잠시 후 회한스럽게 말을 이어갔다. "네, 아마도…… (쉼) …… 난 정말 화가 난 것 같아요. 내가 가는 길을 멈추고 이런 좌절의 시기에 다른 사람을 운영위에 보내야 하는 것이 화가 났습니다. 나는 관계가 끊어지고 표류하는 느낌이었습니다…… 사실 (무겁게) 나는 엄청나게 두렵습니다. 켄과 나는 마지막 결전을 향해 가고 있을지도 모으겠어요. 만약 그렇다면 이 힘든 문제를 물어 볼 누군가가 필요할 텐데…… 아마 나의 영성지도자였던 케이가 있었다면 그렇게 했을 겁니다."
케더린이 영성지도에서 자신에 대한 설명을 하면서 사용한 단어들은 "두렵다, 버려졌다, 혼돈스럽다"였다. 그래서 영성 지도자는 그녀에게 어떻게 느꼈는지 더 말해 보라고 했다. 케더린은 자신이 이 문제로부터 결코 자유롭지 못할 것이고, 만약 자신의 뜻대로 해결된다면 그녀의 결혼이 또한 위기에 처할 거란 생각으로 두렵다고 했다. "나는 정말 두렵습니다. 하나님께선 켄이 아니라 하나님을 선택하라고 요구하실지 모르고, 그건 정말 끔찍한 선택이 되겠죠." 그녀의 "혼돈"은 하나님께서 그녀에게 실제로 원하시는 것이 무엇인지 모르겠다는 것이다. "나는 꽤 지혜롭다고 스스로 생각해 왔습니다, 그런데 지금은 잘 모르겠어요. 나는 나의 친구들로 인해 켄과 싸우지 않길 바래요. 그렇다고 마치 내가 10년전의 나로 돌아가 행동하며 살 수도 없습니다. 이미 아닌걸요." "버림 받았다"는 느낌은 전 영성지도자와 헤어진 것과 관련이 있었다. 그리고 이 감정의 밑에 분노가 감추어져 있음을 깨달았다. 케더린은 하나님께서 이전보다 훨씬 더 혼란스러운 세상으로 자신을 내던지셨다고 느꼈고, 그 사실을 하나님께 고백했다. 이전에 분명 했던 것들은 다 사라져버렸다. "이제 나는 이 감정들이 여러 사람들을 얽어 매는 거미줄 같다는 것을 알겠습니다: 케이, 당신, 켄 그리고 하나님. 내가 두려워한다는 것은 의심의 여지가 없는 사실이죠."

이 간략한 대화는 발달을 위한 요소들을 알려준다. 첫째, 케더린이 영성지도의 과정을 이해하고는 있었지만 그녀의 전 영성지도 관계를 애도할 시간이 필요하며 새 지도 관계를 신뢰하고 새 지도자를 확인할 시간이 필요했다. 두 사람의 관계에서 첫 번째 해야 할 일은 앞으로 일어날 어려운 문제들을 위해 충분한 시간을 갖고 그것을 위한 과정을 겪으며 안전한 관계를 만들어 가는 것이다. 게다가 이전 영성지도자와는 개인상호적 단계로 전환하는 시점에 헤어졌기 때문에, 그녀가 재통합을 더 견고하게 하도록 영성지도자는 도울 필요가 있다. 그래서 그녀의 새 영성지도자는 다른 관계에서뿐 아니라 영성지도 관계 안에서도 그녀의 자율성과 스스로 지도하는 일을 격려할 수 있어야만 한다. 스스로에게 직면하기 어려운 질문들을 해 보라는 지도자의 제안에 그녀는 좀 회의적이었던 것 같다. "그래야겠지요. 그렇지만 지금은 그렇게 할 수 없을 것 같아요." 그러나 그녀는 모든 어려운 문제들을 당장 묻지 않아도 된다는 것, 그리고 그녀가 "준비"되면 그녀의 삶이나 기도 가운데 그 문제들이 드러날 것임을 깨닫고 좀 마음이 편해진 것 같다.

둘째, 케더린은 덜 편안한 감정도 포함하는 넓은 영역의 감정들을 드러내는, 그리고 자신의 일부인 의식 속으로 들어갈 수 있는 능력이 있다. 오랜 관계가 끝날 때 사회적으로 의례적으로 받아들여지는 슬픔이라는 감정 밑에는 분노와 두려움이 감춰져 있었다. 처음에 분노는 곤경에 처한 자신을 떠난 전 영성지도자에게로 향했지만 그녀의 새 지도자가 위기에 처한 자신을 이겨내도록 돕지 않는 다는 생각에 드러나지 않는 분노를 가지고 있었다. 그리고 몇 주전에 그녀가 버려진 기분에 대한 성찰을 할 때 하나님도 그 분노의 대상에 포함됨을 깨달았다. 마치 하나님께서 자신을 무시하며 더 복잡한 세상으로 내던져 버리신 느낌이 들었던 것이다. 다른 중요한 관계인 남편과의 관계에 대한 예기된 두려움은 분노 뒤에 숨어서 그녀의 의식을 더 혼란스럽게 만들었다. 하나님께서는 이 관계를 끝내라고 부르신 다음 결국 자신을 버리시는 건 아닐까?

지도 관계를 세워나가도록 돕기 위해, 그리고 그녀가 최근 통찰한 것들을 정리해 보고 그녀 스스로를 그리고 하나님을 어떻게 받아들이는지 알기 위해 영성지도자는 과거에 하나님께서 자신에게 어떻게 행하셨는지를 돌아보고 다음 만남에서 가장 중요하다고 생각하는 것들을 가지고 와 이야기를 나누자고 제안했다. 3주 후 영성지도에서 케더린은 다음과 같이 말했다.

"당신이 제안한 것들을 시작하려고 했습니다. 그런데 뜬금없이 우리에게 아이가 없다는 생각이 나고 마치 불붙듯 그 생각을 떨칠 수가 없었습니다. 내가 결코 아이를 가질 수 없을 것이라는 고통, 특히 내가 불임여성이라는 사실을 다시 확인하면서 그 고통은 매우 견디기 힘들었습니다. (내가 젊을 때만 해도 의학이 발달하지 않았고, 내가 아이를 임신하지 못하는 것은 의심할 수 없는 사실이었지요.) 그 상처를 회복하기 위해 많은 시간이 필요 했습니다. 그 기간 동안 켄은 내게 정말 잘해 주었죠. 내가 아이를 가질 수 없어도 나를 향한 그의 사랑은 결코 줄어들지 않는다고 나를 위로 하면서요……

"몇 년이 지난 후, 우리의 관계가 견고해지면서, 나는 입양에 관한 얘기를 꺼내기 시작했습니다. 나는 이런 소망을 줄곧 가지고 있었습니다. 그러나 켄은 그 때까지 아이 없이 지내는 일에 잘 적응해 가고 있었고, 계속 그렇게 살기를 원했습니다. 우리는 입양에 대해 뜻을 같이 할 수 없었기 때문에 입양신청도 할 수 없었습니다. 몇

년이 지나고 나는 내가 일반적 의미로 부모가 되는 일은 불가능하다는 말을 꺼내게 되었습니다. 나는 이것이 그의 입장에선 화를 낼 일이란 생각을 안 했습니다. 나는 단지 바꿀 수 없는 일을 받아들이는 것으로 생각했죠. 그런데 내가 앞으로 나아가도록 도운 것은 기도 중에 본 어떤 이미지 때문이었습니다. 신약에서 '어린 아이가 내게 오는 것을 금하지 말라'는 말씀을 묵상할 때, 그 말씀이 내 마음에 계속 맴돌며 '너도 알지? 이 아이들도 내 자녀들이 아니란다'라는 말로 이어져 들렸습니다. 그리고 나의 삶이 불임으로 인해 무가치 하거나 망가지는 것이 아님을 깨닫게 되었습니다. 이 때 느낀 해방감은 굉장했어요. 며칠 동안 울었죠. 그러나 그 이후로 나는 이런 내 상황으로 인해 오히려 나에게 열린 기회들을 찾기 시작했어요. 그 기간 내내 예수님께서는 나의 상황을 이해해 주시며 내가 학교에서 이뤄낼 수 있는 변화를 도모하도록 권고 하셨습니다."

"이 기억이 너무 생생해서 그 후로도 며칠 동안 그것을 다시 묵상 했습니다. 그 때 내가 얼마나 무기력했고 이 감정에 매여 있었는지 지금도 기억합니다. 그런데 지금 느끼는 슬픔과 좌절이 그 때 상황과 매우 비슷하다는 생각이 번쩍 들었습니다. 내 미래에 대한 비전이 완전히 바뀌었습니다. 처음에는 슬픔과 분노, 혼란함에 압도되었지만 결국은 정리가 되었습니다. 아직도 그 때의 감정을 생생하게 기억할 수 있습니다. 그러나 동시에 목적에 부합하는 해결을 했고 그것이 다시 힘이 되었던 것도 기억할 수 있습니다. 그 때 예수님께서 나와 함께 하셨음을 압니다. 지금도 그분께서 나와 동행하시길 소망합니다. 그 때를 다시 기억하면서 나는 격려를 받습니다."

이 대화를 통해 케더린은 내적으로 행할 수 있고, 지금의 감정을 과거의 것들과 연결시킬 수 있는, 그리고 감정과 기도, 내적인 삶과 외적인 삶이 연관되어 있음을 볼 수 있는 잘 발달된 능력을 가지고 있음을 알 수 있다. 이런 성찰은 또한 그녀가 언제까지나 지금의 상황에 매여 있지 않을 거라는 소망을 가지게 만들었고 그 과정을 돕는 친구들이 있음을 보도록 했다. 그녀는 현재의 딜레마를 해결할 수 있는 방법이 과거의 경험에서처럼 시간이 흐르면서 생겨날 것을 기다리고, 곧 모든 문제가 해결되지 않더라도 인내할 수 있게 되었다. 이제 그녀는 조금 안도하며 그녀 자신 그리고 켄과의 관계 가운데 있는 압박감에서 풀려날 수 있게 되었다.

케더린은 적극적인 큰 도움 없이도 하나님께서 과거에 자신에게 어떻게 행하셨는지 돌아보라는 지도자의 제안을 단순히 따르는 것만으로도 이 모든 것을 할 수 있었다. 그녀는 추론의 결과를 그녀의 경험에 적용했다. 기억하며 떠오른 움직임에 따라야만 한다고 여겼다. 결과적으로 과거의 경험과 현재의 과정이 서로 관련되어 있다는 중요한 사실을 주지할 수 있었다. 그녀의 영성지도자는 기본적으로 그녀의 기도가 인도하는대로 확인하며 제시해 나갔다.

몇 주 후, 그녀는 자신의 위선됨과 두 가지의 삶을 사는 자신을 보는 것으로 인식을 확장시켜 갔다. 케더린이 미국의 에너지 소비와 전세계 자원을 제어하는 불의한 태도의 수위가 점점 높아감을 인식하면서 이런 불균형에 대해 자신도 포함됨을 점점 더 인식하게 되었다. 문제가 더 커지는 것을 막기 위해 그녀는 자신이 검소한 생활을 해야만 한다는 확신을 가졌다. 자신의 확신을 따라 행동하게 되자 안락함과 미국 중상류층의 편안한 삶을 즐기는 켄과의 부딪힘은 더 커졌다. "나도 마찬가지라고 생각합니다. 그리고 여기서 켄을 마치 적으로 생각하기는 아주 쉬운 일이지요. 아마도 나는 내 스스로 해야 할 일을 켄이 내 대신 해 줄 것을 기대했을지도 모르겠습니다. 만약 켄이 지지적 이었다면, 내 삶의 방식을 바꾸는 것이 쉬웠겠죠. 그러나 이제 우리가 함께 하는 삶 가운데에서 내가 삶을 검소하고 단순하게 만들어갈 방법을 찾아야만 한다는 것을 깨닫기 시작합니다." 케더린의 이런 깨달음은 앞으로 영성지도에서 그녀가 구조적 악과 맞서야 하는 불가피성에 대한 시각을 개발하고, 그녀의 영성 생활에 적용하는 일에 초점을 부분적으로라도 맞추어야 할 것을 인식하도록 했다.

위선에 대한 핵심적 통찰은 다음의 대화에서 일어났다. 그녀의 영성지도자는 하나님의 인도하심이 그녀 안에 이런 좌절과 혼란을 야기시켰는지 의문을 품게 만들었다. "정말 그럴까요?" "하나님의 진짜 부르심이 아니라 선하게 보이는 것에 속고 있는 것은 혹시 아닐까요?" 그는 이렇게 의문을 제기했다. 그는 긴장과 좌절의 정도가 돌에 부딪히는 정도인지 아닌지 생각하게 만들고, 비가 돌 위에 내리는 것과 스폰지에 내리는 이미지를 비교하는 이냐시오의 비유를 들었다. 18케더린은 처음에는 놀랐지만 나중에는 안심을 했다. "네 당신 말이 맞는 것 같아요." 잠시 멈춘 후에 그녀는 거의 속삭이듯 말했다. "아마도 켄과 하나님 둘 중 하나만 선택해야 한다는 생각은 근거가 없는 것 같아요. 안심이 되네요."

케더린의 영성지도자는 처음 몇 번의 대화 후에 켄이 결혼 상담을 함께 안 하더라도 그녀 혼자만의 상담도 효과가 있을 것이라는 직감을 갖게 되었다. 그 후 얼마 지나지 않아 케더린은 가족치료 상담사를 만났고 그녀와 켄의 갈등에 있어 가족 구조적인 그리고 세대로 이어지는 문제들을 이해할 수 있게 되었다. 그리고 그녀 자신과 켄 그리고 그의 사업상의 친구들 사이의 삼각관계에서 벗어나기 시작하면서 그들과 즐겁게 지내는 것이 훨씬 쉬워졌음을 알게 되었다. 그리고 켄과 하나님 둘 중 하나를 선택해야만 한다는 불안이 조금 해소되면서 켄도 케더린의 친구들에게 짜증을 덜 내게 되었다. 그들은 또한 "우호 조약"을 맺어 서로 반대되는 정치적 이슈나 정치 후보자들을 지지하기 위해 자신들의 앞마당을 나누어 썼는데, 먼저 케더린이 지지하는 후보의 홍보 피켓을 설치한 후, 켄도 지지 후보의 것을 내 걸었다. 그들의 "동등한 기회의 앞마당"은 그들의 이웃과 친구들 사이에서도 재미있는 화제가 되었다.

이어지는 영성지도는 심리치료로 인해 도움을 받았다. 가족 구조적 접근은 그녀와 켄의 관계가 하나님과의 관계와도 관련 됨을 알게 했다. 만약에 그녀가 켄과의 관계나 하나님의 부르심에 대한 이해를 달리할 수 있다면 "문제" 또한 바뀌어야만 할 것이다. 케더린은 발달적으로 개인상호·단계에 속하므로 이 과정이 어떻게 진행되는지 이해할 수 있고 또 의식적으로 "탈-삼각관계19에도 참여할 수 있을 것이다. 영성지도에서 케더린은 지속적으로 기도 가운데 하나님을 마주하고 그분께 피력할 수 있는 능력이 자라갔다. 그녀가 화를 내도 하나님을 불편하게 하는 것이 아니라는 생각으로 안정감을 찾았고, 오히려 하나님의 부르심에 진정성 있게 반응하는 태도는 더 발달해 갔다.

이런 긍정적인 결과들이 고통스런 갈등을 없애는 것은 아니다. 케더린은 비록 전보다는 걱정은 덜했지만 여전히 켄과 더 많은 싸움을 했다. 그녀는 적합한 생활 양식에 대한 이슈로 계속 갈등했다. 그러나 하나님께서 "영웅적"인 포기를 원하신다는 속단에 쉽게 빠져들지도 않았다. 케더린의 선택들 중 어떤 것들은 불가피하게 절충하는 듯한 느낌이었다: 그녀는 한편으론 원하면서도 또 다른 한편으론 그들의 관계뿐 아니라 켄의 사업상의 관계도 필요 이상으로 복잡할 수 있다는 생각을 했다. 그녀는 희생이 그녀만 하는 것이 아님을 배웠다. 무엇이 되었든 단순히 그녀 자신만의 일이란 없음을 알게 되었다.

지난 2개월 동안 케더린이 교회의 조직에 참여하게 되면서 영성지도에서 다룰 새로운 주제가 생겼다. 그녀는 점점 화가 났고 심지어 좌절하기도 했다. 예배의 공허함, 여성을 배제시키는 언어의 사용 그리고 그녀의 교구에서 사제가 사회 정의 위원회를 구성하는 것을 거절함 등이었다. 그녀는 자신이 어느 정도 "옛 패턴"을 재연하고 있음을 알았다. 그녀의 기도는 내려놓는 것, 자신은 비켜 서는 것 그래서 하나님께서 마음을 변화시키시고 문을 열게 하시는 것에 집중되었다.

주로 하나님에 대한 남성적 언어의 사용에 대한 문제들, 특히 하나님 이미지에 대한 것들은 그녀가 현재 기도하며 답을 찾고 있는 것이다. "만약 내가 머리로 알고 있는 것처럼 하나님께서 그(남자)가 아니라면 하나님은 누구일까요? 어떻게 하나님을 상상할 수 있을까요? 무의식적으로 나는 기도할 때 내가 가지고 있는 옛 이미지로 돌아갑니다. 그러나 그 때에도 나는 그렇게 하는 나를 의식하고 있지요. 그러면서 모든 것이 엉켜버립니다. 도대체 하나님께서는 누구신가요?"

케더린의 영성지도자는 지난 8개월 동안 그녀의 개인상호적 시각이 심화되는 것을 확인했다. 그녀는 자신의 영적 지도와 분별을 포함하는 스스로의 행동에 더욱 책임감을 키워가게 되었다. 그리고 남편과 친밀감을 개발해 나가면서도 그로부터 자신을 더욱 분화시키고 있다. 그녀는 켄과 자신 사이의 상호 의존성을 더욱 의식하고, 켄과의 관계가 어떻게 영성지도자와 하나님과의 관계와도 밀접하게 관련되어 있는지 더 잘 의식한다. 그리고 불의한 구조에 관여해야만 하는 책임감도 더 잘 받아들이고 개인적인 죄 뿐만 아니라 구조적인 죄에 대해서도 어떻게 반응해야 할지 그 방법을 찾고 있다. 해결에 대한 그녀의 욕구는 줄어들었고, 이젠 결론에 도달하려는 것보다 과정에 참여하는 일을 더 할 수 있게 되었다.

영성지도자는 케더린에게 점점 복합적인 체제 안에서 그녀의 행동과 동기들을 분별할 수 있는 정황들을 제공한다. 이제 그녀는 "선을 가장한 유혹"에 어떻게 빠질 수 있는지, 그리고 켄과의 관계를 악화시키는 태도인 "무슨 일이 일어날지라도 하나님을 선택하려는" 그녀의 욕구와 직면하는 것에 대해 더 많이 배우고 있다. 그들이 서로의 다름을 존중하기 시작하면서 케더린과 켄은 종종 장난스런 유머를 나누게 되었다.

케더린의 영성지도자는 개인상호 단계의 특징들이 지도 회기에서 드러나면 그것을 존중해 주었다. 그는 이전 영성 지도자를 잃은 것에 대해 케더린이 애도할 필요가 있으며, 이제 새롭게 시작되는 발달 단계에서 그녀가 새로운 시각으로 전 과정을 재해석할 수 있어야 한다는 것을 인식했기 때문에, 그들의 신뢰 관계를 쌓는 일에 특별한 주의를 기울였다. 그는 되도록이면 뒤에 머물러 서서 그녀 스스로 자신의 내면의 움직임을 따라가도록, 그리고 스스로 어려운 질문들을 던지도록 격려했다. 그리고 그들의 관계가 견고해졌을 때, 비로소 점점 드러나게 이의를 제기할 수 있었다. 그는 케더린이 심리 상담을 통해 도움을 얻을 것으로 여겼고, 그녀가 치료 과정에서 알게 된 것을 하나님과의 관계에 적용 하도록 도왔다. 그는 그녀의 개인적 관계들이 점점 분화되어감을 확인하고, 그녀가 스스로를 켄이나 하나님으로부터 소외시키지 않는 것도 주시했다. 이 두 관계들은 이전보다 더 큰 난관에 봉착할 때도 있었지만 오히려 더 견고해지고 더 친밀해지는 것 같았다.

케더린 자신과 하나님의 관계가 깊어지면서 재해석할 수 있게 되자, 그녀의 지도자는 그녀가 전에 하나님과 관계 맺던 방식 들을 모두 잃어버렸다고 여길 수도 있는 어둔 밤과 혼돈 속으로 그녀와 동행할 준비를 한다. 케더린과 그녀의 지도자는 "어떻게 발달이 이루어지는지" 함께 배워가고 있는 중이다.

제 **8** 장

## 교회의 영적 인도에서 드러나는 발달적 역동
### Developmental Dynamics
### in Congregational Spiritual Guidance

회중적 상황에서의 영적 인도/
회중의 발달적 특성/
회중 속에서 볼 수 있는 발달의 과정들/
회중의 발달적 평가/
의로운 공동체 되기: 이스트민스터 교회/

**제 8 장  교회의 영적 인도에서 드러나는 발달적 역동**

주일 아침 11시 10분전, 이스트민스터 장로교회의 성전 안, 예배 준비를 위해 오르간 연주자는 연주를 시작한다. 바하의 선율은 교회 현관 밖으로 울려 퍼지고, 그 때 주일학교 예배 실들이 있는 지하층에서는 여러 사람들이 서로 인사도 하며 부산스럽게 올라온다. 유치부 아이들을 주일학교 예배에서 만든 것들을 한 손에 꼭 쥐고 엄마 아빠를 따라 계단을 오르고, 좀 큰 아이들은 혼자서 가족들을 만나러 본당을 향한다.

거동이 불편한 교인들을 싣고 온 주민센터의 소형 버스는 교회 입구에서 휠체어를 태운 두 명의 교인을 내려 놓고 언제나처럼 그들이 항상 앉는 익숙한 자리로 안내 받을 수 있도록 봉사자에게 인계한다. 걷는 것이 아직 불편하지 않은 노인들이 다가와 이 두 오래된 친구에게 인사하며 주보를 건넨다. 그 때 새로 온 교인은 같은 교구 사람을 소개받아 담소를 나누고 그들이 함께 알고 있는 친구가 있음을 발견한다.

그리고 교회 한 구석에선 연습을 마치고 가운까지 챙겨 입은 성가대원들이 한 손에 성가곡집을 들고 성전을 향하고 있다. 그리고 담임목사의 서재에 모여있던 예배위원들은 한 위원의 급작스런 병고와 또 다른 교인의 모친의 부고를 접한다. 이들은 함께 모여 그날 아침의 예배에서 교인들이 마음을 열어 예배에 임하고 고통 받는 이들에게 위로가 넘치길 위해 짧게나마 함께 기도한다. 스데반 사역1의 회장은 팀원 중 한 명인 밥이 재활 하는데 좀 더 긴 시간이 걸릴 것을 예감하며 사역할 수 있는 사람들의 명단을 떠올려 본다. 이 때 담임목사는 아직 가운도 입지 못한 채 상담 중이던 교인과 진지하고도 조용한 대화를 끝내려는 중이다.

매주일 이런 일들은 무수한 교회에서 거의 유사하게 일어난다. 장로교회든, 가톨릭 성당이든, 감리교회든 거의 같은 예식과 필요 그리고 갈망들이 존재한다. 그렇다면 우리가 앞서 긴 분량을 할애하여 다루었던 구조 발달론들은 이들 교회 회중들 가운데 일어나는 일과 관련해서는 어떤 창의적인 통찰을 할 수 있도록 도울 수 있을까? 영성지도자의 사역은 교회에서 목사와 다른 교역자들의 사역과는 어떤 관련성을 가지는가? 우리가 앞서 로저, 탐, 메리 베스 그리고 케더린이 사용했던 의미 체계들의 잠재력과 한계성을 인식하는 것은 이스트민스터 장로교회 교인들로서의 삶에서도 동일한 통찰을 할 수 있도록 도울 수 있을까? 이런 질문들이 이 장에서 다룰 문제이다.

## 회중적 상황에서의 영적 인도

지금까지는 일반적인 영적 인도보다는 영성지도에 주로 주목 해 왔다. 이제 좀 더 포괄적인 영적 인도의 과정을 설명하도록 하겠다. 또한 지금까지는 영성지도의 상호적 관계를 주로 일대 일의 형태에 집중해서 보아왔지만, 이제 회중이라는 영적 인도의 새로운 개인상호관계 상황에 주목하도록 하자.2 이 같은 초점과 대상의 변화는 보다 전문화된 영성지도를 강조 하는 데서 좀 더 전형적인 영적 인도를 강조하는 변화를 동반 한다. 이런 초점의 변화에 대한 근거를 논한 후에 우리는 회중적인 발달상의 특성들을 살펴보고 이 새로운 상황에서 나타나는 발달의 전환을 이뤄나가는 과정과 이미지를 재해석 할 것이다. 그리고 회중을 발달적으로 평가하는 방법도 제안 하려고 한다. 또한 기독교인의 삶의 한 단면인 의로운 삶으로의 부르심에 조심스럽게 다가갈 수 있도록 이스트민스터 교회를 다시 방문하는 것으로 이 장을 맺을 것이다. 우리는 그것을 통해 의와 관련된 자연치유적인 발달의 역동을 살펴보고, 교회의 목회 사역이 이런 발달적 역동을 어떻게 증진시킬 수 있는지 주목해 보려고 한다.

영적 인도에 대해서는 다양하게 이해할 수 있기 때문에, 이 책이 그 용어를 영성지도와 관련 지어 어떤 의미로 사용 하는지를 먼저 분명하게 설명하도록 하겠다. 나는 앞서서 영성지도를 교인들에게 베푸는 교회의 특화된 돌봄 사역의 한 형태라고 설명했다. 영성지도에서는 경험이 많은 한 사람이 영적 인도를 구체적이고 각 사람의 특성에 맞게 일대 일로 혹은 소그룹으로 맞추어 한다. 그러나 어떤 사람들은 이 과정들을 "영적 우정" "영적 동반" "영적 상담" 혹은 "영적 인도"이라고 부르기도 한다. 그러나 "영적 인도"라는 용어를 통해, 나는 그레고리 대제가 목회적 돌봄에 대한 짧은 글에서 "영혼의 치유" 혹은 "영혼의 돌봄"이라고 일컬은 모든 목회적 반응들을 의미하려고 한다. 이들 목회적 돌봄의 기능들이 하나님의 부르심과 그에 대한 우리의 적합한 반응을 인식 하도록 하는 것이라면 말이다. 영적 인도는 이들 다양한 목회 활동들인 정기적인 심방, 상담 혹은 위로의 편지들, 고백이나 참회를 도움, 설교와 예배, 병자와 수감자 방문, 성례 집전, 목회 상담 그리고 말씀과 전통 그리고 기독교 공동체의 훈련 등을 통해 일어난다. 영적 인도는 영성지도를 포함해, 교회가 교인들을 치유, 견인, 인도, 죄 용서 그리고 양육하는 모든 도구들을 사용하여 일어난다.

목회자들은 자신들의 직무를 위해 회중과 각 교인들을 위한 영적 인도를 감독할 책임이 있다. 그들은 공식적으로 일대 일이나 소그룹 영성지도로 이 책무를 수행할 수도 있고 그러지 않을 수도 있다. 일반적으로 바쁜 목회자들에겐 일대 일로 개인을 만나기 위해 비교적 매우 적은 시간만 할애할 수 있을 것이다. 영성지도자들은 안수를 받을 수도 안받을 수도 있다. 그리고 목회자일 수도 아닐 수도 있다. 단지 그들은 세례 받은 교회 공동체의 일원이기 때문에 영성 형성의 사역을 할 수 있는 것이다.3 그들의 특별한 헌신은 분명히 각 사람들과 자신들의 영적 여정에 집중할 수 있는 능력 안에서 발견된다.

우리가 개인에서 회중으로 초점을 옮겨 설명하려는 데는 두 가지의 주요한 이유가 있다. 첫째는 영성지도의 본질에서 비롯 되고, 둘째는 영적 인도의 본질로부터 말미암는다. 신학적으로 말하자면 영성지도는 필연적으로 교회적이다. 그것은 교회에게 주어진 사명인 교인들의 양육을 성취하기 위한 방법들 중 하나이다. 이 교회의 중요성은 지역의 예배 공동체를 통해 구체적으로 실현된다. 그러므로 기독교 공동체에 참여하는 것, 그리고 항상 그렇지는 않지만 일반적으로 지역의 교회나 교단에 속하는 것은 영성지도가 적합하게 일어나도록 하는 교회적 조건들을 확인 하는 일이 된다. 이 지역 공동체는 개인 기도와 공적 예배, 친밀한 나눔과 거룩한 성례전을 함께 할 수 있도록 하며, 그것은 지지와 의무 모두를 제공한다. 다른 말로 하면, 개인이 속한 기독교 공동체는 우리에게 필요한 대척점 모두를 제공한다. 그것을 통해 우리는 개인 적으로 행해지는 영성지도가 특이하거나 개인화된, 엘리트적 이거나 밀교적인 경험으로 빠져 다른 기독교인들로부터 분리 되지 않도록 돕는 것이다.

물론 지역의 예배 공동체들은 실수가 많은 인간들과 그들의 조직들로 이루어져있다. 그리고 그것은 제자도와 하나님과의 친밀한 관계를 방해할 수도 키워갈 수도 있는 것이다. 그러나 비록 제한성이 드러날 때에라도 모든 기독교 공동체들과의 단절은 매우 중요한 대화의 동반자들을 잃는 위험에 빠지게 한다. 때론 우리의 제자도는 제한적이고 억압적인 교회의 상황에 저항하면서 분노하고 구체적으로 비판할 수도 있다. 교회가 오류에 빠질 수 있다는 고통스러운 수긍은 사실은 하나님의 말씀 안에서 우리가 더 적합한 의미 체계를 세워갈 수 있도록 만든다. 우리가 교회에 대해 가지고 있는 제한된 시각에 고착되어있음을 깨닫고 반박하는 것을 통해 이 일은 일어난다. 교회 쪽에서 보자면 영성지도자를 지역 교회의 회중으로부터 분리시킬 때 교회 공동체가 더욱 순전한 증언을 배울 기회를 잃는 것이 된다.

회중의 형성적 역동을 관찰하는 두 번째 이유는 영적 지도의 본질로부터 온다. 대부분의 시대, 대부분의 사람들에게 영적 인도는 믿음 공동체의 삶 속에서, 그리고 그것을 통해 일어난다. 이 일은 하나님, 인간 그리고 세상에 대한 우리의 믿음을 예전과 말씀 안에서 지속적으로 재연해 가면서 일어난다. 우리는 기독교적 삶의 방식을 구성하는 이야기, 행동, 감정 그리고 헌신들을 특정한 신앙과 예배 공동체 안에서 스며들듯이 배운다.4

회중적 교회는 제자로의 부르심을 살찌워가기에 평범한 환경 이기 때문에, 우리는 그것을 덜 중요한 것으로 다루는 어리석음을 범한다. 그러나 정확하게 말하자면 회중이 최우선의 형성적 환경이라고 말할 수 있다. 그래서 우리는 그곳에 특별한 주의를 기울여야 하는 것이다. 결국 영적 인도의 발달적 중요성을 온전히 이해하기 위해서는 회중 안에서 그리고 그것을 통해서 일어나는 형성적 역동에 명백하게 초점을 맞출 필요가 있다. 그렇다면 어떻게 그것을 함양할 수 있을까? 발달 이론은 그것을 위해 어떤 기여를 할 수 있을까?

## 회중의 발달적 특성

회중들은 개인과는 다른 발달적 가능성들과 제한성들을 드러낸다. 그리고 특정한 개인의 복합성보다 더욱 폭넓은 복합성을 회중은 드러낸다. 회중의 구성원들은 인생주기의 모든 단계에 걸쳐있고 발달적으로도 역시 그렇다. 앞서 본 상상의 행성 에서라면 한 교구 안에 행성의 모든 나라가 동시에 존재 하는 것으로 볼 수 있다. 더구나 회중들은 목사를 포함해서 개인의 삶을 초월하는 회중으로써의 삶의 도전을 받고 있는 것 같다.5

병원, 사업체 그리고 학교에 비해 교회 공동체는 관계의 경계가 느슨하다, 그리고 목회자나 지도자들에게 말로 표현하지는 않지만 매우 큰 기대를 가지고 있다. 교회 회중들은 다른 많은 사회 기관들보다 더 오랜 시간 동안 관계를 지속된다. 또 각 개인과 가족들은 다양한 이유들로 교회를 찾아와서 함께 머물다 떠나간다. 그리고 그 이유는 교회의 표명된 목적이나 사명들과는 상관이 없는 경우가 거의 대부분이다. 구성원들은 드러내 놓고 영적 인도를 구할 수도 있고 그렇지 않을 수도 있다. 그러나 목사는 특히 발달과 관련된 잠재력을 지닌 시기, 예를 들어 탄생, 성인이 됨, 집을 떠남, 결혼, 병에 걸림 그리고 죽음을 맞는 순간들에는 회중들의 삶 속으로 다가가는 독특한 기쁨을 누린다.

개인들에게 해당되는 발달적 전환의 요인은 회중들에게 있어서도 동일하게 적용된다. 회중적 상황에서는 특히 다음의 세 가지 특징이 발달적으로 좋은 결과를 가져온다고 볼 수 있다. 풍부한 상징, 다양한 시각의 가능성, 공동체의 돌봄에 의미 있는 참여를 할 수 있는 가능성이 그것들이다.6 이제 평범한 교회 회중의 삶에 깃들인 발달의 역동이 어떤 영향력을 가지고 있는지 살펴보도록 하자.

자기와 세상 그리고 하나님을 이해하는 것은 이미지, 상징 그리고 비유에 달려있기 때문에, 이것들을 형성하고 없애고 또 다시 형성하는 일은 영적 발달에 필연적으로 내포될 수 밖에 없다. 교회를 둘러싼 삶은 상징들과 상징적 행위들, 드라마와 이야기, 플롯과 인물, 과거와 현재 모두로 가득 차 있다. 신화화된 삶과 죽음이라는 실제, 죄와 구원, 회개와 용서, 죽음과 부활은 기독교를 채우고 있는 이야기들이다. 주인공 들은 이 이야기들 가운데 다양한 형태와 모양으로 등장하고, 그들은 각각의 독특한 상황 가운데 존재하고 있다. 우리가 이들 이야기들과 우리 자신의 이야기를 거듭해서 말할 때 상징들과 인물들은 우리의 상상력 안에서 살아나고 우리로 하여금 더 커져가는 비전 속에서 살아가도록 하며 우리 자신의 이야기를 통해서 그리스도의 이야기가 몸을 입고 세상에 드러나도록 한다.7 중심 되는 이야기와 이미지 그리고 그리스도인의 삶의 방식인 사랑을 전달할 수 있는 공동체의 잠재력은 비록 그것이 우리의 의식으로는 인식할 수 없는 것일지라도 – 아니 어쩌면 그렇기 때문에 – 영적 인도를 통해 구할 수 있는 가장 큰 도움이다. 이들 이야기와 상징 그리고 이미지들은 각각의 발달의 단계들 가운데 있는 사람들에 의해 다른 방식으로 받아들여지는 것이 분명하다.

관점을 취한다는 것은 개인이 다른 사람들이나 집단들의 경험을 인식하고 느끼고 이해하는 모든 방법을 일컫는다.8 로버트 셀만은 관점을 취하는 것이 단순하고 미분화된 그리고 아주 가까운 관계들로부터 복합적이고 다면적인 관계들(가까운 관계들에서부터 우리가 직접 대면해서 만난 적이 없는 다른 문화와 상황들에 속한 사람들과의 관계까지 모두 포함 하는)로 옮겨가는 데 있어 중요한 역할을 한다는 사실을 밝힌다. 우리가 비록 부분적일지라도 우리 자신을 다른 사람들의 경험 속으로 들어가는데 성공할 때마다 매번 우리는 제한된 고정 관념에서 좀 더 정확하게 다른 사람들을 바라볼 수 있는 상태로 옮겨가게 된다. 결과적으로 이런 자기 초월로 향하는 발걸음들은 우리의 세계관 전체를 새 단계로 옮겨 놓는다.

회중은 인간적 환경을 경험할 수 있는 축소판으로, 훨씬 더 폭넓은 관점을 취할 수 있는 가능성을 보여준다. 모든 연령과 인격 유형에 속한 사람들은 비록 우리가 원치 않는 것이 확실한 때에도 각자의 불쾌한 습관들을 가지고 교회 장의자의 바로 옆자리에 계속 앉아 있을 수 있다. 심지어 교회 안에서 가장 동질적인 공동체 가운데에서도 우리는 얼마 지나지 않아 이질성을 직면하게 될 것이다. 즉, 우리와 같지 않고, 우리가 원하는 것과는 반대되는 결정을 하는 사람, 소문을 퍼트리고 속이거나 무시하는 사람, 사랑과 충고라는 이름으로 괴롭히는 사람, 분노를 서로에게 퍼붓는 사람들, 우리가 원치 않는 일을 하도록 조종하는 사람, 우리와는 아주 다른 방식으로 기도 하거나 예배 드리는 사람, 우리의 주권을 묵살하는 사람, 우리가 할 수 있다고 여기는 것보다 더 큰 짐을 지게 하는 사람들이다.

교회들은 믿음을 나누며, 생명의 말씀들을 나누며, 특정 연령의 혹은 경험을 가진 사람들의 지지그룹, 섬김과 성경 연구, 헌신, 여가 모임들과 같은 우리의 시야를 넓힐 많은 기회들을 제공하며, 다양한 연령층과 발달 단계들로 이루어져있다. 우리들의 전통과 성도들의 이야기는 우리를 경험 밖으로 이끌어내서 이야기 속의 인물들과 도전들 속으로 끌고 들어간다. 그리고 교인들이 어려움을 돌보려는 노력들은 교회 밖의 사람들을 돌볼 수 있는 경험과 도전으로 영역이 확장된다. 목회적 돌봄은 인간적 어려움들이 해소될 때 결실을 맺는 것이 아니라, 바로 그 사람들이 복음의 이름으로 다른 이들을 자유롭게 섬기는 그 때 맺어진다.9

인간들은 자신들에게 영향을 줄 결정을 내리고, 자신의 존재 함과 행함의 주체가 되며, 강력한 발달을 끌어낼 필요가 있다. 신학적으로 말하자면 인간은 비록 창조되고 의존적인 존재 이긴 하지만, 하나님과 함께 창조하는 자로서의 잠재성을 지니고 있다. 그러나 이 가능성이 구조적으로 위태로워질 때, 자기, 마음(생각) 그리고 목소리는 자신의 것이 아닌 다른 사람들의 것들을 붙잡으면서10하나님과 함께 창조할 수 있는 자신의 잠재력은 무력화 시킨다.

교회의 외형과 재정을 유지 보존하는 일, 여러 위원회와 구역 모임 그리고 사역들과 같은 다양한 참여와 결정을 내릴 충분한 기회를 지역의 교회들은 가지고 있다. 그러나 공동체 안에서 예배의 삶을 살도록 돕고 사회의 구조적 악에 맞서서 싸우도록 하며, 점점 복잡해지는 세상에서 윤리적 삶을 성찰 하고 분별하며 살도록 할 수 있는 잠재력, 그리고 거룩한 도구가 될 자기 자신의 소명을 따라 살도록 돕는 잠재력을 교회가 지니고 있다는 사실이 무엇보다도 중요하다.

분명히 교회 공동체는 다양한 은혜의 도구들과 함께 인간 발달을 돕거나 방해할 수 있는 가시적 혹은 비가시적 도구들 또한 지니고 있다. 교회 생활과 그 목적에 발달적 안목을 가지고 임하는 것은 그 구성원들로 하여금 하나님의 부르심에 좀 더 정교하고 힘있게 반응할 수 있도록 도움을 준다.

## 회중 속에서 볼 수 있는 발달의 과정들

개인의 발달적 전환을 잘 설명해주었던 이미지와 모델들은 우리가 교회의 정황을 살피는데도 동일하게 도움을 준다. 앞에서 이름 부쳤던 "치료적 삼각관계"는 교회 회중들의 발달적 전환이 어떻게 일어나는지 알도록 한다. 우리는 확인, 창의적 반론 그리고 다양한 교회 프로그램과 구조들 속에서 연속성을 유지하는 일 사이의 균형을 맞추는 것을 스스로 배워간다. 그리고 그것들을 의식적으로 성찰하면서 실행할 때 발달적 잠재력을 키우고, 당회의 결정, 교육 훈련 과정들, 설교의 내용들, 교구의 다양한 소그룹과 위원회의 구조와 목표를 세우는 일들을 발전적으로 할 수 있다.

보측자의 개념은 좋은 결과를 가져오기 위해서는 어느 정도의 도전이 필요한가를 결정하는데 도움을 준다. 우리는 집단이나 개인이 발달 해야 한다는 생각에 압도되어 결국 무력해지지 않고, 오히려 동기

부여를 받도록 하기 위해서는 다양성을 받아들이고 도전에 대한 내성을 어느 정도 가지고 있어야 함을 더 잘 인식해야 한다. 이 장에서 우리는 어떤 식으로 교회가 조직되고, 다양한 프로그램과 집단들이 그 안에서 어떻게 만들어지는지, 그것이 구성원들의 발달을 저지하는지, 혹은 옆에서 이끌어 가는 보측이란 어떤 의미인지 답을 구해 보려고 한다.

이를 위해 칼슨의 치료적 의미 만들기 모델은 위기상황이 아닌 일상적 교회 생활에도 적용할 수 있을 것이다.

1. 신뢰할 수 있는 분위기를 만드는 것은 회중적인 역동 에서도 일대 일의 관계에서와 마찬가지로 명백한 초석이 된다. 교구의 구성원들에게서 드러나는 모든 발달적 시각을 위한 안아주는 환경으로써 기능할 수 있는 교회 공동체의 능력은 당회원들 사이의 신뢰, 사역자들과 교인들 사이의 신뢰 그리고 교인들 상호간의 신뢰를 키우는데 의식을 모을 때 커질 수 있다. 그리고 담임 목사가 따라야 할 지침들은 다음과 같다. 교구원들의 이름과 그들의 일반적 생활 환경들을 기억하는 것, 그들의 일터에 심방하는 일, 비밀을 성실하게 지켜주는 일, 지명된 리더십을 인정하고 지원해주며 다양한 사역들과 위원회들에게 특정한 업무에 관한 적합한 수준의 결정 권을 허락하는 것, 회중 개개인의 은사를 확인하고 사용할 뿐만 아니라 회중 자체가 지닌 특정한 활력과 은사들을 확인하는 것, 방어적이지 않은 태도로 건설적 비판을 끌어내고 또 반응함, 목회자로써 권위를 사용할 때 고압적 태도가 아닌 수용적인 태도를 취함, 목회자의 손이 닿을 수 없는 곳에서도 개인적인 돌봄을 확대시키기 위해 회중들 가운데 다양한 소그룹을 키워나감, 개인의 고통들을 나눌 적합한 시기와 장소를 활용함, 회중들과 함께 배움. 그리고 창의적인 위원들이라면 의심할 바 없이 위의 가능성들을 더 확대시켜 나갈 수 있을 것이다.
2. 교구 혹은 위원회의 의미체계를 구성하고 있는 요소들, 가설 그리고 추측에 대한 광범위한 관찰을 주기적으로 하는 것이 적

합하다는 칼슨의 두 번째 제안이다. 이런 재점검을 위해서는 주요 위원회나 사역들의 사명선언서를 준비하는 것, 다양한 집단들을 움직이게 하는 비전을 재점검하기 위해 리트릿을 정기적으로 가짐, 모든 목회자 들과 위원회 의장단들을 정기적으로 평가하고 피드백을 줄 수 있는 절차를 세움, 가치와 목표들에 대한 비공식적 대화를 다양 한 수준에서 나눌 수 있도록 하는 것들이 있다. 정도의 차이가 있긴 할 테지만 어느 집단이라도 교회의 사명에 부합하는 다양한 견해와 비전을 가지고 있음은 의심의 여지가 없다. 그래서 교회 리더십이나 위원회에서 부적절 하거나 파괴적인 가설들에 대한 반론을 제기하려 할 때마다 갈등은 불가피하게 일어난다. 그러나 발달적 시각에서 보면 만약에 갈등으로 야기되는 불안이 합당한 수위를 넘지만 않는다면 그것은 오히려 발달적 전환을 불러온다. 그러므로 첨예한 부딪힘 혹은 너무 급하게 문제를 해결하려는 태도는 갈등 상황과 특성이 내포하고 있는 긍정적인 발달의 가능성을 잠식시키는 것이 된다.

3. 광범위한 추론의 배경들, 개인적 자기 구조와 역사의 차이점들을 받아들이기 위해 목회적 돌봄을 위한 지도자들은 자기 인식을 충분히 개발하고 목회자로써의 정체성을 분명히 하여 다른 시각들이나 갈등적 상황과 인간관계를 직면하게 될 때에 불안에 빠지지 않도록 해야 할 것이다. 아마도 그들의 목회적 임무들 가운데 이런 개방성 혹은 수용성을 일구는 일은 그들 자신의 발달에도 아주 중요한 역할을 할 것이다.

4. 칼슨은 그녀를 찾아온 내담자들에게 부적합한 태도들과 행동의 배경이 되는 의미체계의 구조들을 바꾸도록 도우려 할 때 자유 사고와 연상 기법을 사용했다. 이런 자유 사고와 연상은 일대 일 상황에서뿐 아니라 회중적 상황에서도 중요하다. 왜냐하면 상상은 다름에 대한 가능성을 열어 놓기 때문이다. 목회적으로, 교회는 하나님의 통치가 이 곳, 이 시간에 이루어지고 있음을 복음의 시각으로 볼 수 있도록 해야 한다. 하나님의 통치는 어떤 모습인가? 그 통치를 따라 움직이기 위해서는 어떤

구체적 단계들이 공동체에게 도움이 될까? 설교하고 예전을 따르는 일은 그들을 기독교적 그리고 선지적인 상상력을 키워가는데 좋은 역할을 한다. 또한 영성 훈련과 교육을 통해서는 발달과 연관된 비전을 나눌 수 있는 가능성이 매우 큼을 알 수 있다.

5. 칼슨이 자신의 내담자들로 하여금 스스로의 사고 과정을 성찰하도록 도운 것처럼 목회자들도 회중들로 하여금 자신의 의식을 성찰할 수 있도록 도와야 한다. 교인들이 자기 성찰적이 되고 자신의 의식 과정을 분별하게 되는 만큼, 그들은 자신의 삶과 선택들에 대한 책임을 받아 들이게 된다. 온전한 자기 인식과 평가가 가장 복합적인 발달 단계를 이룬 사람들에게서 일어나지만, 발달 단계 전반에 걸쳐 자기 성찰과 평가는 각기 다른 정도로 일어난다. 이 가능성을 적합한 발달 단계들에 따라 적용하는 것은 보측의 또 다른 예라고 말할 수 있다.

6. 마지막으로, 치료자는 내담자와 관계를 계속 유지하면서 내담자가 존재하고 행동하는 좀 더 효과적인 방법들을 배워 가도록 꾸준히 강화시키고 창조적으로 반박할 수 있어야만 한다. 교회 회중에게 이 원리를 적용한다면, 회중이 발달적 전환의 시기에 처했을 때에는 리더십을 바꾸지 말고 계속 함께 하도록 하며, 확장되는 비전과 사명을 내재화 하도록 돌보아야 한다고 설명할 수 있다. 목회자의 교체가 불가피한 경우에는 사고와 비전을 새롭게 하려는 의도적 시도뿐 아니라 가능한 많은 교인들과 그것들을 함께 공유하려는 노력이 필요하다. 이렇게 할 때 전환은 그 자체로 교인들의 영적 생활을 견고하게 할 뿐 아니라 미래의 비전도 함께 나누도록 돕는 계기가 될 수 있다.

발달적 지식을 가지고 목양하는 것은 위에서 제안한 것처럼 특별한 비법이거나 아주 복잡한 것일 필요는 없다. 그것은 종종 상식적인 문제이고 좋은 인간관계를 맺는 기술과 같은 것이다. 그러나 그것은 특히 교인들의 발달적 우연성에 잘 맞추어질 때 매우 강력한 발달을 일으킬 수 있다. 이것은 회중 안에서의 자연 치료적인 발달의 역동 또한 증진시킨다.

교회의 상황들 안에서 드러나는 발달의 사태들을 계속 탐색해 갈 때 주의할 점이 몇 가지 있다. 첫째, 회중적 상황에서 발달의 동력은 복합적이고 다양하다는 것이다. 신학적으로나 발달적으로 볼 때 목회자가 이 역동들을 통제할 수 있다거나 혹은 그래야만 한다고 여기는 것은 부적절하다. 그것은 인간으로서는 불가능한 일이다. 교회와 함께 계시겠다는 성령님의 약속은 필요한 목회적 돌봄이 교회 안에 편만해 있다는 사실을 의미한다. 교회가 이 목회적 돌봄을 증강시킬 때 구성원들에게 심리적으로 그리고 영적으로 성장하고 발달할 수 있는 기회를 제공하는 것이 된다.

회중 안에 내재되어 있는 발달의 가능성을 모두 정확하게 평가할 필요는 없을 것이다. 우리는 단지 발달적 안목을 가지고 바라봄으로써 회중을 돌보는 일에 있어서 정확하게 공감하는 일을 점진적으로 더 잘 해나가길 바랄 뿐이다. 발달 이론은 결코 영적 인도의 목표나 내용을 만들어 낼 수 있는 것이 아니다. 단지 발달의 다양한 형태 혹은 단계와 이 세상에서 하나님의 통치를 지속적으로 드러내는 일을 계속할 때 겪게 되는 선한 싸움의 과정들을 제시할 수 있는 것이다.

## 회중의 발달적 평가

연구자들은 개인의 발달 단계를 결정하기 위해 정확성과 재생산성을 지닌 합리적 평가 도구들을 만들어냈다. 그러나 이것을 집단에게는 동일하게 적용할 수 없고, 회중의 발달 단계를 결정할 수 있는 어떤 경험적 실험들도 없는 실정이다. 발달적 평가의 현재 실행 수준으로는 회중의 발달 단계들에 대한 문제를 경험적이라기 보다는 직관적으로 접근하는 것이 최선이다. 그러므로 단계들과 전환들을 회중의 존재 방식과 의미를 만드는 방식에 적용하도록 하겠다. 이것은 자칫 회중적 생활에 대해 너무 복잡하고 혼란스러운 세부적인 것들에 빠지지 않고 이해하거나 해석할 수 있도록 돕는다는 점에서 유용하다.

제인 로에빙거는 집단이 어떤 과정을 거쳐 발달 단계들을 이루어 가는지 이해할 수 있는 암시적 언급을 한다. 그녀는 국가-국민은 자기 보호 단계에서 움직이며, 심지어 다른 나라 민족에게 원조를 주는 경우에도 자신의 이익을 먼저 찾는다고 말한다. 사회는 그들의 편에서 세워져 가는 것이고, 순응에 가치를 두고 보상을 한다. 그리고 구성원들을 순응주의 단계로 이끌어간다. 로에빙거는 어떻게 사회가 순응주의 단계를 초월하도록 촉진할 수 있는지 묻는 질문 자체에 내재된 역설을 주목한다. 왜냐하면 양심적이라는 의미 자체가 적어도 부분적일 수는 있지만 순응으로부터 벗어나는 것을 내포하기 때문이고, 사회는 스스로의 해체를 도모할 수는 없기 때문이다.11 그러므로 우리 사회의 개인적 발달 단계 양식이 순응주의 단계와 양심적 단계 사이의 자기 인식 단계에 머무는 것은 놀라운 일이 아니다.

집단의 발달 평가에 대한 이런 대략적인 설명을 받아들인다고 할 때 이끌어낼 수 있는 원리는 다음과 같다. 내가 믿는 다음 의 원리들은 구조적 발달 체계와 일관성을 지닌다. 첫째, 어떤 크기의 집단이든 위험에 처해있거나 경제적, 정치적, 문화 적으로 위협을 받는 것 같이 여겨지면 자기를 보호하기 위한 반응을 하게 된다. 그것은 마치 개인이 가족이나 사회 안에서 자신의 위치를 고수하려고 싸우는 것, 그리고 압도당하는 경우가 아니라면 절대 경계를 내려놓지 않아야 한다고 느끼는 것처럼 처한 상황에서 유용하다고 생각하는 자기 보호적인 방식으로 체제를 갖추는 일이다.

둘째, 사회들과 같은 비자발적인 집단들은 개인들이 단일한 세계관으로 하나되도록 하기 위해서 강력하지만 대체적으로 무의식적인 격려를 한다. 즉, 사회적으로 받아들여지는 사람이 되도록 몰아간다. 이런 종류의 집단들은 질서체계를 깨뜨리는 사람에게 실제적으로 혹은 상징적으로 처벌을 내린다. 그리고 허락되는 "현실"이 무엇인지 검열하고 수정해나가면서 사회적 영웅과 신화가 만들어낸 미덕을 높이 기린다. 이것은 사회의 존속을 위해서는 대다수로부터 암묵적으로 수용된다. (나머지 의 사람들도 대부분은 의식적으로 받아들인다.) 자발적 집단도 이와 비슷한 방식으로 운용된다. 그러나 이들 집단은 지지자 들의 요구를 들어주려고 노력하면서 환심을 사야만 할 것이다.

셋째, 우리는 어떤 크기의 집단이라도 발달의 분포 곡선에서 순응주의자들이 핵심 그룹에 포함되어 있을 것이라 예상할 수 있다. 좀 더 특성화된 집단에서라면 내면화된 결정을 지속적으로 지지해줄 것이다. 이런 집단은 구성원들 과반수가 양심적 단계에 속한 경우가 될 것이다. 개인상호적 발달 단계의 특성을 지닌 구조적 집단은 거의 없다. 비록 구성원들 중에는 그런 시각으로 기능하는 개인들이 있을 수는 있지만, 순응주의나 양심적 단계의 의미 체계가 집단에서 우세한 영향력을 미치기 때문에 이들의 잘 드러나지 않는 시각들은 쉽게 파묻힌다.

마지막으로, 성인으로 구성된 규모 있는 집단들에서는 세 개 심지어는 네 개의 발달적 단계에 속한 시각들이 존재할 것으로 기대된다. 이 사실은 회중을 평가하는데 있어 가장 큰 중요성을 지닌다.

발달 단계의 영역들이 어떻게 한 회중 안에서 서너 개가 드러날 수 있을까? 그 예를 이스트민스터 교회에서 찾아보도록 하자.
약8년 전에 이스트민스터 교회의 이웃 주민들이 전환기에 처해 있었던 것은 분명히 고통스러운 사실이었다. "백인들의 도시탈출"은 전문가들 그룹도 함께 주변 교외지역으로 빠져나가게 만들었다. 제조업체들이 문을 닫고 노동 조합들도 외곽으로 빠져나가면서 도시민의 평균수입은 하강 곡선을 그렸다. 도시 실업률은 전체 국가 수준 가운데 최상위를 향해 올라가고 있었다. 노숙자들의 수는 늘어났고, 교회 건물과 할인매장 사이의 공터에서 잠을 자기 위해 정기적으로 나타나는 사람들의 수도 늘었다. 마침내 당회는 이 사태에 대해 교회가 어떤 대처를 해야 하는지 스스로 묻게 되었다. 그들은 비공식적인 자리에서 점점 어려워져 가는 지역의 주거 환경 문제에 관해 꾸준히 이야기를 나누며 걱정했다. 이스트민스터 당회는 회중들이 노숙자 문제와 그에 대한 대처 능력을 계속 탐색할 용의가 있는지 회중들의 의견을 점검해 보았다. 우선 교인들의 인식과 감정 그리고 이웃에게 집을 지어주는 일에 참여하게 된 동기들은 무엇인지 설문조사를 했고, 여기에는 어른들 뿐 아니라 초등학교 고학년 학생들과 십대 청소년들도 포함시켰다.

결과는 매우 다양했다. 그리고 발달적으로 관찰했을 때 그 결과를 다음과 같이 유형별로 나눌 수 있었다.

**전인습적 단계 (충동적-자기 보호적 단계)**

1. **고통이나 처벌을 회피하려는 동기에서 취하는 행동:**
"뭔가 행동을 취해야 한다. 그래야 나 또는 내 자녀가 마약에 노출되지 않을 것이다."
"안 된다. 우리는 충분한 재정을 가지고 있지 않다. 만약 이들에게 예산을 쓴다면, 다른 계획들은 모두 취소돼야 할 것이다."
2. **개인의 이익이나 상급을 원함:**
"이들을 돕는다면 보람을 느낄 것이다."
"만약 우리가 노숙자들을 길에서 볼 수 없게 한다면, 집값이 오를 것이다."

**인습적인 단계 (순응주의-자기 인식 단계)**

1. **승인**
"나의 엄마와 아빠는 다른 가족들을 도와야만 한다고 말씀하신다."
"내 주변의 모든 사람들은 다 반대합니다. 우리는 이것이 시에서 할 일이라고 생각합니다. 예산을 모으는 일도 그들이 훨씬 쉽게 할 것입니다."
"우리 교회 목사님은 교회적으로 이 일에 참여하길 원합니다."
"만약 다른 사람들이 참여한다면 나도 하겠습니다."
2. **명예 혹은 명성**
"나는 이런 종류의 사람들이 교회 건물 주변을 배회하는 것을 원치 않습니다. 우리의 인상을 나쁘게 만들고, 또 위험할 수도 있습니다."
"만약 우리가 장로교인들이라면 그래야죠. 장로교는 사회적 관심을 갖는 것으로 잘 알려져 있습니다."

**후인습적 단계 (양심적 단계-개인상호적 단계)**

**1. 공동체의 유지를 존중함**
"만약 내(우리)가 그들의 처지에 처한다면, 그들이 나를 도와 주길 원할 것이기 때문에 나 역시도 돕기 원합니다. 나 역시 전에 재난으로 인해 월급을 제 때 못 받았던 적이 있습니다."

**2. 정의와 돌봄**
"내겐 충분한 음식과 쉴 수 있는 집이 있습니다. 그래서 나보다 덜 가진 사람들을 위해 나눌 의무가 있다고 생각합니다."
"나는 그들이 단지 같은 인간이라는 이유만으로도, 발을 땅에 딛고 당당히 살 기회가 주어져야 한다고 생각합니다."12

당시 이스트민스터 교회는 이 안건에 대한 회중의 동의나 반대의 강도에 주로 관심을 가져왔다. 그러나 결과에 대해 발달적으로 초점을 맞추는 일은 찬성 혹은 반대 반응을 중요하게 여기는 것이 아니라, 각각의 선택의 배후에 있는 의미 체계에 초점을 두는 것이다. 만약 회중이 노숙자들을 위해 집을 짓는 일에 참여하기로 했다 하더라도, 그 반응은 다양한 시각에서 비롯된 것일 수 있다. 다음은 모르간 Elizabeth Morgan 과 그녀의 동료들의 설명이다.

"…… 동기가 이타적이고 자기를 내려놓은 것일수록 영향력과 적용 범위는 훨씬 더 커질 수 밖에 없다. 정의와 돌봄은 단순히 사회적 양심에 순종하는 것보다 더 깊은 숙고와 더 오랜 인내를 요구한다. 그러나 그것을 근거로 해서 우리 모두는 결정하는 일을 끊임없이 하게 된다. 이것은 절대 우리가 일하는 것을 부정하는 것이 아니다."13

다른 말로 하자면, 하나님께서는 그 자체가 매우 과정적이라 할 수 있는 공동체를 통해서 일하신다. 우리가 당면한 필요에 대한 반응이라는 바로 그 행위를 최선의 통찰력으로 행하면서, 우리의 공동체원들은 결국 그들의 시각을 넓혀 나갈 것이다. 우리의 제한성 안에서 사회적 약자들의 어려움에 주의를 기울이며 우리 모두는 복음을 더욱 분명하게 들을 수 있다.

회중을 발달적으로 평가하고 그들에게 발달적으로 반응하는 일은 매우 비공식적으로 행할 수 있다. 더 자세히 관찰하려고 한다면 다음의 방법들이 도움이 될 것이다.

1. 결정이나 행동의 드러나지 않은 원인인 "왜"가 어떻게 말로 표현되고 암시되는지 잘 경청한다. 이를 통해 결론으로 이르게 하는 발달적 의미 체계가 드러난다. 발달적으로 해석할 때 이스트민스터의 초기 투표는 회중들이 어떤 범주에 속해있고 또 얼마나 다양한 발달적 시각들을 가지고 있는지 평가할 아주 유용한 기회가 될 수 있었다. 예를 들어 그들의 답변 가운데 대다수는 긍정적인 면과 부정적인 면 모두에서 자기인식 단계에 속한 의미체계에 해당됨을 알 수 있었을 것이고, 그럼에도 불구하고 놀라운 것은 양심적 단계의 반응 역시 꽤 많다는 사실이었다.

2. 외적으로 표현된 견해의 "내면"으로 들어가려는 시도를 해야 한다. 사람들에게 자신의 견해를 주장하는 것과 비슷한 태도로 다른 시각을 가지고 그 속을 들여다 보도록 한다. 이 과정은 단지 다른 견해를 이해하도록 돕는 것만이 아니라 견해를 취하는 행위 자체로 인해 기존의 의미체계를 확장시키는 단계의 전환을 불러온다. 이스트민스터의 경우는 비공식적인 담화들을 통해 드러나지 않은 내면의 견해를 이미 취합하기 시작했다. 이 일에는 가상의 시나리오를 몇 가지 그려보는 일과 그에 따른 찬성과 반대 의견들을 살펴보는 일이 포함되었다.

3. 발달적으로 점점 복합성이 더해 가면서 질문과 담화를 계속 이어간다. 이것은 의미/사실로 시작해서 해석/대조/명료화, 그리고 분석/통합/평가로 나아가게 된다. 단계를 올라가는 일에 사고의 과정 mental process을 도입하는 것은 모든 사람들이 자신의 수준에 맞추어 좀 더 앞서 나아가도록 보조하는 역할을 한다. 구체적 조작기의 사고를 하는 사람이라면 의미/사실을 위주로 하는 담화에 많은 시간을 할애하고 그 일을 더 편안하게 받아들일 것이다. 형식적 혹은 후기 형식적 사고 체계에 익

숙한 사람이라면 분석, 통합, 평가의 비중을 더 중요하게 여길 것이다. 좀 더 단순한 형태에서 시작하게 된다면 어린 청소년들도 참여 하도록 할 수 있다. 그러나 좀 더 복합적이고 함축적인 사고 과정을 더하게 되면서는 발단 단계 후기에 속하는 좀 더 통합적인 사고 체계가 요구 될 것이다.14 이스트민스터의 목사와 위원들은 계속 보고서를 만들고 전략을 세울 계획이다. 이 일 역시 같은 방법으로 진행되면 좋은 결과를 가져올 것이다.

4. 일반적으로 사람들이 말하는 것과 행동하는 것에는 차이가 있음을 인식해야 한다. 좀 더 복잡한 이론적 설명을 하는 일은 그것에 근거해서 행동 하는 것 보다 일반적으로 먼저 일어난다. 예를 들어 우리 모두는 의롭게 행동하는 것에 대해 말할 때는 그다지 큰 노력이 요구되지 않는 반면에 그 말을 행동으로 옮기는 것은 훨씬 더 어렵다는 것을 경험적으로 알고 있다. 말과 행동이 같이 가기 시작할 때, 발달의 단계는 진정으로 내면화되는 것이다. 피아제가 말한 격차decalage의 과정은 새로운 발달적 견해로의 전환과 함께 그 새로운 단계가 견고해 질 때까지 반복하는 것도 설명한다. 이스트민스터의 위원회는 계속 이 사실을 기억하고 있어야 한다. 이웃을 위한 집 짓기 프로젝트에 회중들이 참여하는 비전은 매우 호소력이 있는 것이지만 그 비전을 실천으로 옮기는 일을 계속하기란 훨씬 더 많은 어려움을 포함하는 것이다.

5. 회중 전체를 지배하는 이야기들과 이미지들 그리고 신화 들을 찾아야 한다. 그것들은 의미를 만드는 일에 매우 강력한 영향력을 지니고 있으며, 회중들을 행동하게 만드는 발달적 체계를 제한하기도 하지만, 대부분의 경우 무의식적이기 쉽다.15 앞으로 짧게나마 만나게 될 도린 Doreen이 회중들과 "동거" 했던 일은 이스트민스터 교인들에게 점차 상징적인 기능을 했던 것 같다.

6. 권력과 권위에 대한 이미지와 가설들을 살펴보도록 한다. 그것들이 위계적이고 융통성이 없으며 권위적인가? 그것이 "외부"

에 있는가 "내부"에 있는가? 아니면 양쪽 모두에 있는가? 사람들에게 자신의 삶을 스스로 제어할 수 있는 힘이 주어져 있는가? 이스트민스터는 회중의 발전 방향을 맞추는데 중요하게 여기는 것이 목사의 힘인가, 위원회 혹은 은사자의 권위인가? 그리고 좀더 복잡하고 내면화된 결정을 하게 될 때 이런 것들은 어떻게 확증이 되고 활성화 되는가? 아니면 어떻게 도전을 받는가?

7. 교인들을 다양한 방법으로 참여시킬 수 있도록 한다. 이렇게 할 때 발달적 관점들이 지닌 힘은 저변으로 확대 될 수 있다. 예를 들어 순응주의에 속한 사람들은 시내 쉘터에서의 급식 봉사 사역, 주간 탁아시설에서 어린이를 돌보는 일 혹은 노인들의 귀가를 돕는 일 등과 같은 일반적으로 일대 일로 도우며 가시화된 결과를 볼 수 있는 상황을 가치 있게 여길 것이다. 그리고 세계관이 주로 양심적 혹은 개인 상호적 단계에 속했다면 직접적 반응 보다는 구조적 반응을 이끌어 낼 활동들, 예를 들어 더 정의로운 주택 정책과 예산을 수립하는 일을 위한 협상 작업 같은 일에 도전하게 된다.16

### 의로운 공동체 되기: 이스트민스터 교회

성경은 모든 믿음의 공동체에게 의로움에 관한 발달의 의무를 부여한다. 그러므로 의롭게 살도록 부르신 그 복음의 부르심을 따라 살려는 회중의 태도를 관찰할 때 우리는 많은 것을 깨닫게 된다. 의로운 삶은 그 개념 자체가 심오하고 추상적인 것뿐 아니라, 의롭게 산다는 것은 내 자신의 종교나 신분 혹은 국가와 아주 다른 환경에 속한 사람들과 공감하고 긍휼히 여기며, 그 영역을 점점 더 넓힐 수 있는 능력을 요구한다.

20년 전 로마 가톨릭 주교단은 정의가 모든 기독교 공동체에 어떤 도전을 줘야 하는지를 다음과 같이 요약하여 설명했다.

"의와 세상의 변화를 위한 활동에 참여하는 것은 복음 선포의 근본적인 영역에 속한다고 우리는 받아들인다. 복음 선포는 다른 말로 하면 인류의 거듭남과 모든 억압받는 환경으로부터의 해방이라는 교회의 사명을 선포하는 것이다."17

복음을 따르는 신실한 삶은 억압받는 자들을 위해 계속 정의로운 활동을 하는 것이다. 그리고 지구 자원들에 대한 태도와 자기를 위한 결정 모두에 있어 동일한 접근을 하는 것이다. 의롭게 사는 것이 얼마나 까다롭고 요구하는 것이 많은지는 복잡하게 실타래처럼 얽힌 불의함의 형태들을 관찰하면서 쉽게 알 수 있다. 예를 들어 동과 서의 무력대결은 새로 만들어 낼 수 없는 지구 자원을 소모하고 있으며, 군 부대 주변의 서비스업에 종사하는 헤어나올 수 없는 하층민들을 양산해 내고 있다. 그리고 자본주의 경제 체계는 저개발 지역의 또 다른 빈민 계층을 만들어 내는 악순환을 불러온다. 다른 불의한 행동들을 자세히 관찰해 보면 이와 동일하게 순환적으로 일어나는 것을 알 수 있을 것이다. 세상이 점점 좁아지면서 인류는 서로 의존하며 살게 되었다. 인류가 살아 남기 위해서는 우리 자신과 크게 다른 문화권의 사람들과 대화하고 그들을 존중하는 것이 요구될 것이다.

교인들 개개인에게 주어진 삶을 사는 것이 덜 힘들다고 말할 수는 없을 것이다. 그러나 로널드 마스틴Ronald Marstin은 다음과 같이 설명한다.

"자신의 안락한 삶으로 인해 만족을 얻는 믿음은 정체된 믿음이다. 믿음이 발전한다는 것은 주변인을 끌어 안는 것이다. 그리고 보편성이 성숙의 가늠자가 되는 곳에서, 성숙하는 믿음은 마찬가지로 주변인들을 향한 관심으로 인식될 수 있다. 그것은 아직도 소외되어 있는 사람들에게로 계속 손을 뻗는 것이다."18

그러나 이처럼 자신과 매우 다른 그리고 개인적으로 알지도 못하는 사람들을 도우려고 점점 더 팔을 넓게 벌리기 위해서는 발달 단계의 거의 끝에 해당하는 사고의 복합성을 필요로 한다. 그렇다면 어떻게 일반적으로 매우 다양한 단계에 속한 사람들로 구성된 교회 회중들에게 의롭게 사는 일로 부름 받았음을 인식시키고 그렇게 살도록 할 수 있을까?

이스트민스터 교회로 돌아가기 전에 단계를 정하는데 필요한 발달적 설명을 하나 더 하도록 하겠다. 성경은 의에 관해 말할 때 더 많이 환대하며 품는 공동체가 될 것을 요구한다. 이것은 세계적으로나 개인적으로 모든 불의한 영역에 도전장을 내민 다. 비록 어려운 일이긴 하지만 의로운 삶이라는 이상적 비전을 따라 성장하는 일에는 적어도 세 가지의 발달적 변화가 포함 된다. 1) 자신의 필요에서 공동체의 필요를 인식하는 일로 도약 (자기보호 단계에서 순응주의 단계로의 변화) 2) 개인적 관계를 넘어 구조의 분석으로 도약 (순응주의 단계에서 양심적 단계로 변화) 3) 자신의 그룹, 순, 종교 혹은 국가에서 포괄적인 모든 사람들의 공동체로 시각이 확장됨 (양심적 단계에서 개인상호적 단계로 변화)19 회중의 발달이 가지고 있는 강점은 발달 안에 있는 이 세 단계의 변화 모두를 통합할 가능성이 있다는 것이다. 그러나 각 발달 단계에 맞게 바른 시각과 의롭게 살아야 한다는 건설적인 도전을 받으면서도 지속적으로 유지되고 있는 지역 교인들의 변하지 않는 삶이 공존하는 것은 발달에 있어 직면해야 할 난관이다.

교회 회중과 당회원들의 발달적 역동을 설명하기 위해 이스트민스터 교회로 돌아가 회중적 삶 가운데 극히 일부분인 정의로운 삶을 교회 환경 속에서 구체적으로 살 수 있는지 예를 들어 설명하도록 하겠다.

저소득층을 위한 집 짓기 프로젝트가 이스트민스터 교회의 주관 하에 이루어질 거라는 생각이 교회 회중들의 마음을 어떻게 사로잡기 시작했는지 아무도 기억하지 못한다. 분명한 것은 7년전 지금의 목사님을 초빙할 때까지만 해도 이 일을 거론하는 사람이 없었다는 것이다. 선임 목사의 돌연한 사임으로 어느 정도 어려움을 겪던 회중들이 가장 강하게 피력했던 초빙 조건은 이전의 안정을 되찾는 것이었다. 그러나 소수의 교인들은 사회 구조적인 문제들로 인해 단지 이전 상태를 그대로 유지하는 일이 힘들 것임을 알 수 있었다. 그 이유들 중 가장 확연한 것은 지역 경제가 와해되고 있으며 인구가 교외로 빠르게 이동 중이기 때문에 이스트민스터에는 적은 수의 노인 인구만 남게 될 것이라는 점이었다.

현상유지라는 목표를 이루기 위한 교회의 노력은 목회자로 지원하는 몇몇 유능한 여성들이 이력서를 보내면서 도전 받기 시작했다. 초빙 위원회의 일부 구성원들은 여성 목회자를 심각하게 고려하는 것이 공정하다는 주장을 했다. 반면에 목회자로 여성을 세우는 것이 교회의 분열을 가져오며, 이 시점에서 회중들이 변화를 맞을 준비가 되어있지 않다는 반대되는 주장을 하는 사람들도 있었다. 마침내 초빙 위원회와 회중들의 투표 끝에 교회의 드러나지 않은 필요들을 단적으로 평가할 수 있었다. 그리고 캐롤이 신임 목회자로 결정되었다. 그녀는 스스로 소개한 것처럼 아이를 닮은 쾌활한 웃음과 이웃을 향한 열정을 지닌 여성이었다. 그녀의 엉성한 듯한 설교는 한 교인의 평가처럼 진주가 목걸이에 하나하나 꿰어지듯 길어지는 경향이 있었는데, 그녀는 이런 설교보다 더 자연스럽게 회중들 속으로 깊이 스며들어갔다.

캐롤의 부임 초기는 매우 평범했다. 캐롤이 그들을 좋아한다고 느끼면서 교구원들도 그녀를 열린 마음으로 격의 없이 대했다. 한 때 교회에서 정기적으로 행해지던 각자 음식을 준비해 와서 함께 나누는 포트락 (애찬) 파티도 다시 시작되었다. 교인의 어린이를 향한 환대와 쾌활함 그리고 기분 좋은 소란은 주변 지역에도 잘 알려졌다. 그리고 교인들의 수는 증가했다. 그 즈음에 누군가가 어린 아이들은 주의력이 오래가지 않으니 의도적으로 저녁식사 후의 짧은 기도모임을 제안했다. 그래서 결국 다음 주 설교 본문으로 기도하며 함께 성경공부 하는 모임이 생겼다. 캐롤은 목회자들의 모임에서 그녀가 생각 하기에 묵상적이지 않을 수도 있는 이런 모임에서 그녀가 설교에 관한 아이디어와 예화를 얻곤 한다고 언급한 적이 있다.
점진적으로 캐롤의 시간을 빼앗는 일들은 늘어났고, 목사의 전권을 막아서는 일도 전혀 없었다. 그녀는 교인들 가운데 몇 명을 인선해 스데반 사역을 탐사하도록 했다. 그리고 캐롤과 그 외 세 명의 인원은 관련 교육을 받은 후, 집 밖으로 나오기 힘든 독거 노인들을 방문하기 시작했다. 일년 동안 참여 인원은 세 명에서 여섯 명으로 늘었고, 자체적으로 커지는 조직을 관리하고 있었다. 캐롤은 신임 사역자들을 관리 감독했는데, 일년에 두 번의 교육 기간을 통해 돌봄의 기술을 키워가도록 했다. 그리고 한 달 혹은 여섯 주마다 한 번씩 병으로 외출할 수 없는 사람들을 방문했다. 사역자들은 이들의 생애 마지막 몇 개월간을 함께 동행하며 결국 죽음을 맞이 했을 때 그들의 장례식에 참석해 매우 큰 감동을 받았다.
또한 캐롤은 다른 지역의 동료 목사들과도 연합된 관계를 맺었다. 이 모임에는 이스트민스터에서 가까운 곳에 있기 때문에 자연스럽게 용품들을 헌물하고 봉사를 도왔던 푸드 뱅크와 중고 의류들을 나누는 가게들도 동참했다. 교인들 중 네 부부와 한 명의 미망인이 Fish라고 부르는 그 가게에서 정기적으로 봉사를 했다. 그들은 각각 물품을 모집하고, 수거 하고, 분류하며, 배분하는 일을 맡아서 전문적으로 일했다. 또 한 명의 변호사는 법적인 일을 돕기로 자원했다. 그러나 할 일이 많아지자, 그는 동료의 도움을 얻거나 인턴 제도를 도입해 그 일을 도왔다.

그러는 동안 교회는 첫 노숙인을 받아들이게 되었다. 그녀의 이름은 도린으로 끈질기게 그룹 홈이나 쉘터로 이주하는 것을 거부해오던 여성이었다. 그러던 그녀가 교회 옆에 붙어있는 캐롤이 살고 있던 허름한 목사의 사택을 본능적으로 찾게 되었다. 그렇게 매일 아침 여섯 시에 그녀는 아침식사를 얻으러 초인종을 눌렀다. 캐롤은 농담 삼아 도린의 초인종은 알람 시계보다 더 정확했다고 말했다. 교회 본당에 들어오는 것을 걱정스럽고 불편하게 여겼기 때문인지는 모르겠으나, 비록 도린이 주일 예배에 참석한 적은 결코 없었지만 얼마 되지 않아 대부분의 교인들은 그녀의 존재를 알게 되었다. 처음에 그들은 여러 방법으로 도린의 주거 환경에 대한 문제를 해결하려고 했다. 그러나 그 모든 것에 대해 도린은 저항했다. 결국 그들은 아주 단순한 도움을 주기로 결정했다. 한 사람이 그녀의 사회 보장 연금을 추적해서 한달 동안 먹을 음식으로 바꿔주고, 가을이 되면 따뜻한 외투와 구두를 신고 있는지 확인하기로 한 것이다. 추운 날이면 지하실 문턱 곁에, 그리고 더운 날에는 교회 그늘에 앉아 있는 그녀에게 대부분의 사람들은 인사를 건넸다.

비록 모든 교인들이 도린을 편하게 받아들인 것은 아니었지만, 이미 그녀는 교회와 떨어질 수 없는 존재가 되었다. 일년이 지날 즈음, 캐롤은 도린이 지닌 상징적 역할을 인식하기 시작 했다. 교회 설립 75주년을 기념하기 위해 스테인글라스를 제작하기로 교회는 결정했고, 매주 모이는 준비 모임에서는 도린을 디자인에 넣어 제작하기로 했다.

일상적 교회 생활에서도 갈등이 눈에 띄기 시작했다. 갈등의 불씨가 된 것은 예배형식으로, 전통적으로 하느냐 격식을 따르지 않을 것이냐 하는 문제는 교인들 사이에서 분열을 일으켰다. 예배 위원들은 서로 화합하며 사역할 수가 없었다. 결국 성가대 지휘자는 다섯 명의 대원들과 함께 자신의 뜻에 맞는 예배 형식을 따르는 다른 교회로 더 많은 급여를 받으며 떠나갔다. 그들이 떠난 지 일년이 다 되어 가지만 성가대는 아직도 그 여파에서 헤어나오지 못하고 있다. 그리고 한 무리의 교인들은 그들에게 익숙한 성가를 못 듣는 것에 대해 불평하며 다른 교회로 옮길 거라는 협박 아닌 협박을 하는 상태다.

3년 전에 예산 문제로 청소년 사역의 보조 사역자마저 구하지 못하게 되면서 청소년 프로그램이 점점 약화되는 것을 캐롤은 걱정하고 있었다. 고 3학생 중 한 명이 마리화나를 소지한 혐의로 체포됐다가 부모들에게 중징계를 내리며 풀려났다. 이제 더 이상 청소년 프로그램을 방치할 수 없었다. 캐롤이 이 문제를 찔러대지 않으면 아마 계속 연기되고 무시될 것 같았다.

예산도 단기간 내에 증액될 기미는 없었다. 8년 전에 주 20시간의 근무 조건으로 고용된 교회의 비서도 자녀들이 이번 가을이면 학교에 다시 다니게 되어 전일 근무를 할 직장을 찾아야 한다고 말했다. 캐롤은 교회가 그에 상당하는 급여를 줄 수 없다면 단지 충성심이나 헌신에 호소하며 일을 계속 해달라고 부탁하는 것은 공정성에 어긋나는 것이라고 말했다. 캐롤은 그녀가 변함없는 태도로 함께하며, 영민한 분석과 사무실을 찾아오는 사람들을 잘 다루고 기밀을 잘 유지하는 성품을 가지고 있었기 때문에 신뢰하고 있었다. 그녀를 떠나 보낼 것을 생각하면 무척 아쉬웠다. 그녀의 새 신자들을 돌보는 은사 때문에 그 일만큼은 계속할 수 있길 바라지만, 그것도 가족들을 생각할 때 그만둬야 할지 모른다. 캐롤은 다음 몇 주 동안 더 이야기를 나눠 보자고 제안했다.

처음 주택 프로젝트를 놓고 투표를 할 때만해도 이스트민스터 교회는 여타 교회들과 그다지 다른 것이 없었다. 교인들의 수는 천천히 줄어들었고, 약 100가정 정도를 지속적으로 유지 하고 있었다. 연령 분포는 변화가 있었다. 청소년들에게서는 우려되는 패턴이 보이기는 했지만 10년 전보다 어린 아이들은 늘었다. 그리고 여전히 백인의 비율이 지역 평균 분포도를 뛰어 넘지만, 인종 분포가 조금은 다양해졌다. 그러나 교회는 주변 지역에 많이 유입되고 있는 쿠바인들에 대해 그다지 개방적이지 못했다.

투표 결과에 힘입어 교회는 노숙인들을 위한 주택 짓기에 교회가 어떻게 반응할지를 계속 탐색했다. 그들은 단순하게 시작했다. 위원회의 가을 리트릿에서 그들은 대부분의 시간을 이 문제를 놓고 기도하며 논의하기로 결정했다: 우리 지역의 노숙인들에게 내가 어떻게 반응하기를 하나님은 원하시는가? 개인적인 나의 부르심은 무엇인가? 전 교인들이 이 문제에 헌신하기 전에 그들이 먼저 앞서가야 한다는 생각을 가지고 있었다. 그들은 자신의 열망과 두려움을 살펴보고, 그 두 가지 모두가 주는 메시지는 무엇인지 주목하려고 했다. 그리고 새로운 위원들은 기존 위원들의 의견을 편하게 받아들이며 함께 헌신하기로 했다. 그들 각자는 노숙인 문제를 구체적 으로 다루었다. 이렇게 함으로서 교회가 앞으로 어떻게 참여할지 세부적인 방법을 찾을 수 있을 것이라 믿었다.

리트릿을 마감하며 그들은 교인들에게 어떻게 다가 설 것인지 를 그려보았다. 캐롤에게는 몇 주간 동안 노숙인과 쉘터를 향한 교회의 부르심을 신학적으로 어떻게 받아들일지 설교해 달라고 부탁했다. 그들은 잠정적으로 이른 가을에는 "환대의 성경적 개념"을, 사순절 기간 동안은 "장기간의 사역"에 대해 설교를 부탁했지만, 캐롤이 자신의 판단에 따라 회중에게 필요한 최선의 것을 할 수 있을 것이라는 격려를 했다.

그들은 위원들 중 한 명이 공동체 조직의 경험이 있음을 알고 그가 시청 관련 업무나 기금 모집, 그리고 지역과 공공 기관의 협력을 이끌어 냄으로써 앞으로 구체적인 프로젝트의 방향이 잡힐 것이라고 생각했다. 곧 그는 이스트민스터가 국가적 차원의 도움을 받아 그 동안 동결되었던 주택 보조 연방 자금을 쓸 수 있음을 알아냈다. 비교적 빨리 그는 하원의원 들과 상원위원들 연결했으며, 연방정부와 지역 기관의 많은 공문서 내용을 토대로 첫 보고를 할 수 있었다.

두 번째로 캐롤에게 요구된 사항은 이 일을 주변의 교회들에게도 지속적으로 알리는 일의 선봉에 서 달라는 것이었다. 지역의 노숙인들에 대해 같은 마음으로 반응 할 수 있는 교회가 몇이나 있을까? 몇 주 지나지 않아 캐롤은 지역의 모든 교회에 이 요청을 가지고 가서 교인들로 하여금 12월에서 3월 사이에 격주로 집 짓는 일에 참여해 줄 것을 요구했다. 신학적인 것이 갑자기 실제적인 것으로 바뀌었고, 폭 넓은 논의 끝에 이스트민스터는 이 일에 참여하기로 결정했다. 위원들의 개인적인 헌신이 이제 모든 교인들에게로 확장된 것이다.

교회 부지에 "그 사람들"이 와서 머문다는 것 때문에 꺼려하던 사람들도 점점 줄어들었다. 실제로 그들은 저녁 8시에 와서 이른 아침 6시에 떠나므로 대부분의 사람들은 그들이 왔다 간 자취를 볼 수 없었다. 그래서 더 쉽게 받아졌을 수도 있을 것이다. 그러나 캐롤은 위원들 이외의 대부분의 교인들에게는 이스트민스터의 교회 장의자에 몸을 눕히는 사람들이 구체적으로 누군지 알리지 않도록 했다.

노숙인들의 문제에 대한 위원들의 개인적 헌신을 끌어내고, 실제 정보를 찾아내고, 주제 설교를 두 주에 걸쳐 하는 일, 그리고 협력을 구하는 노력은 교인들이 힘을 합쳐서 한해 동안 이룩한 성과였다. 다음 해 가을 리트릿에서는 캐롤의 건의로 자신과 다른 위원들을 판단하지 말고, 돌아가면서 자신이 헌신하고자 했던 것들 가운데 어떤 것을 했고 또 성취하지 못한 것은 무엇인지를 나누도록 했다. 그들의 나눔 가운데 가장 중요하고 근원적인 결론은 자신의 헌신을 위해 다른 그룹이나 개인들의 지지를 얻어서 같이 한 일일수록 실행에 잘 옮겨졌다는 것이다.

캐롤은 숙고할 새로운 질문을 그들에게 던졌다: 회중에게 직접 노숙인들을 위한 헌신에 적극적이고도 지속적인 참여를 요구하는 것이 좋을까? 이에 대해 위원들은 만장일치로 예로 답했다. 그러나 한 가지 주의할 점으로 덧붙인 것은, 모든 교인들이 이 일에 교회 사역의 초점을 맞추는 것을 열렬히 환호하지는 않을 것이기 때문에, 이에 참여하지 않는 사람들의 의견도 존중해야 한다는 것이었다. 그래서 여러 의견들을 듣고 그에 대한 선택을 교인들이 하도록 도울 것을 건의했다. 자신들의 경험으로 미뤄 볼 때 이 일은 성실함을 크게 요구하는 것임을 그들은 알고 있었다.

위원들은 이 안건을 다음 공동 회의에서 제출하고 이 일을 통한 자신들의 헌신과 회심의 경험을 나누기로 했다. 더불어 캐롤은 교육위원회 회장단들과 노숙인들을 위한 더 폭넓은 의미의 정의로운 삶에 관련된 이들 경험이 다양한 연령층에게 어떤 식으로 교육되고 받아지도록 도울 수 있을지를 논의했다.

그날 오후 내려진 두 가지의 결론은 첫째, 쉘터 프로그램에 교인들이 계속 참여하도록 도울 것을 재확인했다. 그러나 그들은 또한 매번 300개의 샌드위치를 만들어 날라야만 했던 신실한 여자 성도들이 지쳐서 그만둔 것을 주목하며 교구장의 지휘하에 교구원들이 돌아가며 책임을 맡을 것을 제안 했다. 집 짓기에 참여하지 못하는 많은 수의 교인들이 이 일에 더 많이 헌신할 수 있을 것이라고 그들은 기대했다. 그리고 그들이 이 같은 프로젝트에 계속 헌신할 것을 결정하게 된다면, 많은 사람들에게 사소하게 여겨질 수도 있는 헌신들이 더 많이 요구되며, 찬사를 받지 못하는 일들 또한 더 요구될 것임을 깨닫게 되었다.

관절염을 앓고 있어서 몸을 써서 봉사하는 일을 못하게 된 이다Ida는 차선책을 가지고 캐롤을 찾았다. 그녀는 "교회가 결정하는 일들에 대해 우리가 정기적으로 모여 기도하면 어떨까요?" 그녀는 매 주일마다 만나는 노인들 그룹에 속해 있었다. 그녀는 노인들에게 이런 특별한 헌신을 할 기회가 있다면 기꺼이 참여할 것이라고 확신했다. 위원회는 이 의견을 흡족하게 받아들였고, 그 결과 정기 기도 모임이 생기게 되었다. 캐롤은 처음에는 미처 인식할 수 없었지만, 이것이 회중을 하나로 연합하게 만드는 무엇보다도 중요한 것임을 알게 되었다.

그 해에는 몇 가지 주목할만한 행사들이 있었다. 교회는 두 번의 긴 공동 회의 끝에 노숙인들을 위한 사역을 중점적으로 할 것을 결의하게 되었다. 도린은 폐렴으로 짧은 투병 끝에 임종을 맞았다. 그리고 그녀의 장례식에는 많은 교인들이 와서 애도했다. 헤비타트 단체는 마을에서 집 짓기 봉사를 했고, 그 행사에 교인들 중 두 부부가 여름 휴가 동안 참여하게 되었다. 이스트민스터 교회와 연방정부의 지원을 받아 보조금으로 지어지는 주택 기획안이 자칭 시민 프로젝트 그룹이라는 모임을 통해 만들어졌다. 이 안건은 의회에서는 통과 되었지만 중앙 정부에 의해 거부되었다.

그 해 여름쯤 교회 건너편에 빈 건물이 매물로 나왔다. 캐롤은 그 건물을 빌려서 개조해 큰 식당과 부엌을 만들 계획을 갖게 되었다. 비록 노숙인들에게 계속 머물 수 있는 집을 제공하진 못해도 교회는 그들을 먹일 수 있을 것이다. 기도 그룹은 이 문제를 가지고 계속 기도했으며, 정보를 찾고 연구하는 모임이 또 만들어졌다. 그런 중에도 이 침울한 건물을 보기 위해 들리는 사람들의 발길은 계속 이어졌다. 그들은 결정 내릴 것이 단지 건물이 아닌 것을 깨닫게 되었다. 음식과 요리사에 대한 예산, 그리고 보수 후에 계속 되야 하는 건물 유지비용도 문제가 되었다. 물론 보수 공사는 그들 스스로도 할 수는 있지만, 이 프로젝트는 장기적인 것이므로 유지를 위해선 많은 예산과 봉사할 인원도 많이 필요했다. 결국 그들은 이 일을 시작했다.

2년 전부터 월, 수, 금 오후 6시에서 7시 사이에 이곳에 오는 사람이면 누구라도 밥을 먹을 수 있게 됐다. 때론 150명이나 되는 사람들이 왔다. 교회 포트락 (애찬) 모임도 이용 장소가 커지면서 화요일 저녁마다 많은 수가 모이게 되었다. 간혹 그 시간에 주변을 서성이던 노숙인들이 요일을 잘 모르고 들어 올 때도 있지만, 그들은 식사 후의 기도와 성경 공부 모임까지 함께 하곤 한다. 연방정부는 작년에도 교회가 청원한 주택 보조자금을 모으는데 실패했다.

캐롤은 위원회 리트릿에서 할 연례 보고를 준비하면서 키친 미니스트리가 자체적으로 이어져 가는 것에 대한 감사를 표할 계획이다. 그녀는 거의 위급 상황을 알리는 전화를 받아 본 적이 없다. 단지 자신의 차례가 되어서 급식이나 청소 봉사를 위해 간 적 밖에 없었던 것 같다. 그녀는 전 교인들의 시간과 재정적 헌신으로 매달 1200인분의 식사를 한 해 동안 잘 공급할 수 있었다는 내용을 잊지 않고 언급할 것을 기억하며 준비했다. 그녀는 이제 자신이 떠나야 할 시기가 되었음을 돌이켜 보았다. 아마도 다음 해 연말이 될 것이다. 그녀는 이것을 다음 주 위원회의에서 함께 논의 해야겠다고 결심했다.

이스트민스터의 발달 역동에 대해 할말이 무척 많을 수 있으나, 캐롤과 위원회 그리고 회중이 함께 자연 치료적 역동을 촉진했던 방법들을 되돌아 보겠다.

캐롤의 부임 초기 2, 3년의 특징은 확증하는 형태로 볼 수 있다. 사람들은 그녀가 자신들을 좋아하고, 그들의 가치와 문화를 이해하고 있다고 느꼈다. 그들은 그녀의 사역을 점점 신뢰할 수 있었다. 캐롤이 스데반 사역을 세워가는 형식은 다른 사역들을 세우는 데에도 본이 되었다. 그녀는 스데반 사역을 이끌고 갈 교인들과 함께하면서 결국 자신의 생각들을 이해시키고 가끔 그들이 사역으로 지칠 때는 지원을 아끼지 않았다. 감독 위원회에서도 문제가 드러나면 피하지 않고 항상 직면해서 해결하려고 했다. 개인적으로 스데반 사역자들을 장례식에 오도록 하는 일은 처음에는 불안하게 느껴졌다. 그러나 장례식을 처음 참석한 이후로는 모두 긍정적인 반응을 했다. 조직적 측면에서는 캐롤은 일상적인 일에 대한 코디네이터의 계획을 결코 경시하는 일이 없었다. 그녀는 또한 칩거 노인들을 정기적으로 방문함으로써 사역의 지속성을 유지했다.

캐롤은 갈등이 회중들 가운데서 불가피하게 드러날 때 그것을 잠재우려 하지 않았다. 그리고 만약 필요한 것이라면 불편한 주제에 대해서도 기피하지 않았다. 예를 들어 위원들에게 펫의 관용이 어떤 이득을 주었으며 청소년들에 대해 그들이 얼마나 관심이 없었는지를 돌아보도록 했다. 또한 캐롤은 특별히 위원들에게 자신에 대한 정기적인 피드백도 요청하고 기꺼이 받아들였다. 전교인 공동회의에서 그녀는 난처한 질문도 재치 있게 받아 넘기고 비판에 대해서도 수용했다. 이런 그녀의 유머 감각은 종종 어색한 분위기를 깨기에 유용했다. 결국 그녀는 위원들에게 요구하는 것을 스스로 실행하면서, 그리고 회중들에게 변화에 동참하도록 하면서 교회 전체의 일관성을 유지할 수 있었다.

지난 8년 동안 위원회는 또한 자연스러운 치유적 역동을 인식하고 끌어낼 수 있는 능력에 있어서도 성장했다. 그러나 위원들은 이를 위해 구조적 발달 이론을 배우거나 들어 본 적이 없었다. 점점 더 복잡해지는 의미 체계로 옮겨 가면서 그들은 자신들이 지나온 의미 체계들에 대해 설명할 수 있게 된 것이다. 그들은 동료들 중 몇 명이 사태를 파악할 수 있는지 알게 되었다.

위원들은 자유로운 사고와 연상에 있어서도 괄목할만한 성장을 이루었다. 그리고 다른 사람들에게도 대안적 상상을 해보라고 권하곤 한다. 그들은 직접적인 현장의 사역과 상당히 많은 수의 교인들을 참여하게 할 수 있는 공동체 지원 프로그램에 참여하는 것이 지금의 키친 미니스트리를 있게 했음을 직관적으로 인식했다. 그리고 그들은 자신들의 사역에 대해 몇몇 노숙인들에게도 그 구조와 체계가 어떻게 되어 있는지 설명하도록 했다. 아마 이스트민스터 교회는 국가적 차원의 도움을 얻는다면 새로운 방향으로 발전할 것이다. 그러나 지금으로서는 주택 보조 기금은 얻을 수 없는 상황이다.

점진적으로 이스트민스터의 사역들은 다양한 발달 단계에 속한 사람들에게 도전을 불러일으켰다. 교사이기도 한 교육 부서의 팀장은 지난 3년 동안 커리큘럼에 의로운 삶을 주제로 한 발달적 접근을 어떻게 할지 숙고했다. 그리고 그 결과로 청소년 사역은 안정되었고, 점점 깊이 있는 내용을 다룰 수 있게 되었다.

이스트민스터는 낙원이 아니다. 소소한 실수들과 분쟁들이 이어지는 평범한 사람들로 가득 찬 곳이다. 또한 그것이 통합적 인간들로 이루어진 공동체로 변화되었다고 말할 수도 없다. 그러나 그 과정 가운데 있는 것은 분명하다. 그리고 초면에 매우 다른 사람처럼 느껴지는 이들에게도 다가갈 수 있는 능력이 자라나고 있는 공동체이다. 그리고 이제는 그 사람들이 자신들과 아주 다른 이들이 아님을 알게 되었다. 이 공동체는 자신의 경제적 자원들도 나눌 수 있게 되었다. 그러나 그 보다 더 중요한 것은 그들 자신들을 나눌 수 있게 되었고 그 일에 있어서도 성장 중에 있다는 것이다.

제 **9** 장

공동 학습으로서의 영적 인도
Spiritual Guidance as Connected Learning

제 9 장  공동 학습으로서의  영적 인도

구조 발달이론들을 탐색하고 그것을 영성지도와 교회의 영적 인도에 적용하는 일을 마무리 하면서 다시 이 책의 첫 부분으로 돌아가 그 때 언급한 이미지들을 사용해 회중의 영적 인도를 발달적으로 접근할 때 어떤 유효성이 있는지 집중적으로 살펴보려고 한다. 나는 지금까지 우리가 이 책을 따라 지나온 길이 단순한 원이라기 보다는 나선형이었기를 기대한다. 비록 영적 인도에서 우리의 역할이 무엇인지 이해 하도록 도울 수 있는 이미지를 다시 만들어내야 하긴 하지만, 우리는 이미 구조적 발달이라는 새로운 해석의 틀을 더하여 봄으로써 발전된 시각을 가지게 되었다고 말할 수 있을 것이다.

이 책에서 가장 구조화 되고 특화된 형태의 영적 인도로써 소개한 영성지도에서 지도자는 수련자로 하여금 매일의 삶 가운데서 하나님의 부르심에 온전히 주의를 기울여 경청하고 전심으로 반응하도록 돕는다는 명시적 계약을 맺는다. 또한 수련자로 하여금 본인 특유의 거룩한 만남을 찾아 가도록 도울 것이긴 하지만, 지도자 역시 개인적인 거룩함을 구하기로 스스로 맹세한다. 우리는 또한 목회자도 회중들로 하여금 하나님의 부르심에 온전히 주의를 기울여 경청하고 전심으로 반응하도록 도와야 하는 언약적 관계임을 숙고해 보았다. 목양적 책무들 가운데 영적 인도는 비록 영성지도에 비하면 좀 더 희석되고 암시적인 태도로 행해지기는 하지만 목양의 모든 기능들 가운데 가장 핵심적인 것이다.

영적 인도는 그것이 아무리 형식을 갖추어서 하는 것이라 하더라도, 목사나 영성지도자만이 할 수 있는 특권은 아니다. 가족과 친구들도 좋든 나쁘든 강하게 드러나지는 않을 수 있지만 영적 성장에 강력한 영향력을 끼칠 수 있다. 믿음의 공동체에 속한 사람들과 사역들, 특히 예배는 회중의 영적 생활을 형성하기도 하고 저해하기도 한다. 그리고 직업, 시민 운동 그리고 여가 생활 같은 "세속적"생활도 제자로써의 삶을 사는데 좀 더 폭넓은 환경들을 제공함으로써 우리의 영성 형성에 영향을 미친다.

영성지도는 수련자가 매일의 삶에서 하나님의 행하심을 주목하도록 돕는다. 그리고 자신의 영혼이 이제 막 쓰기 시작한 언어를 적극적으로 듣도록 한다. 또 하나님의 임재와 부르심을 기뻐(기념)하고, 하나님과 다른 사람들 그리고 모든 피조 세계에 대하여 비록 그것들이 다양하고 때론 불분명하게 느껴질 때라도 의식적으로 그리고 자유롭게 반응하게 한다. 영성 형성을 돕는 다른 사람들이나 사건들은 이와 같은 반응들을 불러 일으켜야 한다. 그리고 지도자든 수련자든 영적 인도의 과정에 동참하는 사람들이라면 누구라도 마지막 숨을 쉬는 순간까지 갈망하고 배우고 성장하는 일로 도전받아야만 한다.

그러므로 우리의 마지막 과제는 발달을 돕는 효과적인 영적 인도를 어떤 이미지로 설명할 수 있을지에 모아진다. 이상적으로라면 이 이미지는 우리의 상상의 행성에 있는 모든 나라에 적용해서 시민들이 이웃나라로 옮겨 갈 수 있도록 돕는 발달적 역동들을 포함해야 할 것이다. 또한 그것은 발달적 단계와 전환 그리고 영성지도의 신학적, 목양적 목표가 함께 결합된 것이어야 한다. 그래서 그것은 인지적인 발달만이 아니라 남녀의 구분 없는 모든 인성적 측면들을 설명하는 것이어야만 한다. 더불어 발달하는 사람과 발달을 촉진하는 사람에 대한 우리의 개념을 평등하게 볼 수 있는 것이어야 한다. 발달적으로 유용한 영적 인도의 이미지를 찾는데 있어 메리 블랭키 Mary Blankey

와 동료들의 통찰력 있는 글인 여성들의 배움의 방식Women's Way of Knowing은 출발점이 될 수 있다. 그들은 우선 여성들이 지식의 세계를 어떻게 만들어가는지 다섯 가지의 다른 형태들을 설명한다. (이것은 이 책에서 설명된 자아 발달단계와도 연관되어 있다.) 그들은 각각을 "침묵" "수여된 지식" "주관적 지식" "과정적 지식" 그리고 "구성된 지식"으로 이름을 부쳤다. 그리고 작가들은 책의 나머지 부분을 모든 여성들에게 공통적으로 주어지는 환경인 가정과 학교의 역동들을 탐색해 나갔다. 비록 그들의 분석이 가정과 학교에서 여성들의 발달을 저해하는 함정과 도움은 각각 무엇인지에 주로 집중 되었지만, 이들 환경들은 남성에게도 동일하게 영향을 준다. 저자들이 밝혀낸 역동들은 여성들에게 특히 중요한 것이긴 하지만 남성 중심의 발달적 보측자pacer를 직면시키고 대비시킴으로써 남성들의 발달도 증진시킬 수 있다.

여성들의 인식론적 발달을 키우는 교육제도에 대한 그들의 논의를 맺으면서 저자들은 "공동 교육"이라는 이미지를 도입한다. 우리가 지금껏 살펴보았던 내용에 적용해 볼 때 "공동 교육"이라는 것은 내가 "공동 학습"이라고 부른 영적 인도의 이미지에 강력한 발달적 이미지를 부여한다고 볼 수 있다.

나는 효과적 영적 인도가 공동 학습으로써 실행 되야 함을 제안했다. 영적 인도의 이 같은 이미지가 어떻게 생겼고 또 적용되었는지를 탐색하면서 블랭키와 동료 연구원들이 얻은 가족과 교육에 대한 연구 결과를 비교해 보도록 하겠다. 그리고 마지막으로 이 비교 내용을 근거로 공동 학습으로서의 영적 인도의 이미지를 더 확장시키도록 하겠다.

블랭키와 동료들은 가족들이 구성원 서로의 발달적 잠재력을 제한시킨다고 말한다. 그들은 여성들이 어떤 특정 단계에 이르게 되면 공통적인 가족의 역동을 나눠 가진다고 인식했다. 가족은 최초의 형성적 공동체를 이룰 뿐만 아니라 가장 강력하고 가장 오랫동안 지속되는 압력을 행사한다. 모든 아이들은 어느 시점까지만 가족으로부터 지지를 받는다. 그런 데 그 시점에 대부분의 사람들은 어른으로서의 삶으로 떠나길 망설인다. 가족은 아마도 다른 많은 사회적 기관들 보다 그들의 자녀들이 기대할 수 있는 발달의 평균 단계까지 성장하도록 보측하는 일을 더 잘 수행할 것이다. 교회를 포함하는 다른 모든 기관들은 우리의 초기 생애 동안 이미 가정 속에서 이루어진 발달을 지지하고, 증진시키고, 대신 하거나, 혹은 무마시키려고도 한다.

가정은 고립되어서 존재하지 않는다. 아이들이 형성되는 수 년 동안 가정에 작용하는 사회의 영향력은 그들이 나중에 가정 안에서 지내며 겪게 될 오랫동안의 경험을 지속적으로 만들어간다. 그러므로 직장, 학교, 그리고 사회 복지 기관에서 경제적, 인종적으로 소외되어 있는 가정일 경우 돌봄을 받게 되는데, 이 모든 것들은 위계적이고 순응적이며 수동성과 순종하는 태도를 지니게 함으로써 자기보호적 단계나 순응적 단계를 넘어가지 못하도록 막는 열악한 환경이 될 수 있다. 그러나 사회적으로 경제적으로 여유를 가지고 사는 사람들의 경우에는 동일한 사회기관들이 창의적인 생각과 활동적 참여를 북돋우어, 그들에게 사회적 관계를 훨씬 더 잘 형성하도록 돕고 평생 동안 발달할 수 있는 최적의 조건들을 제공하기 쉽다. 가정은 그것을 구성하는 개인들과 마찬가지로 상호 역동적인 관계의 네트워크 속에 존재 한다.

가정은 발달을 보조하게 되는 모든 관계의 네트워크 속에 스며 있으나 확연히 드러나지 않는 이런 결정적 세력을 비켜갈 수는 없는 것 같지만, 때론 매우 놀라운 방법으로 발달한다. 가정은 일견 폐쇄된 구조처럼 보인다. 그러나 실제로는 개방되어 있다. 자세히 관찰하면 발달의 방향이 일방적이지 않음을 우리는 알 수 있다. 부모와 자녀들의 발달은 불가피하게 서로 엮이고 맞물려 있다. 자녀들은 부모에게 발달적 요구들을 해온다. 그리고 그것들은 부모의 발달을 직면시키는 것이 된다. 물론 구체적으로 보면 어떤 부모가 자녀를 양육하느냐에 따라 달라지는 것은 분명하다. 부모와 자녀는 앞서거니 뒤서거니 하며 함께 발달해 나간다. 그들은 끝까지 함께 살아가며 상대를 지지하고 도전하며 좀 더 복합적인 방법으로 반응하면서 서로의 발달을 이끌어 낸다.1 예를 들어, 충동적 단계의 학령 전 아동기 자녀는 순응적 단계의 부모로 하여금 (양심적 단계의 사람들이 하는 것처럼) 스스로에게 말하도록 한다: "지금 내가 말하고 있어, 그리고 이것을 네가 방해하는 것을 나는 원치 않아. 넌 잠시 후에 말할 수 있어."
청소년들은 그들 스스로가 개별적 존재로 취급 받기를 원한다. 그 결과 부모들이 상호개인적 시각을 갖도록 몰고 간다. 더불어 가정 밖의 상황에서도 자녀와 부모는 관계를 형성하고, 그것은 다시 가족 구조 안으로 더 많은 발달적 역동을 소개 하는 것이 된다. "엄마, 왜 우리는 이렇게 해?"라는 자녀의 질문은 왜 그 가족들이 그런 식으로 행해 왔는지를 돌아 보는 계기가 된다. 그것은 또한 자신들의 행동이나 시각을 확인하거나 바꿀 수 있는 계기로 작용한다.

마찬가지로 교구와 영성지도의 관계도 다른 열린 구조들과 같이 작용한다. 목회자들만 교인들이 발달하도록 도전을 주는 것이 아니라 교인들 역시 목회자의 발달을 돕는다. 교회 공동체와 가정도 서로를 지지하며 발달적 도전을 던진다. 지도자가 수련자의 발달을 끌고 나갈 때에라도 수련자는 지도자의 발달을 도울 수 있다. 순응적인 수련자는 내적으로 강한 관계성을 맺지 못하는 양심적 단계의 지도자에게 공감적인 반응을 보이라는 도전을 줄 수 있다. 이것은 지도자로 하여금 상호개인적인 시각을 개발하도록 돕는 계기가 될 것이다. 마지막으로 목양적 혹은 영성지도적 관계에서 집중하게 되는 하나님과의 관계는 개인과 공동체가 현재의 상황 들을 뛰어넘어 활짝 개방할 수 있도록, 어떤 인간적 구조 속으로라도 뚫고 들어올 수 있다.
벨랜키와 동료들은 여성들이 지닌 자기, 생각 그리고 내면의 목소리라는 개념이 발달하도록 영향을 미치는 역동들을 탐색하면서, 침묵과 말하는 것의 패턴을 발달적 맥락 안에서 밝혀 냈다. 그들은 가정 안에서 어떤 종류의 담화를 허용하고 어떤 것은 저지하는지를 질문했다. 그들은 배움의 환경으로서 서로의 발달을 가장 많이 유도해 낼 수 있는 것으로 침묵과 말을 지목했다. 그들이 고안한 질문은 우리가 다루는 주제에도 적합하다.
첫째, (말로 표현하든 묵언의 표현이든) 말하고 경청하는데 어떤 규칙이 있는가? 양자가 존경하고 배려하면서 듣는가? 둘째, 배우는 사람의 역할을 누가 맡는가? 양자는 의식적으로든 무의식적으로든 서

로에게서 배우려고 하는가? 셋째, 어떤 질문들이 일어나는가? 질문은 순수한가 아니면 궤변적인가? 그것은 감정과 생각, 계획과 협상 가능성, 발생과 해석, 소망과 성취 모두를 끌어내고 확장시키는가? 혹은 질문은 꾸짖고 통제하는 것인가? 넷째, 감정과 적합한 친밀감이 허용되는가?2 혹은 모든 것이 지적이고 감정은 없는 토대 위에 만들어지는가? 혹은 두 가지가 어우러져 있는가? 마지막으로 대화는 양자가 서로의 생각을 나누고 그것을 근거로 함께 만들어 가는 것인가? 간혹 서로의 생각과 서로를 모두 키워가려는 의도로 나누는 대화가 있는가? 혹은 대화가 다른 사람의 진보를 억제하는가?3

침묵의 비유는 목소리를 내지 않고, 보이지 않을 뿐 아니라 소리내지 않는 사람들을 생생하게 설명한다. 벨렌키와 동료들은 힘이 없음에서 오는 이런 침묵을 탐구했다. 그러나 영적 인도에서 아주 중요한 역할을 하는 이와는 다른 침묵이 있다. 이런 성격의 침묵은 말할 준비가 되었을 때 말하도록 허락하며, 필요 이상으로 다른 사람의 동정을 살피거나 긴장 하도록 만들지 않는다. 이 침묵은 생각을 그냥 간직할 수 있도록 존중하는 것이다. 이것은 창의적 상상이 자라날 여백을 허락함으로 결국 묵상적 기도를 할 수 있도록 돕는다. 영성지도와 관련하여서는 이런 질문을 할 수 있을 것이다. 말과 침묵이 대화와 관계 가운데 함께 존재하는가? 침묵의 시간과 공간은 허용될 뿐 아니라 권장되었는가? 영적인 삶이 발달하도록 이야기, 상징, 그림, 음악 그리고 글들을 통해 충분한 자극을 줄 수 있었는가?

교육적 환경으로 옮겨가서 벨렌키와 동료들은 자기, 목소리 그리고 생각을 발달시킬 수 있는 가장 적합한 역동을 탐색한다. 그들은 공동 수업이 타인을 각자의 수준에서 지식을 가지고 있는 사람으로 확실하게 받아들인다, 그리고 그들은 더 많은 것을 알 수 있는 귀중한 기초가 될 특유의 경험을 가져다 준다. 공동 수업은 지식과 삶을 관련시키고, 실천적 지식을 "순수" 지식보다 열등한 것으로 경시하지 않는다. 그리고 모든 배움은 실제적으로 다른 결과들을 가져올 수 있음을 말하며 격려한다. 공동수업에서 평가 기준은 협력적으로 이루어진다. 공동수업에서 학생만이 아니라 양편이 사고의 과정을 돌아보고 격차와 일관성이 없었던 부분과 미진한 부분을 밝힌다. 여기에는 조직과 실험 모두가 필요하며 융통성을 유지한 채로 충분한 도구들을 제공한다.4

이 학습을 잘 설명해줄 수 있는 예로서 사회 과학 분야의 연구 방법론인 참여-관찰을 들 수 있다. 이 방법으로 연구자들은 그들이 연구하는 일에 정확하게 참여하며 같은 방법으로 연구하는 다른 참가자들의 경험에도 동참하게 되고, 더 잘 이해 할 수 있게 된다. 그들은 자신의 반응들을 이용해서 다른 사람들의 반응도 이럴 것이라는 가설을 만들어낸다.5 이처럼 목회자와 영성지도자도 다른 모든 수련자들에게 예수님의 이야기와 거기서 흘러나오는 자신들의 삶에 함께 참여하도록 한다.

에릭 에릭슨은 "훈련된 주관성의 기술"로써 참여-관찰을 언급한 적이 있다.6 훈련된 연구자들은 자신들의 시각을 집단의 시각으로 묻어버리지 않는다. 그렇게 하면 참여-관찰 측면에서 관찰자를 부정하는 것이 된다. 참여-관찰의 강점은 주관성과 객관성을 결합하여 통합된 시각을 갖게 하는 것이다. 이 때 개인은 연구하는 과제의 내부와 외부 모두를 보며 관찰할 수 있다. 참여-관찰의 방법으로 공감할 때 정체성은 해체되지 않는다.

이렇게 훈련된 주관성은 그것이 지도자와 수련자의 관계든 아니면 목회자와 회중의 관계든, 특히 영적 인도의 관계를 효과적으로 설명할 수 있다. 인도자 역시 영적 인도에 참여함으로써 수련자라는 위치에서 그리스도인으로서의 부르심을 분별하고 따른다. 바로 그 과정에서 그들은 자신의 수련자 들이나 회중이 경험하는 것들을 경험할 준비를 한다. 그러나 목양적 영적 인도에서 인도자는 수련자의 경험에서 한 발짝 밖으로 나가 확인하고, 창의적으로 반박하며 특별히 인도 관계에서 요구되는 일관성을 지닌 채로 관계를 맺는다. 자신의 목양적 책임을 내려놓지 않고, 오히려 유능한 인도자는 적합한 선에서 책임을 나누고 힘도 나눈다. 그래서 각 사람에게 이미 유효하게 임재하는 은혜를 보도록 하며, 피조물과 자기 그리고 하나님과의 관계를 온전히 성숙해지도록 이끄는 환경을 만들어낸다. 그렇게 하면서 영적 인도자는 자신의 발달 또한 지속 해 나갈 수 있는 좋은 환경 속에 있게 된다. 효과적인 영적 인도는 공동 학습으로 작용한다.

공동 학습으로서의 영적 인도를 그려보면서 이제 우리는 이런 질문을 할 수 있을 것이다: 양자 모두 가르침과 배움을 서로 나누는가? 메시지는 모두를 정중히 대하는가?7 양자는 그들이 현재의 시점에 어떻게 이르게 되었는지를 밝히는가? 양자는 서로에게 도전을 하도록 허락하는가? 그 관계는 확인, 창의적 반론 그리고 일관성을 유지하면서도 새로운 생각과 행동 그리고 심지어 존재의 새로운 방식을 허용하는 자연적인 치료 역동을 유지하는가? 권력과 복종이 아닌 협력과 상호 강화에 근거한 관계인가? 그렇다면 결론적으로 영적 인도를 공동 학습으로 어떻게 설명할 수 있겠는가? 모든 기독교 공동체의 구성원들은 서로를 위한 영적 지도자라고 말할 수 있다. 모든 사람들은 종종 애매모호하게 들리는 예수님의 이야기를 수 세기 동안 이어져온 신자들의 전통과 성서의 유전들을 통해 듣고 그것을 삶에 적용하려고 애써야만 한다. 각 사람은 모두 이 그리스도의 이야기를 단지 종교적인 것으로가 아니라, 구체적이고 실제적으로 삶의 모든 면에서 체득 해야만 한다. 어떤 사건이나 관계일지라도 그것들은 허락하신 때에 우리에게 보여주시는 하나님의 계시가 될 수 있다.

공동 학습으로의 영적 인도는 개인과 공동체 안에 존재하는 힘을 바탕으로 세워진다. 그것은 하나님께서 세상의 특정한 일을 위해 각 사람을 부르셨고 은사를 주셨음을 인정한다. 그것은 또한 우리 각자에겐 제자로서 살아가면서 독특한 경험과 은혜가 주어진다, 그리고 다양한 경험을 통해 은사는 강화된다. 이것들은 개인들이 하나님과 자신 그리고 다른 사람들과 세상을 바라보는 발달적 시각이 다양함을 인정하고 그것에 도전하도록 한다.

공동 학습으로의 영적 인도는 적합한 구조가 필요함을 인정한다. 그러나 이 구조는 단단한 콘크리트 벽이 아니라, 반투과성의 얇은 막과 더 가깝다. 관련 있는 영적 인도의 도구와 구조들은 안아주는 환경의 역할을 하며 어렵고 심지어는 황당한 질문들을 편안하게 할 수 있는 안전한 장소를 제공한다. 그리고 이런 질문들은 결국 세상에서 자신의 새로운 이미지를 찾고 매일 새롭게 부르시는 하나님을 따르도록 하는 의미 있는 것임을 알게 된다.

공동 학습으로서의 영적 인도는 책임을 이해하고 받아들이도록 한다. 가지고 있는 힘은 다를 수 밖에 없으며 그것이 불변의 고정된 것이 아니라 기능적이고 가변적임을 알기 때문이다. 그것은 덜 가진 자와 합당한 방법으로 힘을 나누어 갖고 결국은 서로를 공동 수련자로 여기며 평등한 관계를 맺도록 한다.

공동 학습으로서의 영적 인도는 또한 자신의 삶에 함께 하시는 하나님과 적극적으로 의식적으로 동행하며, 각 발달 단계에서 스스로를 지도하려는 노력을 하도록 돕는다. 그것은 부모와 자녀, 목회자와 교인, 혹은 지도자와 수련자 그리고 하나님과의 관계에서 모든 사람이 협력하고 쌍방향의 대화를 하도록 돕는다.

공동 학습으로서의 영적 인도는 감정을 느끼고 그것을 적합하게 표현하도록 한다. 그러나 한편으로는 더 명확하고 복합적인 생각도 하도록 한다. 그리고 점점 더 자유롭게 선택하도록 한다. 그래서 이 상호 영적 지도는 감정, 생각, 선택을 모두 사용하여 하나님의 부르심에 인간의 전 존재로 반응할 수 있도록 돕는다.

공동 학습으로서 영적 인도는 제한된 인간의 일임을 받아들인다. 결국 그것의 목표를 성취하고 생명력을 주는 것 모두는 선물로 받는 것이다.

# 제 10 장

## 인간 발달론의 발달
Development in Human Development

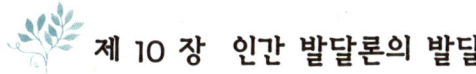
## 제 10 장  인간 발달론의 발달

이 책의 초판이 출간되고 몇 해 동안, 구조 발달에 대한 글을 쓰는 사람들 사이에선 흥미로운 현상이 일어났다. 지속적으로 학문적 연구를 하고 있던 모든 이론가들은 개인으로서의 인간에게만 초점을 맞추던 것에서 자리를 옮기기 시작했다. 그들은 모두 개인의 발달과 개인이 속해있는 공동체의 발달 사이의 복합된 상호관계를 관찰하기 시작한 것이다.1 이제 그들은 이런 질문들을 안고 연구를 해야만 할 것이다. "지금 이 시대는 인간의 발달에 대해 어떻게 달리 이해하고 있는가? 2000년대에 들어서면서 만약 우리가 인간에게 주어진 도전을 받아들여야 한다면, 발달의 방법으로 이 시대는 무엇을 요구하는가?" 이 장에서는 그들이 발견한 것을 요약해서 설명하도록 하겠다. 그리고 이스트민스터 장로교회의 현재 상황 속에서 그 예를 찾아 보겠다. 특히 사회경제적으로 최하층에 속하는 사람들의 결핍이 증가하는 이 시기에 그들이 자생적으로 수립한 키친 미니스트리 사역의 장래를 위해 노력하는 예를 들어 살펴보도록 하겠다. 그들의 노력은 자신들을 교회 밖의 이웃들로 향하게 하고 "공적인 교회public church"가 되어 가는 것을 배우도록 한다. 그리고 결론적으로 점점 더 복잡해져 가는 시대 속에서의 영성 지도에 대한 언급으로 맺을 것이다.2

제임스 파울러와 로버트 케건은 20세기 후반의 문화가 인간 발달에 대해 요구하는 것이 무엇인지를 깊이 생각했다. 그들은 지금 우리의 문화적 상황과는 다소 다른 곳에 초점을 맞추고 있지만, 지금 우리의 문화가 주도하는 인간 발달의 복합성과 놀랍도록 유사한 결론을 내리고 있다. 즉, 파울러와 케건은 모두 이 책에서 언급한 발달 단계 가운데 개인상호적 단계의 특성인 균형과 포괄성을 가지고 기능하는 성인들이 현재의 복합적인 문화 가운데 요구됨을 주장한다. 그러나 앞에서 충분히 설명 했듯이 반에도 훨씬 미치지 못하는 사람들만이 이 단계에 이르게 되어있다. 이 딜레마를 어떻게 해결할 수 있을까? 개인과 회중을 위한 영적 인도자로써 이 상황을 어떻게 볼 수 있을까? 이 질문들을 먼저 다루도록 하겠다.

## 포스트모던 시대의 도전

로버트 케건은 "우리의 사고를 뛰어넘다: 현대인에게 요구되는 사고 Over Our Head: The Mental Demands of Modern Life"에서 구조 발달적 용어로 어른의 사고 수용력과 관련된 현대인의 생활 "커리큘럼"을 관찰하기 시작했다. 그는 우리가 무의식적으로 이 시대의 십대들에게 전통적이고 계몽기 이전 시대에 해당하는 의식의 복합성을 기대하며 그 만큼의 발달을 요구한다고 주장한다. 또한 성인들에게는 현대사회에 부합하는 의식을 요구한다. 그런데 이런 요구로도 충분하지 않은 듯, 우리는 점점 더 큰 복합성을 요구하는 소위 포스트모던 시대에 살게 되었다. 그리고 또 다시 이 시대는 질적으로 보다 더 복합적인 의식을 요구하고 있다.3 이 책에서 쓰인 발달 단계의 용어로 바꾸어 말하면 "적합한" 사춘기와 성인초기에 해당하는 사람들에게는 양심적 단계의 복합성을, 성인기에는 더 성장한 개인상호적 단계의 것을 요구한다. 우리들의 삶의 많은 부분에서 시대의 문화가 요구하는 것과 우리가 그것을 담을 수 있는 수용성 사이에 불가피한 부조화가 존재함을 알 수 있다.

제임스 파울러 역시 우리의 문화를 분석했다. 최근의 광범위한 정치적 연합들 사이에서 일어나는 시끄러운 논쟁을 일컫는 그의 용어인 "문화 전쟁"이란 각도에서 분석했다. 그는 발달적 기질에 근거해 분석을 했는데, 그 결과는 현저하다. 가장 두드러진 기질 두 가지는 "보수 기질"과 "진보 기질"이다. "보수 기질"은 다음과 같은 일단의 특성을 보인다. 즉, 권위를 자신의 외부에 있는 것으로, 법적인 것으로, 확고한 것으로, 그리고 불변의 것으로 이해함. 보편적 구속력을 갖는 도덕 규칙, 전통적인 종교적 믿음을 고수함. 경제적 자유를 "자유시장 체제"로 이해함. 의는 개인적으로나 사회적으로 하나님의 율법을 고수하는 것으로 이해함. 그리고 "진보 기질"은 이와 매우 다른 다음의 특성들을 가지고 있다고 파울러는 설명한다. 자유는 개인의 사회적 정치적 권리를 보호하는 것으로 이해하며, 의는 모든 사람들과 집단들의 평등과 사회적 억압을 종식하는 것으로 이해한다. 파울러는 문제의 근원을 주목한다.

"이 두 주요한 기질들은 확신 있는 정서에 기초해 있으며, 둘 다 다른 사람과의 이성적인 논쟁을 회피하거나 저항한다. 이것들은 자신들만의 문화적 규범에 호소하며, 각각은 자신이 속해있는 공동체에게만 개방성을 보인다. 다른 기질을 대표하는 사람들과 어울릴 때는 대화 보다는 논쟁적 태도를 보인다. 이 둘은 서로를 주로 풍자화와 전형적 타입으로 묘사한다."4

진보 기질은 양심적 단계의 특징들을 보여주는 반면에 보수적 기질은 우리가 지금까지 순응주의라고 부른 단계의 구조적 특징을 많이 보여준다. 그러므로 이들 두 세계관이 정치판에서 대결하게 될 때 그 많은 정치적 안건들이 교착상태에 빠질 수 밖에 없는지는 자명한 일일 수 있다. 그리고 날로 복잡해져 가는 21세기 지구촌의 요구에 부응하기 위해 필요한 복합성을 양쪽 모두 보여주지 않기 때문에 문제는 더 복잡해진다.
파울러는 이 정치적 난제들을 해결하는 방법은 이 두 양극화 된 세계관을 넘어서서 개인상호 단계에서 찾을 수 있는 복합적 사고가 가능한 견실한 소수의 사람들이 세워짐으로써 찾을 수 있다고 본다. 이러한 리더들은 다음의 세 가지 중요한 자질을 보여준다. 복합성 이면의 단순성 (Paul Ricoeur 의 naivete순전함); 자신의 신앙 전통에 대해서 견고한 태도와 융통성을 함께 보일 수 있음, 이를 통해 복합성과 다양성을 분명히 할 수 있다; 이방인에 대한 개방성과 공공의 이익을 위한 적극성. 이들 리더들은 이 시대의 언론매체가 주도하는 선정주의와 호도하는 자극적 문구들에 길들여진 많은 수의 성인들이 아무리 논쟁과 중상을 자행한다 하더라도, 그 분위기를 뒤집어 놓을 수 있어야만 한다.5

Daloz, Keen, Keen, 그리고 Parks 또한 우리 문화가 처한 딜레마를 관찰하며 많은 사람들이 경험하는 불균형을 다음과 같이 설명한다:

의미는 의미 자체로 존재하지 않는다. 우리는 그것을 창조해 낸다. 나무는 우리와 상관없이 무성하게 자라지만, 나무의 의미들은 그렇지 못하다. 우리가 그것을 그늘을 제공하는 것, 생물학적 조직의 복합체, 시상을 떠오르게 하는 것 혹은 성냥의 재료 등으로 보는 것은 '우리가 누구인가'와 많은 관련이 있다. 우리는 각자 나무의 의미를 다르게 만들고 있다. 그런 의미에서 우리는 고질적인 의미 제조자들이다.

그러나 현대인의 삶의 조건들은 이 능력을 공격해 온다. 관점의 다양성과 현대 사회의 복합성은 모호성을 증폭시키고 확신에 균열을 가져오면서 우리들의 의식을 둔하게 만든다. 익숙한 사고방식은 더 이상 통하지 않는다. 우리는 이해하고, 판단하고 심지어는 행동하려고 노력한다. 그러나 그렇게 할 때에…… 우리는 전문가들, 설명 그리고 상쇄하는 반증들 이라는 미궁에 빠진다. 우리의 시각과 겨루는 것들, 편파적인 지식들과 마주하게 되면 우리는 주저하게 된다. 그리고 뿌리에서 잘려나간 나무처럼 변화를 불러올 힘을 얻을 수 없다는 느낌을 종종 갖는다.6

발달을 지지해 주고 돌봄의 공동체를 이루던 가족들과 모임들은 이젠 거의 알아 볼 수 없게 변했다. 서로의 가정을 몇 대째 알고 지내던 이웃 사촌들은 이제 전혀 말을 섞지 않는 교외의 대 주택 단지나 비인간적인 조약만을 강요하는 도시의 주상복합 아파트로 바뀌었다. 교회는 점점 비어가고 개인 심리상담은 번성하고 있다. 가족의 식탁은 식당들과 패스트푸드점의 포장 배달 음식으로 대체되었다. 동네 야구장은 비디오 게임으로, 동네 구멍가게는 거대 쇼핑몰로 그리고 주민회의는 인터넷 그룹 채팅으로 바뀌었다. 달로즈 Laurent Daloz와 동료들은 그들이 21세기의 결집의 장소로 비유한 "새로운 공동식탁"을 설명 하려고 했다. 그러나 그들이 더 중요하게 생각한 것은 이 복합적인 세상에서 헌신의 삶을 시작할 수 있도록 돕는 것이었다.

이 새로운 식탁에 우리 자신과 우리의 자녀들이 참석하도록 준비시키기 위해서는 어떤 능력을 구해야만 할까? 20세기 중반에 있었던 사례를 들어 보도록 하겠다. 한 단계가 지닌 발달의 힘은 이전 단계에서 태동하고, 단계가 상승하면서 주어진 때에 열매를 맺는다. 그러므로 우리 시대의 발달적 필요는 이전 시대의 비범한 인물을 보면서 본을 삼을 수 있을 것이다. 두 사람을 예로 들을 텐데 이들은 모두 나치 치하에서 고통을 겪은 사람들이다. 우선 1943년 아우슈비츠에서 죽어간 에티 힐레숨 Etty Hilesum이라는 젊은 유태인 여성을 소개 하겠다. 에티는 분명한 시각을 가지고 자신에게 해가 될 수 있는 자리로 당당하게 걸어 들어갔다. 그리고 이것을 자신의 가정과 동료 유태인의 몫이라고 받아들였다. 그녀는 자발적 으로 죽음을 택했으며, 친한 친구 여덟 명에게 친필로 자신의 생각, 감정, 경험 그리고 기도를 써서 다른 사람들의 길을 밝혀줄 글로 보관되기를 원했다. 나는 에티의 발달에 대한 연구를 하면서 다음과 같은 글로 결론 지었다.

에티의 짧은 생애를 통해 우리는 무엇을 배울 수 있을까? 아마도 이런 것이 아니겠는가; 어떤 환경도 인간의 영혼 속에 있는 초월의 가능성을 제외시킬 만큼 암울하지는 않다. 각각의 영혼마다 주어진 초월의 가능성은 아주 다른 것이다. 아주 많은 사람들이 그들의 인간적 가능성을 미처 깨닫기도 전에 소멸되는 이러한 환경 속에서 삶을 시작하고 마감한다.

에티가 신경증적 경향을 보인 면도 다소 분명하지만, 이미 확고해진 성격구조 안에서 그녀는 역사와 특별한 만남을 하게 되었다. 발달의 단계를 변화시키는 일은 인위적으로 불가능 하지만, 모든 사용 가능한 요소들을 가지고, 우리는 발달적으로 유용한 환경을 만들어낼 수 있다. 특히 우리들 가운데 가장 상처받기 쉽고 위험 가운데 있는 사람들에게는 더욱 그렇다. 우리는 우리와 같지 않은 다른 사람들의 정형화된 틀이 부당함을 입증할 수 있다. 우리 자신이나 자녀들 그리고 젊은이들을 다양한 글, 미술 작품 그리고 전 세계의 다양한 문화 속에서 쓰여진 종교 서적들에 노출시킬 수도 있다. 우리는 허용적인 이웃들과 접해 살면서 인종적으로 다른 종교 공동체 들과 어깨를 맞대며 살 수도 있다. 우리는 예를 들면, 이 사회가 물질적, 영적 자원을 모두 함께 나누지 못하고 소수의 사람들만 접근할 수 있도록 구조화되어 있는 문제점을 스스로에게 혹은 다른 사람들에게도 어렵고 한편 무례할 수도 있지만 직면할 수 있도록 격려해야 한다. 개인적으로 치러야 할 값이 무엇이든지 진리를 추구할 수 있어야 한다. 다른 말로 하면 우리의 상황이 어떠하든지, 에티가 우리에게 보여준 본을 다른 사람들에게도 보여줄 수 있어야 한다; 우리는 근본적인 다양성을 인정하고, 연대의식, 융통성, 유머 그리고 남 탓을 하거나 보복하지 않는 태도를 가지고 살 수 있어야 한다.7

즉, 극단의 환경과 도전 그리고 복잡한 상황들 속에서조차도 우리는 이 세상에 좀 더 잘 대처할 수 있는 단순한 혹은 순전한 일들을 할 수 있도록 해야 한다. 이런 행동들을 계속 할 수만 있다면 돌봄의 공동체로 변화하는 일은 가능할 것이다. 그리고 이 행동들은 새로운 세기를 열어 가는데 필요 한 영성 훈련으로 받아 들일 수 있을 것이다.

두 번째 예로 들 인물은 나치로부터 유대인들을 보호하기 위해 자신의 목숨을 걸었던 "의로운 이방인들" 가운데 한 사람인 프리츠 그라베Fritz Grabe이다. 그라베를 연구하면서 더글라스 후네케 Douglas Huneke는 일곱 개의 특성을 열거한다. 다음에 설명할 이들 특성들은 새로운 식탁 공동체에게 요구되는 것들, 혹은 우리시대에 결핍되어 있는 영성 훈련으로 바꾸어 말할 수 있을 것이다. 첫째, **공감적 상상**으로 함께 할 수 있는 능력으로써 자신을 다른 사람들의 실제 상황 혹은 역할에 대입하고 그 상황이나 역할의 효과와 장기적 결과들을 상상할 수 있어야 한다. 공감적 상상의 기초는 아주 어린 아이들에게도 가르칠 수 있다; 어떤 아이라도 구체적 조작기의 사고를 할 수 있다면 (기본적으로 초등학교 아이들에게 해당됨) 직접 그 일을 할 수 있도록 한다. 교회는 성경 공부, 선교 여행, 심지어 매우 다른 가치를 가지고 있는 사람들과 재정 위원회에 참석하는 일처럼 다양한 활동들을 통해 공감적 상상을 할 수 있는 수많은 기회를 제공할 수 있다.8

둘째, **위기 상황을 제어할 수 있는 능력,** 프리츠 그라베는 이것을 어린 시절 어머니로부터 배울 수 있었다. 이웃 사이에서 딜레마를 경험하게 될 때면 그의 어머니는 그에게 "프리츠, 너라면 어떻게 하겠니?"라는 질문을 했다. 교회 회중과 위원들은 끊임없이 브레인스토밍을 함께 해 나갈 수 있을 것이다. 그래서 위원장들은 목회자들이 결정을 주도하는 일 없이 마주하게 된 딜레마와 위기들을 해결해 나가도록 해야 할 것이다. 도덕적, 윤리적 성찰은 적어도 중학생 연령 에서부터 성인에 이르기까지 다양한 단계에 따른 교육과정에서 배울 수 있다.

셋째, **주도적이고 친 사회적인 태도로 행동**함. 청소년들에게는 성인들 가운데 중요한 인물이 이런 성향의 본을 보일 수 있다. 그들은 발달적으로 적합한 수준에서 협조적이고 책임 있는 행동들을 하면서 실천할 수 있다. 그리고 다른 사람들의 삶과 환경에 긍정적이고 이로운 영향력을 미칠 수 있는 기회로, 자신 뿐 아니라 타인의 복지를 활발하게 촉진하는 기회로 기대될 수 있다. 이스트민스터의 키친 미니스트리는 교인들 에게 지속적으로 주도적이며 친 사회적 행동을 할 수 있는 기회를 제공했다.

넷째, **개인의 편견을 직면하고 다룰 수 있는 능력.** 이것은 자기 관찰 능력을 요구한다. 또한 변화를 위한 동기부여도 요구한다. 소속된 공동체원들에게 편견을 버릴 것을 요구하는 공동체는 이 능력을 지원해줄 수 있어야만 한다. 그러나 그것은 순응 주의 단계 이후의 사람들에게서 볼 수 있는 통합된 인격과 의식의 가치체계인 내면성을 충분히 갖춘 집단이어야만 가능 한 일이다.

다섯째, **긍휼과 지원의 공동체들을 개발함**. 나치의 지배 하에 있는 곳에서 유대인을 숨기고 이동시키는 과정에서, 복잡하고 위험한 구조작업들은 거의 혼자 수행하지 않았다; 구조자들은 인적 네트워크를 조직했다. 그리고 각자 개인적 위험을 무릅쓰고 구조했으며, 극심한 스트레스와 피로 그리고 우울을 경험하며 일을 지속해 나갔다. 어떤 헌신이 요구되든 믿음을 유지할 수 있는 가능성은 공동체 안에서 함께 할 때 분명히 강화된다. 이스트민스터의 위원들은 이 역동을 사역 첫해가 끝날 무렵 노숙인들의 주택 문제에 대한 개인의 헌신을 관찰하면서 알게 되었다. 그 경험을 통해 그들은 노숙인을 위해 집을 짓는 일과 그 후속 사역인 키친 미니스트리 사역을 계속 이어가는데 있어 투자를 위한 네트워크를 만들고 확대 시켜 나가는 일이 필요함을 깨닫게 되었다.

여섯째, **환대를 베푸는 능력**. 공동체 안으로 계속 이방인의 유입을 환영할 때, 그들을 두려워할 대상으로 인식하는 일은 줄어든다; 가정이나 교회에서 볼 수 있는 사람들 가운데 적절한 다양성은 정상적인 것으로 경험된다. 그리고 어떤 식으로든 이 상이함을 개인적으로 자주 다루게 될 때 결국 상호의존이 장려되는 개인상호적 단계로 발달을 이어갈 수 있다.9

위의 특성들은 달로즈와 동료들이 공공의 이익을 위해 편만한 복합성, 다양성, 모호성에도 불구하고 장기적 헌신을 계속하고 있는 평범한 사람들을 관찰하며 발견한 특성들과도 놀라울 정도로 유사하다. 이들은 개인상호적 단계를 묘사하는 삶을 살아가고 있다고 바꾸어 말할 수 있다. 예를 들어 "확신: 생각의 비판적 습관 개발하기"라는 부분에서 그들은 여섯 가지 "생각의 습관"을 말한다: 의미는 자신과 다른 사람 사이에서 계속되는 상호작용을 통해 만들어진다는 이해를 근거로 이루어진 **대화**; 다른 사람의 눈을 통해 바라보고, 그들의 감정과 관심에 반응하는 능력인 **개인상호적 시각으로 바**

라보기; 그들 사이에서 분리된 부분들과 연관된 것들을 결속하는 패턴으로 일체화 하고 평가적으로 성찰할 수 있는 능력인 **비판적이며 체계적인 사고**; 반론을 인식하고 효과적으로 대처할 수 있는 능력인 **변증적 사고**; 삶을 **실제적인 지혜**로 이끄는 과정이며 서로 연결된 전체로 인식할 수 있는 직관적 능력인 **전체적 사고**10

Daloz, Keen, Keen, 그리고 Parks가 올바르게 지적한 것처럼, 이것들의 실행은 밀접한 상호 연관성을 가지고 있고 발달적 단계를 따라 일어난다. 이전의 습관들은 이어지는 각 습관의 기초가 된다. 이것들 각각은 발달하면서 선행된 것을 통합하는 것이지 상실하는 것이 아니다. 더구나 이런 습관들과 그것을 알리는 전조들은 구조적 발달을 이뤄가는데 매우 유효하다. 그리고 21세기에 필요한 덕목이 무엇인지를 알려준다.11 덕목 은 가치와 능력, 즉 영성을 중심으로 조직된 집합체들 안에서 연마될 것이라는 기대를 할 수 있다.

교회가 우리의 이러한 필요를 채워줄 수 있을까? 분명히 그렇다고 나는 생각한다. 교회들이 제임스 파울러가 말한 "공적인 교회"가 되어갈 때 이렇게 발전하리라고 믿는다. 물론 교회는 모든 사회 구성원들의 상호의존성을 존중하는 일에 있어서는 한계와 어려움을 가지고 있는 것도 사실이지만, 우리 시대의 사회적, 도덕적 딜레마에 대한 사려 깊고 기도 어린 대화를 할 수 있는 가장 유망한 창구로써의 역할을 해낼 수 있을 것이다.12

"변화하는 시대를 위한 기독교 교육Weaving the New Creation"에서 파울러는 공적 교회의 일곱 가지 특성을 말한다. 첫째, 공적인 교회는 기독교의 정체성과 헌신을 분명히 인식하도록 양육한다. 둘째, 공적인 교회는 회중들 가운데 다양성을 볼 수 있다. 셋째, 공적인 교회는 다원화되는 사회에서 교인들에게 의식적으로 소명을 따라 그리고 증인으로써의 삶을 살도록 준비시킨다. 넷째, 공적인 교회는 양육과 집단의 결속을 다지는 일 그리고 구성원들이 교회 밖의 삶 속에서도 책임을 다하며 살 수 있도록 하는 일들 사이에 균형을 잡아야 한다. 다섯째, 공적인 교회는 목회자와 평신도 리더십이 주도권을 행사하는 데 있어 생산적인 균형을 유지할 수 있는 권위와 통치의 틀을 갖추고 있다. 여섯째, 공적인 교회는 공적으로 가시화되고 지성적인 방법으로 증거할 수 있어야 한다. 마지막으로, 공적인 교회는 사회적 부르심에 부합하는 기독교적인 헌신을 할 수 있도록 어린이, 청소년 그리고 성인 모두를 위한 파이데이아 (paideia 실행을 위한 실제적 지혜)의 틀을 갖춘다.13 이제 다시 이스트민스터로 돌아가서 그들이 새로운 식탁 공동체와 공적인 교회로서의 특성을 어느 정도 드러내고 있는지 살펴보도록 하겠다.

## 다시 찾은 이스트민스터 교회

이스트민스터 교회가 키친 미니스트리라는 사역의 열매를 맺기 까지는 10여년의 세월 동안 거쳐온 과정들이 있었다. 그러나 이 일이 표면에 드러나기 전 노숙자들에 대한 관심이 장로들 가운데 일어나기 시작했던 때도 포함해서 생각한다면 훨씬 더 오랜 시간이 흘렀다고 볼 수 있다. 지역의 이웃들에게서도 변화는 아주 천천히 그러나 점진적으로 계속 일어 나고 있었다. 은퇴한 노동자층의 노인 가정들만 남겨놓았던 백인 중산층의 교외 이주 현상은 현저하게 줄어들었다. 그리고 어린 자녀들을 둔 유색인종의 가정들이 새로 유입되기 시작했다. 이제 주민들 중 많은 수는 흑인들이 차지하며, 그에 미치지는 않지만 쿠바 이민자 가정들도 현저히 늘고 있다. 그러나 이 세 집단은 학교의 학부모 육성회에서만 겨우 만날 뿐, 따로 만나 지역 발전이나 공공의 복지를 위해 협력하는 일을 도모하지는 못하고 있다. 그리고 학부모 육성회에서 조차도 활동은 제한적이었다. 왜냐하면 양부모 가정은 대부분 맞벌이를 하고 편부모 가정에서는 자녀를 먹이고 학교 보내는 일만으로도 이미 지쳐있는 상태였기 때문이다. 그래서 방과후의 학습지도나 스포츠 활동이 시급한 상황인데도 그런 제도가 아직 갖춰지지 못하고 있었다. 지역의 기반 시설들도 노후 된 채로 방치되어 있었는데, 도로는 군데군데 패인 채로 방치되었고 상점들은 많이 문을 닫은 상태였다. 최근 휩쓸고 간 토네이도의 흔적이 군데군데 남아 있었고 보험회사의 도움으로 가정과 사업장은 겨우 복구되고 있었지만, 공원의 쓰러진 나무들과 쓸려나간 야구장 시설들은 아직 그대로 버려져 있었다.

이스트민스터 장로교회 또한 새로운 목사님 초빙 과정을 겪으며 변화를 겪었다. 키친 미니스트리를 시작한 목사인 캐롤은 근처의 도시로 옮겨 시무하게 되었다. 그리고 현재의 목사인 팀은 키친 미니스트리를 지지하기는 했지만 그 사역 또한 지역의 낙후되고 무너져가는 기반 시설들과 같이 어려움을 겪고 있음을 인식했다. 키친 미니스트리의 현 디렉터는 지쳐있었고 이미 올 9월말에는 사임하겠다는 뜻을 비췄다. 인사 위원회에서는 그의 후임을 계속 찾고 있지만 아직 누가 맡을지 확실치 않은 상태이다. 그리고 8년전 옛 건물을 새로 보수할 때만 해도 최선을 다해 구비했던 시설들은 일주일에 여섯 번의 식사를 제공하기 위해서는 보완되어야만 했다. 실제로 지난 몇 년 동안 시설을 사용하는 사람들의 수는 크게 늘었고 다양해졌다. 쿠바인들은 아니었지만 스페인어를 쓰는 여인들과 그 자녀들이 규칙적으로 이곳을 찾았다. 이들은 멕시코와 중미 출신들로 농장에서 일하는 일용직 노동자들의 가족이었다. 이들 이외에도 흑인 여성들과 어린이들의 수가 계속 늘고 있었는데, 이들은 연금에 의지해 사는 사람들로 매달 받는 복지연금으로 한 달을 버틸 수 없는 사람들이었다. 그리고 처음 키친 미니스트리가 섬기기 원했던 노숙자들의 수도 꾸준히 늘어나고 있었다.

팀은 벌써 일년 전의 일이 되어버린 위원회의 마지막 평가 회의를 떠올렸다. 장로들과 키친 미니스트에 속한 네 부서의 의징단들은 음식을 얻기 위해 기다리는 사람들 사이에서 느낄 수 있었던 긴장감 같은 것을 표현하기 시작했다. 그리고 더 늘어나게 될 수혜자들을 위해 필요한 인적 물적 자원들을 어떻게 늘려나갈 수 있을지 걱정을 했다. 그들이 이런 말을 하는 것은 놀라운 일은 아니었다. "우리가 지금 하고 있는 일들은 정말 엄청납니다. 그런데 우리는 또 일을 늘리려고 하고 있네요. 배고픈 사람들은 점점 늘어나는데 나눌 수 있는 음식은 그만큼 따라가지 못하고 있습니다. 뭔가 다른 방법을 생각해 내야만 합니다. 아니면 지금 하고 있는 일들을 더 현명하게 할 수 있는 방법을 찾아야겠지요." 그러나 누군가 다음과 같은 말을 꺼낼 때까지만 해도 상상할 수 없었던 이웃의 다른 교회들과의 협력, 즉 좀 더 초교파적인 연합 이라는 모험을 그들이 결정 한 것은 지금도 놀라울 뿐이다. "그런데…… 성 베드로 성당은 남미 이민자들 사역을 하고 있고, 웨슬리 감리교회는 간호사들로 이루어진 자원 봉사자 들의 모임이 따로 있는 것으로 압니다. 그리고 우리 교회는 음식과 쓸만한 건물을 가지고 있지 않습니까? 만약 모두가 힘을 합친다면 사역은 확장될 수 있을 것 같습니다."
이스트민스터 장로교회가 취했던 방법들을 이해함으로써 우리는 집단들 안에서 이루어지는 구조적 발전을 따라갈 수 있을 것으로 여겨진다. 그리고 더 나아가 개인들이 프리츠 그라베나 에티 헬시움의 삶을 통해 사회활동에 참여하는 태도 들을 고무 시킬 수 있다면 더 좋을 것이다.

예를 들어 우리는 여섯 살 난 찰리와 그의 주일학교 교사가 지난 주일 예배 후에 나눈 다음과 같은 대화를 듣게 될 수도 있을 것이다.
"찰리, 왜 마누엘을 때렸니? 오늘 네가 두 번이나 그 아이를 때리는 것을 봤어, 지난 주에도 때리지 않았니?"
"존슨 선생님, 난 그 애가 싫어요."
"왜?"
"모르겠어요. 그냥 싫어요. 내가 싫으면 싫은 것 아닌가요?"
"그 아이의 이름이 달라서 그러니?"
"아니요."
"그는 너랑 다르게 생겼지? 피부색도 검고……"
"네…… 그리고 난 그 애가 무슨 말을 하는지 모르겠어요. 우스워요. 난 그 애가 싫어요."
"그런데 마누엘은 실제로는 매우 아름다운 언어를 쓰고 있어. 스페인어지. 그 애가 태어난 과테말라라는 곳에서 쓰는 말이지. 마누엘은 태어날 때부터 그 언어를 사용했어. 그 애의 엄마 아빠도 그렇고. 다음주에 내가 마누엘이 쓰는 언어로 된 만화 영화를 도서관에서 하나 빌려오도록 할게. 스페인어를 배워보고 싶은 생각은 없니? 그러면 너와 마누엘 둘만의 비밀이야기도 할 수 있을 것 같구나. 아마 우리 반 모두가 배운다면 우리 모두 비밀 언어를 갖게 되는 거겠지?"

"네, 좋아요. 비밀 언어, 멋져요."

"제일 먼저 배우고 싶은 말은 뭐니? 다음 주에 마누엘에게 가르쳐 달라고 하자."

"음…… 암호가 먼저 필요할 것 같아요. 그러나 그건 어떤 언어여도 좋겠죠? 우리가 특별하게 만들면 되니까요. 그럼…… 먼저 '우린 스페인어로 말할 수 있어'라는 말을 배워 볼까요?"

"그래 그렇게 하도록 하자. 노래도 배워보고, 드럼도 치면서?"

"좋아요."

존슨은 마누엘의 서툰 영어와 같은 "다름"에 대해 찰리가 반응하는 태도를 스스로 볼 수 있도록 능숙하게 이끌어주었다. 그리고 마누엘이 그의 모국어를 가르칠 기회를 주어서 스스로 자랑스럽게 여길 수 있도록 도왔다. 만약 마누엘이 찰리와 "비밀언어"라는 프로젝트를 함께 만들어 나갈 수만 있다면, 학급생들과 다른 외모를 가지고 다른 언어를 쓰면서도 그는 귀한 존재가 될 수 있을 것이다. 이 일을 위해 존슨 부인은 초등학교 아이들이 배타적 집단을 만드는 성향이 있음을 알고, 그것을 이용해 유익한 방향으로 문제를 해결하려고 했다. 이 일이 잘만 성사된다면 수 주 후에는 예배 시간에 학급이 모두 앞에 나가서 스페인어로 찬양을 할 수도 있을 것이다. 이런 일이 있은 후에 존슨 부인은 이 책의 전반부에서 소개되었던 메리 베스를 만나 이야기를 나누게 되었다. 메리 베스는 이제 학교를 졸업하고 출석하는 이스트민스터 교회에서 주일학교 교장으로 자원하여 헌신하게 되었다. 그들은 초등학교 1~3 학년에게는 만화영화를 보여주기로 했고, 아이들이 모르는 외국어로 된 게임을 할 때 어떤 결과가 나올지 알아보기 위해 게임 하나를 개발했다. 만약에 다른 학급에서도 원한다면 스페인어로 된 찬송을 배울 수 있도록 했다. 그러나 그 일은 찰리의 학급이 "비밀 언어"를 사용하여 자긍심을 얻고 난 이후에 할 수 있는 것으로 결정했다.

메리 베스는 영성지도의 자리에서 수년 전에 그녀 자신도 같은 경험을 했던 것을 돌아볼 수 있었다:
"교회에서 흥미로운 일이 있었습니다. 키친 미니스트리에 오는 아이들 중에 주일학교에 참석하는 아이들이 생기기 시작 했어요. 주일학교 교사인 존슨 부인은 지난 주에 아주 민첩하게 학급의 아이들 중 과테말라 출신의 아이가 괴롭힘을 받는 것을 알아차리고 그것을 해결할 방법을 찾았지요. 만화 영화를 보여주고 아주 쉽게 배울 수 있는 "디 콜로레스De Colores"같은 찬양을 예배시간에 부를 수 있도록 준비할 것입니다. 그러나 키친 미니스트리의 과테말라나 멕시코 이민 가정의 아이들이 교회 학교에 출석하게 되는 것을 모든 사람이 좋아하진 않을 것이라는 느낌도 듭니다. 예를 들어 제 남편이 그렇죠. 그는 멕시코 이민자들이 지역의 일자리를 빼앗아 간다고 심각하게 생각하고 있어요. 그들의 일자리는 우리의 십대들도 하려고 하지 않는 저임금의 노동직임을 말해도 그는 받아들이려고 하지 않습니다. 그는 내가 학업을 계속하는 일에 부정적 태도를 보인 이후로 조금씩 바뀌고는 있습니다만 아직도 멀었습니다.
"네 기억납니다. 우리가 영성지도를 막 시작할 때였지요. 그 이후로 당신도 꽤 먼 길을 지나왔네요."
"네, 그런 것 같아요. 그 때 나는 집에서는 되도록 내가 학교에 가는 것을 불편하지 않게 받아들이도록 필요 이상의 변화를 일으키지 않으려고 했습니다. 그러나 학교는 삶에 대한 나의 생각들을 많이 바꾸어주었지요. 내 자신의 방식으로 생각하는 것이 잘못된 것이 아님을 알게 되었습니다. 비록 피터는 이런 내 생각을 수용해주지 않았지만요. 지금도 우리는 남미 이민자들과 실업문제에 대해, 그와 유사한 문제들에 대해서는 부딪히곤 하지만 그렇다고 세상이 끝나는 것 또한 아님도 알게 되었습니다."
'당신이 기도 가운데 떠오르는 이미지들 때문에 겁을 먹었던 것도 기억이 나네요. 내가 기도에 대해 도움을 줄 수 있길 바랬었지요 ……"

"그런데 지금은 그 때의 열정과 성적인 이미지가 기도 가운데 다시 드러나는 것 같아서 매우 기쁩니다. 그런 놀라운 친밀감과 첫사랑을 느낀지 꽤 오래되었거든요. 물론 그 경험이 있든 없든 처음 그 때처럼 두려워하진 않게 되었지만요."
"그럼 지금은 하나님께서는 당신을 위해 무엇을 소원하고 계신다고 생각하나요?"
"아! 다시 그 질문이군요. 당신은 언제나 그렇게 묻곤 하지요 …… 매일 변함없이 그 질문이 생각납니다. 나는 주일학교 아이들에게서 그런 반응을 막도록 할 수 있었던 방법이 무엇이었나를 찾으려고 합니다. 할 수만 있다면 존슨 부인이 찰리에게 대했던 것처럼 하려고요. 그것은 어른들에게도 은혜로운 방법이 되지 않을까요?"
"내가 물어 본 것에서 빗나간 대답을 한 것 같지 않으세요?"
"무슨 뜻인지요?"
"당신은 하나님께서 당신에게 무엇을 원하시는지에 대한 답변을 했지요, 그런데 나는 '당신을 위해 하나님께선 무엇을 소원할까요?'라고 물었습니다."
"아, 그랬군요…… 글쎄요…… (영성지도자와 메리 두 사람은 모두 잠시 동안 침묵에 머물렀다.) 내면 깊은 곳으로부터 들리는 것은 열정입니다. 그것을 다시 원하는 것 같습니다. 나와 하나님 사이의 열정을요. 그것을 정말 놓치고 있었던 것 같아요. 마치 첫사랑을 잃은 것 같습니다. 요한계시록에 나오는 말씀이지요?"
"아마도 이 깊은 목마름과 앞서 말했던 매일 성실하게 살아가는 일 사이에는 분명한 관계가 있다는 생각이 드네요. 당신은 하나님께서 당신 안에 이 깊은 갈망을 심어 놓으셨고 당신을 위한 열망도 함께 가지고 계심을 알지요?"
"네, 그렇지요. 우리 가운데 과테말라인들을 환영하는데 있어 내 남편에게나 교회에서 내가 전반적으로 혁신적인 태도를 취하는 것은 관계가 있는 것 같네요. 어떻게 해야 하는지는 모르겠어요. 아님 그렇게 해야만 하는 건지도 모르겠구요…… 침묵하는 동안에 그 생각이 또 났습니다. 다음 주 임원 모임에서 제의할까 합니다……"

메리 베스는 그녀의 양심적 단계의 시각을 전환기 동안에 계속 견고하게 했고, 지금은 분명히 개인상호 단계의 복합성을 향해 나아가고 있음을 보여준다. 복잡한 상황에 기꺼이 직면하려는 태도, 결말을 내리지 않고도 과정을 밟아가는 능력, 자신의 깊은 열망 가운데서 하나님의 부르심을 발견해 나가는 능력, 자신의 사역 가운데 다른 사람들과 부딪칠 수 있는 문제들에 대해서도 피하지 않고 헤쳐 나가려는 의지를 보이는 것들이 그것이다. 그러나 이것들만큼 고무되는 사실은 메리가 자신이 책임을 맡고 있는 부서만 아니라 이스트민스터 장로교회 전체에서 환대를 더 확장시키고 싶다는 새로운 열망을 보인다는 것이다. 그녀는 비록 아직은 현상에 대해 자신 역시 공모한 바가 있음을 의식하지 못하고 있지만, 스스로 가정과 교회 회중들 안에 잠재된 편견과 맞서 싸우려는 사회개혁적인 태도를 취하려고 한다.

마지막 각본은 키친 미니스트리와 당회 사이에 있었던 대화에 관한 것이다. 키친 미니스트리를 위해 교단을 초월한 자문단을 두는 일에는 열매가 있었다. 그리고 그 자문단의 역량이 커짐에 따라 당회는 속한 지역에서 더 폭넓은 초교파적 연합을 통한 사역을 준비할 수 있기를 원했다. 그 구성원들은 성 베드로 성당의 탐 신부, 개혁 유대회당의 랍비인 사무엘 스타인, 유니테리안 교단의 샤론 제퍼슨과 웨슬리 감리교회의 로저 Q였다. 그리고 물론 이스트민스터 장로교회의 목사 팀과 당회 비서인 오드리 캠벨이 함께 했다. 이제 키친 미니스트리의 디렉터를 선발하기 위한 인터뷰 내용을 잠시 들어보도록 하겠다.

인사 위원회의 추천을 받아서 온 후보자는 책의 앞 부분에서 영성 지도자와 함께 등장했던 케더린 M이었다. 그녀는 소박하지만 전문가다운 옷차림을 함으로써 앞으로 키친 미니스트리 사역을 돕게 될 사람들과 연대의식을 이루면서도 직무에 대한 전문성도 갖추었음을 보여주려고 했다. 교회에서 운영하는 비영리 단체의 디렉터에게는 요원들을 감독하고, 장기 계획을 수립하며, 예산을 짜고 기금 마련과 임원 회의를 주관할 능력 등의 전문성이 요구될 것이다.

그녀는 위원회의 멤버들과 인사를 나누었다. 그들 중에는 이미 알고 있는 사람들도 있었다. 탐이 먼저 말문을 열어 질문했다. "우리는 당신이 미리 제출한 지원서를 통해 키친 미니스트리에서 일하고자 하는 이유를 알고는 있습니다만, 오늘 그에 대해 좀 더 설명해 주실 수 있으신지요?"

"이 자리에 앉게 되기까지 긴 여정을 지나온 것 같습니다." 케더린은 말문을 열었다. "적어도 15년 전부터 시작된 일이 아닌가 싶습니다. 내가 이 방면의 사역을 하도록 만든 많은 사건들 중 하나를 지목해서 말해야 한다면, 나는 니카라구아, 과테말라 그리고 온두라스로 떠났던 탐사 선교여행을 꼽을 수 있겠습니다. 그 때부터 저는 사회 정의에 점차 관심을 갖게 되었습니다. 그러나 이 여행은 나를 철저하게 급진적으로 만들었죠. 저는 소위 가진 자와 갖지 못한 자 사이의 격차를 경험하기 시작했고, 이 격차라는 것이 단지 불가피한 것이 아니며, 갖지 못한 자들이 게으르거나 열의가 없기 때문은 더욱 아니라는 것을 알게 되었습니다. 다른 점은 구조이고 그 구조는 사람이 만든 것임을 깨닫게 되었지요. 우리가 만든, 그러니까 미국이 만든 것이라면 그것을 되돌리는 것도 우리여야 한다고 생각했습니다. 집에 돌아오자마자 나는 거의 동시에 두 가지 차원에서 일하기 시작했습니다. 내 자신의 삶을 단순화시키는 일과 격차를 영속화하는 구조들과 관련된 일을 시작하게 되었습니다. 그러나 처음에 제가 생각했던 것처럼 이 두 가지 일은 모두 단순한 작업이 아니었습니다. 제 남편 켄과 함께 살아가면서 매우 실제적인 차원에서 그 시기에 씨름하던 이 새로운 소명을 내가 과연 실행할 수 있을 것인지 현실을 점검할 수 있었습니다. 그 후 수년 동안 교육 받은 것들을 이제 나는 실제의 사람들에게 일용할 음식을 주는 것과 같은 구체적이면서도 동시에 구조적인 일에 사용하고 싶습니다."

"내가 당신께 드리는 질문은 두 번째 측면과 관계가 있겠군요: 지금 당신은 키친 미니스트리를 어떻게 보십니까? 혹은 가진 자와 갖지 못한 자들이 각자의 위치를 벗어나지 못하는 것에는 어떤 영향을 미칠 수 있을 것이라고 봅니까?"

"다른 단계에서 보면 이 직책은 지금까지 내가 일했던 경력을 논리적으로 확장시키는 것이라고 말할 수 있겠습니다. 제 이력서를 보셔서 아시겠지만 저는 초등학교 교사로 제 전문 직업을 시작했습니다. 그리고 자원 봉사 차원의 사회 정의를 위한 사역에 헌신했지요. 마침내 작년에 할머니가 되도 충분한 나이에 저는 목회상담 석사 과정을 끝냈습니다. 그리고 지금은 제 열정을 담을 수 있는 교회 관련 사역을 찾고 있는 중입니다. 아마 이 직무에 부름 받았다고 느끼는 것 같습니다. 저는 정규 영성지도를 통해 어디에 저의 시간과 에너지를 사용해야만 할지 분별해오고 있었습니다. 그리고 이 직책이라는 확신을 재차 갖게 되었습니다."

선출단을 대신해서 의장인 샤론은 말했다. "당신의 갈등은 매우 흥미롭고 마땅히 해야 할 것으로 들립니다. 우리는 직책에 대해 오늘 저녁까지 결정을 내리도록 하겠습니다. 그러나 샘이 한가지 질문이 있다고 하네요."

"당신도 알다시피 우리 회당은 마을 건너편에 있습니다. 그리고 키친 미니스트리를 통해 봉사하게 될 지역에 사는 사람은 아무도 없는 것으로 압니다. 왜 우리와 상관없는 그 지역의 일에 우리가 헌신해야 하는가요? 우리 교인들에게는 어떻게 그 이유를 설명하시겠습니까?"

"아마도 저는 하나님의 명령인 율례mizvoth의 개념과 연관 지어 그들과 함께 푸는 것으로 시작하지 않을까 싶네요. 특히 배고픈 사람에게 먹을 것을 주는 문제에 관해서 말이죠. 제가 알기로 주린 사람에게 먹을 것을 주는 것은 하나님께서 우리에게 명령하신 것으로, 우리가 어떤 이득을 얻느냐와 상관없이 해야만 할 일인 것이 분명하니까요. 저는 굶주렸던 경험을 가진 사람을 찾을 것 같습니다. 아니면 부모 세대의 굶주림을 기억하도록 해볼 수도 있겠지요. 회중 가운데 이미 극단적인 굶주림을 삶 속에서 겪어낸 사람을 찾아서 제가 회중들 앞에 공식적으로 드러나는 일을 하기 전에 얼마 동안을 저와 함께 일하도록 할 수도 있을 것입니다. 또한 회당의 교인들이나 어린이들을 포함하는 다양한 부서들이 이 일에 참여하는 구체적인 방법을 모색해 볼 수도 있겠습니다. 이런 개인적인 협력에는 랍비님을 포함시켜야만 할 수도 있겠습니다. 회중들에게 당신이 직접 이 일에 헌신하는 것을 보여주는 일만큼 깊은 인상을 남기는 것은 없을 것입니다. 만약 이 일이 믿음의 색깔을 초월해야만 하는 일이라면 저는 모든 교회들마다 같은 일이 일어나야 한다고 봅니다. 위원장부터 시간을 내어 헌신해야 할 것입니다. 위원들의 참여가 있은 후에 저는 교인들의 연합된 사역을 위해 더 많은 일거리들을 설명할 수 있을 것입니다. 어떤 경우라도 교인들에게 키친 미니스트리를 소개하고 동참하도록 하는 중요한 역할은 교회에서 가장 어른인 사람과 지도자들이 맡게 될 것입니다. 여러분과 여러분이 동역하는 임직자들이 결국은 저보다 훨씬 더 교인들에 대해 잘 알 테니까요.

랍비는 굳은 얼굴로 말했다. "새롭게 헌신할 일이 점점 엄습해 오는군요."

"네 그렇지만 선지자들의 하나님께선 지금 우리가 만들어 놓은 경제적 착취 구조 같은 것과는 결코 공존하실 수 없는 분이십니다. 우리가 이 일을 통해 그분께 영광 돌릴 수 있음을 생각해 보십시오" 라고 말하며 케더린은 몸을 돌렸다. 그녀의 눈가는 촉촉해져 있다. "당신들의 도움으로 저는 교인들 가운데 이 일을 저버릴 수 없는 사람들을 찾고 싶습니다. 그들이 나머지 일들을 맡아서 할 것입니다."

로저가 말을 꺼냈다. "잠깐 주제를 바꾸겠습니다. 가톨릭 교인인 당신은 왜 장로교회에서 주관하는 이 일에 참여하길 원하는지요? 적어도 직책을 맡게 될 지금의 상황에서는 말이죠."

"네 저도 그 일로 숙고를 했습니다. 기도도 하고 영성지도자와 함께 분별도 했지요. 저는 제가 속한 전통의 경직성을, 특히 사역에 관해 여성들을 향한 태도와 같은 경직성으로부터 도망하려는 것은 아닙니다. 오히려 긍정적으로 대하는 사역을 향해 찾아온 것이라고 생각합니다. 네 솔직히 그렇습니다. 아마 가장 문제가 될 수 있는 것은 예배겠지요. 저를 고용한 교회의 예배에 정기적으로 출석하는 것이 마땅할 것입니다. 그래서 그 해결책으로 저는 성만찬이 없는 주일에만 이 교회에서 예배를 드리려고 합니다. 그리고 제 사정을 잘 설명 드려 왜 불참 하는지에 대해 이해시키도록 하겠습니다. 이상적이라고 말할 수는 없지만 가능하지 않을까요? 물론 나는 제가 속한 교구에 계속 남아있으면서 그곳에서 미사를 계속 드릴 것입니다. 임원 회의를 계속 해나가면서, 결국은 모두가 같다는 것을 발견하고 수용해 나갈 것이라고 봅니다. 결국, 저와 이스트민스터는 함께 풍요로워질 것이라고 기대 합니다."

이 짧은 예화를 통해서 우리는 이스트민스터 장로교회가 파울러의 공공의 교회로 성장해 나가고 있음을 알 수 있다. 이 이야기 안에 모든 것이 포함되어 있지는 않지만, 우리는 교회가 복합적인 세상에서 교인들로 하여금 소명과 증인으로써의 삶을 위해 준비되도록 개방 되어 있음을 알 수 있다. 위원회는 교회의 내적인 사역인 키친 미니스트리를 초교파적인 것으로 확대시켜 나가는 것을 보았다. 먼저 초교파적 위원회를 구성하고 다른 기독교 전통의 교회에서 책임자를 선출하는 과정을 밟았다. 키친 미니스트리는 다양한 사람들을 섬기게 될 것이고, 교회는 실제로 그 사역이 제기하게 될 "다름"과 "다양성"이라는 주제를 다루게 될 것이다. 이미 다른 것처럼 그 일은 어린이 부서에서 어른들에게로 더 넓게 확대될 것이다. 키친 미니스트리의 운영 구조는 더 많은 사람들의 소리에 열려있게 될 것이다. 그리고 사역의 주인이 확대되면서 더 넓은 층으로부터 지원을 받게 될 것이다. 평신도인 전문가가 운영의 책임을 맡게 되고 이스트민스터 교회의 임직원 모임에도 참여하게 될 것이다. 이 직책이 어떻게 가난과 노숙의 사회 구조적 문제와 연관시킬 수 있는지에 대한 케더린의 의문에 대한 답을 구하면서 이스트민스터의 교인들도 함께 이 문제를 인식하게 될 것이고, 물론 키친 미니스트리의 초교파적 동역자들 역시 이 문제를 인식하게 될 것이다.

우리는 이미 교회의 한 사역자를 주목하여 보았다. 그녀는 자원하여 주일학교에서 교사로 헌신하고 있으며, 아이들의 발달 단계에 맞추어 적합한 방법으로 주일 학급의 한 학생에게 공감적인 상상과 개혁적인 행동을 더 잘 할 수 있도록 도우면서 그의 발달 단계에 해당하는 문제인 편견을 직면할 수 있도록 도왔다. 그녀는 학급에 들어온 신입생에게 환대를 베풂으로써 더 폭넓은 지지와 긍휼의 공동체를 만들어 나가도록 도왔다.

주일학교 교장인 메리 베스는 서로를 향해 다가오지 못하도록 여기저기 파 놓은 함정들을 극복할 수만 있다면 묵상과 삶을 통합할 수 있는 능력이 우리들에게 있음을 주시했다. 그녀는 교회의 삶에서 겪는 어려움에 대해 점점 더 많이 대화하도록 하고, 그녀의 개인적 혹은 가족의 삶과 교회로의 부르심에 대한 관계를 비판적으로 그리고 체계적으로 기꺼이 성찰 하려고 한다. 그리고 그들 가운데 있는 이방인들을 환대하는 일에 대한 그녀의 생각을 교회 생활에 녹아 들게 하려면 피할 수 없는 싸움도 기꺼이 껴안으려고 한다.

또 다른 인물인 캐더린 M은 교회의 대외 사역 책임자 후보로써, 공공의 교회를 이끌 리더로의 자질들을 갖추고 있다. 우리는 그녀가 분명한 입장을 취하면서도 자신의 신앙 전통에 대해서는 다양성을 인정하면서 융통성을 발휘하는 능력이 있음을 보았다. 그녀의 공공의 선에 대한 헌신은 키친 미니스트리의 직책으로 이끌었다. 그녀는 배고픈 자에게 먹을 것을 공급하는 구체적인 행동과 그에 앞서 배고픔을 야기시킨 구조를 연계시켜 해결하려는 일에 헌신적이다.

물론 우리는 각각의 사역들이 지닌 매일 해야 하는 고된 작업들을 일일이 살피지는 못했다. 남미 이민자들의 유입에 대해 끊임없이 저항하는 교인들 곁에서 어려움을 겪는 일도 없었고, 현실적으로 이민자들로 인해 위협을 당해야 하는 공동체의 일원이 될 수도 없었다. 또한 우리는 "이 교회는 너무 정치적이다"라는 이유로 떠나는 가정을 축복해야 하는 목회자의 어려움을 함께 겪지도 못했다. 혹은 약 십 년 전 정규 기도시간을 이용해 회중을 선동하려 했던 이다라는 여인을 잠재우기 위해 어려움을 겪어야만 했던 그들의 입장에 서지도 못했다. 공공의 교회가 된다는 것은 교인들로 하여금 함께 사는 공동체 안에서라면 내재되어 있기 마련인 씨름들과 무관하게 만들어 주지 않는다. 그러나 그것은 새 하늘과 새 땅의 시작을 위해 필요한 영성훈련을 풍성하게 할 수 있는 공동체를 만들어 갈 잠재력을 지닌다.

마지막으로 이처럼 복합적으로 변해가는 이 세상에서 우리는 영성지도에 관해 무엇을 말할 수 있을까? 모든 것을 하고 모든 말을 할 수 있을 것이다. 그러나 그 후에라도 이 부르심에 대해 우리가 돌아가야 할 곳은 단순한 기초인 것이 분명하다.

결국 하나님께서 책임을 지신다. 우리에게 "나는 모든 것을 있게 만든 자"라고 당신 자신의 이름을 알려주신 그 분은 모든 피조물 안에 살고 계시지 않은가! 아마도 오늘 이 세상 에서 우리가 만나는 그 복합성은 은혜일지 모르겠다. 그것만이 우리가 성급하게 추측한 것을 하나님의 뜻이라 믿고, 마치 스스로를 하나님께서 우리에게, 수련자들에게 그리고 이 세상을 향해 소망하시는 것이 무엇인지 잘 알고 있는 전문가라 자처하며 경솔하게 말하는 것을 미연에 방지시킬 수 있는 은혜.

결국 배려하며 공감적으로 경청하는 것, 우리를 이어주는 "공동 학습"은 우리가 영성지도에서 동반하는 수련자들에게 줄 수 있는 가장 심오한 것이다. 이 묵상적 경청은 우리의 수련자들과 교인들에게로 다가가서 그들 스스로에게 경청하며 하나님께서 그들에게 하시는 말씀에 귀 기울이도록 할 것이다. 각 사람의 복합적인 발달 구조를 따라 돕게 되는 발달적 개입은 우리의 수련자들을 도울 수 있는 하나의 방법으로 남아있어야 한다. 그러나 그것 역시 우리 자신이 지닌 발달의 그림과 유사성을 따르도록 그들을 개조하려는 유혹을 떨칠 수 있을 때에라야 가능한 것이다. 그 유혹은 오래 전부터 행해지던 영적 인도에서뿐 아니라 발달적으로 접근하는 영성지도에서도 우리가 떨쳐 버리기 힘든 것이다.

결국 우리가 인식할 수 있는 모든 곳, 즉 피조 세계와 우리들 자신, 우리의 수련자들 그리고 우리가 속한 공동체 등 어느 곳에서라도 하나님의 행하심을 높이는 것만이 영성지도자가 끝까지 붙잡아야 하는 가장 근본적인 과제이다. 인간 발달에 대한 이해가 깊어짐에 따라 피조계에 감춰져 있던 하나님의 창조적 생명은 드러나며, 그 이해의 정도에 따라 우리는 그 분의 창조 사역에 온전히 참여하게 될 것이다. 인간 발달의 이해가 깊어 질수록 우리의 영성지도 사역도 자라가게 될 것이다.

# 부 록
Appendix

표/
참고 도서/
노트/

# 표 목록
## The List of Tables

표1 구조발달 이론들의 유사 상관관계
표2 자아발달 단계의 이정표
표3 발달 이론의 공통적 토대가 되는 주체와 객체 사이의 균형
표4 귀속된 문화의 형태와 기능들
표5 상징적 소통의 목양적 평가
표6 주체-객체의 관점에 따른 목양적 평가
표7 특정 단계에 따른 목양적 돌봄

| "상상의 행성" | 리버트 "패턴 바꾸기" | 로에빙거 "자아발달" | 페리 "발달하는 자기" |
|---|---|---|---|
| POE(인탱지) | 충동적 | 충동적1-2 | 충동적 |
| RAR(거칠고 미숙함) | 자기 보호적 | 자기보호적 | 항쟁적 |
| CON(이웃 공동체) | 순응주의 | 순응주의 1-3 | 대인관계적 |
| | 자기인식 | 양심적 순응주의-3/4 | |
| SAG(자기-안내자) | 양심적 | 양심적 1-4 | 제도적 |
| | 개인주의적 | 개인주의적 1-4/5 | |
| HOT(타인도 도와줌) | 개인상호 | 자율적 1-5 | 개인상호적 |
| BAT(모든 일에 균형) | 통합적 | 통합적 1-6 | |

표 1 구조발달 이론들의 유사 상관관계

| 단계 | 코드 | 충동조절/<br>성격발달 | 대인관계 양식 | 의식의 물두 | 인지형태 |
|---|---|---|---|---|---|
| 전사회 | 1-1 | 충동적 | 자폐적 | 자기 대 비자기 | 유형화, 개념적 |
| 공생적<br>충동적 | 1-2 | 보복을 두려워함 | 공생적<br>받아들임, 의존적, 착취<br>적 | 신체적 느낌 (특히 성적<br>공격적 느낌) | 혼동 |
| 자기 보호적 | 델타 | 걸릴까 봐 두려워함 | 착취, 조종적, 착취적 | 자기보호, 문제점, 소원,<br>사물, 이득, 제어 | |
| 순응주의 | 1-3 | 외부 규칙에 순응, 어<br>길 때 수치심과 죄의식<br>을 가짐 | 소속됨, 표면적으로 잘<br>보임 | 외양, 사회적 수용, 평범<br>함, 진부한 감정과 행동 | 개념적 단순화, 정형화<br>되고 상투적인 표현 |
| 양심적 순응주<br>의 (자기인식) | 1-3/4 | 사회적 기준<br>목표의 분화 | 그룹과의 관계에서 자<br>기를 인식함, 도와줌 | 적응, 문제, 이유, 기회들<br>(모호함) | 다양화 함 |
| 양심적 | 1-4 | 자신에 대가한 기준,<br>자기비판, 결과에 대한<br>죄책감, 장기적 목표와<br>이상 | 집중적, 책임성, 상호성,<br>소통에 대한 관심 | 분화된 감정, 행동의 동<br>기, 자기 존중, 성과, 기질<br>적 특성, 표현 | 개념적 복합성,<br>패턴화된 생각 |
| 개인주의적 | 1-4/5 | 더하여: 개성에 대한<br>존중 | 더하여: 정서적 문제로<br>서의 의존 | 발달, 사회의 문제, 내적<br>인 삶과 외적인 삶의 분화 | 더하여: 과정과 결과의<br>구분 |

304

| | | 더하여: 자율성, 상호의 존을 존중함 | 생생하게 전달되는 감정, 신체적인 것과 심리적인 것의 통합, 역할 개념, 자기 원인, 행동의 심리적 결과, 사회 속의 자기 | 개념적 복합성이 더 커짐, 복합된 패턴, 애매함을 견딤, 시야가 넓어짐, 객관성 |
|---|---|---|---|---|
| 자율적 | I-5 | 내적 욕구들의 충돌에 대처함, 관용 | 더하여: 정체성 | |
| 통합적 | I-6 | 더하여: 내적 갈등들의 조정, 얻을 수 없는 것을 포기함 | 더하여: 개성함을 소중히 여김 | |

표 2 자아 발달단계의 이정표 Loevinger, Jane. Ego Development pp24-5

| 내재된 구조 (주체와 객체) 주체:S 객체:O | 0 단계 (결합적) | 1 단계 (충동적) | 2 단계 (황제적) | 3 단계 (대인적) | 4 단계 (제도적) | 5단계 (개인상호적) |
|---|---|---|---|---|---|---|
| | S:반사 행동 (감 각, 운동) O:없음 | S:충동, 인식 O:반사 행동 (감각, 운동 ) | S:필요, 관심, 소원 O:충동 인식 | S:대인적, 상호성 O:필요, 관심, 소원 | S:주인 의식, 정체성, 정신적 지배, 관념 O:대인적, 상호성 | S:개인 상호성, 자기에게의 상호인식, 통찰 O:주인 의식, 정체성, 정신적 지배, 관념 |

| | 감각운동기 | 전조작기 | 구체적 조작기 | 초기형식적 조작기 | 형식적 조작기 | 후기 형식적 (논증적) |
|---|---|---|---|---|---|---|
| 피아제 | | | | | | |
| 콜버그 | – | 처벌과 복종 | 도구적, 제도적 | 대인간의 조화 | 사회적 지향 | 원리적 지향 |
| 로에빙거 | 전사회적 | 충동적 | 기회주의적* | 순응적 | 양심적 | 자율적 |
| 매슬로우 | 심리사회적 생존 욕구 | 심리사회적 만족 욕구 | 안전의 욕구 | 소속감과 애정욕구 | 존경과 자기 존중의 욕구 | 자기 실현의 욕구 |
| 에릭슨 | – | 주도성 대 죄의식 | 근면성 대 열등감 | 친밀감 대 고립감 | 정체성 대 정체성 혼미 | |

표3 발달적 이론들의 공통적 토대로서의 주체와 객체 사이의 균형
Kegan, Robert: The Evolving Self, pp. 86–87. Cambridge, MA: Harvard University Press, 1982
*로에빙거는 그녀의 연구 후반기에는 이 단계를 자기보호단계로 불렀다

| 발달적 균형과 심리적 귀속 사이의 긴장 | 귀속된 문화 | 기능 1 확인 (고수함) | 기능 2 반박 (놓아버림) | 기능 3 연속 (재통합을 위해 머묾) | 공동된 자서전적 "주체-객체" (다리 등)* |
|---|---|---|---|---|---|
| (0) 균형적 반작적 가가운동에 귀속됨 | 엄마 혹은 주요 보호자 모성적 문화 | 신체로 언어적으로 가깝게 거함. 위안, 보호, 눈 맞추기, 얼굴을 인식함. 스트로크 의지하고 연합함 | 귀속성으로부터 유아의 춤현을 인정하고 축언함. 아이 모두 필요를 총족시키는 않는다. 수유를 중단함, 안아주는 것도 줄어듦. 독립과 고집스러운 거움을 인정함 | 예를 들어 가정과 같은 문화의 이행이 된다. 아이현상: 6개월에서 2세 사이 방랑이나 기간 동안 엄마와 장기간 떨어져 있음 | 0–1사이 전환기: 담요이나 곰인형 등 포근하고 위로를 주는 양육자를 대신하는 미분화된 주체인 물건, 혹은 그런 상태를 상상으로 재현하고, "객체화" 한다. |
| (1) 충동적 충동과 인식에 귀속됨 | 전형적으로 가족내의 삼각관계. 양육의 문화 | 환상을 사용하며, 안전 애착 그리고 평생자들을 인정하는 문화 | 환상과 충동 속에 고착된 자아 중심성에서부터 어린 이가 충현함을 인정. 자신의 가정을 채임짐, 자신이 속해 있는 사람에서 속해 있는 시간이 늘어남. 자기만족, 타인과 다른 자신의 욕구 충동을 인식함 | 부모는 아이가 학교나 또 래 관계들과 같은 더 큰 문화 속에 참여하도록 예함. 아이현상: 유아기 5~7세 사이의 전환기에 부모의 이혼이나 가정의 상태 | 1~2사이 전환기: 상상 속의 친구, 전에는 그곳이 나섰던, 그리고 앉아 그리고 앉아 있으나, 지정으로, 그러나 아직은 조금 있는 것을 볼 수 있는 것이지 그것이 나는 아니다. |
| (2) 환계적 오래 지속되는 성향, 욕구, 관심, 소신들 | 권위와 역할의 분화를 인식하는 제도로서의 학교와 가정 역할을 인식하는 문화 | 자기충족, 자기를 그리고 역할 문화를 인정하는 문화 | 자기충족에서부터 청소년 욕구 주기 관계의 충현과 출진, 자신의 이야기 여기는 것을 부모하게 여기는 것을 부모. 상호적인 요구, 관계의 결과를 수용, 신뢰를 기대함 | 가정과 학교는 그들이 내게 으로 경험하는 관계의 공유된 이자적인 것으로 받아들이게 해야한다. 청소년현상: 약 12~16세 사이의 조기 시청소년기 동안 가정의 일부이지만 나와 온전히 동일하지 않은 형제자매 예 속함 | 2~3사이 전환기: 친구(동료), 나와 같은 그리고 실제의 인물. 그러나 필요와 자기 구조는 이전의 나와 같다. 결국 나의 일부이지만 나와 온전히 동일하지 않은 형제자매 예 속함 |

| | | | | |
|---|---|---|---|---|
| (3) 대인적 상호성, 대인적 관계 안에 귀속됨 | 상호적 대인관계에서 형성되는 자아에 소속되며 소속성에 의존하는 문화. 내적인 성향, 주관적 기분, 감정, 기분을 나눔. | 상호적 대인관계로부터 청소년기 혹은 후기아동기의 출현. 관계나 상황에 융합되지 않지만 여전히 연합되어 교제를 구한다. 자신의 주도권과 선호성에 책임을 지고 타인의 독립을 주장 | 개인적 관계에 동료들은 서로 상대편이거나 더 큰 범주의 사상들, 심리적 자기 규칙을 서로 인정한다. 고와함: 정상적인 나이를 정할 수는 없지만 귀속되어 있던 문화에서 벗어나게는 시기에 관계됨 상실 | 3-4사이 전환기. 대부분이나 직장 혹은 군입대로 집을 떠남. 제한된 시간 동안 제도적 삶에 참여함. 예로써 4년간의 대학 생활이나 군생활 |
| (4) 제도적 개인의 자율성과 정체성에 귀속됨 | (사랑과 일에서) 전형적으로 일하는 집단에 속하고, 공공의 무대에 돌아선다. 정체성이나 자주의식의 문화 | 독립된 자기규정을 노력함. 인정; 권위의 증진 혹은 성취; 자아보다는 역할, 조직자보다는 삶의 동반자를 인정받는다. | 이상적으로 한가지 형태가 아닌 누가를 상대파트너십 수 있게 하락한다. 고와함: 정상적인 나이를 정할 수는 없지만 귀속되어 있던 문화에서 분리되는 시기임 (예로 이상적 동반자 사라짐, 없음) | 4-5사이 전환기. (종교적 혹은 정치적) 자기 포기, 연애 상대를 만날 수 없어서 깊은 사랑에 빠지는 일이 제한됨, 형식의 동반자를 포기 하면서도 보존함 |
| (5) 개인간 상호적 체계들 간의 상호 인식 | (사랑과 일의 영역에서) 전형적으로는 성인의 진실된 사랑의 관계. 친밀함의 문화 | 상호의존, 친밀감 그리고 자기포기 상호의존적 자기규정의 능력을 인정하는 문화 | | |

표4 귀속된 문화의 형태와 기능들
Kegan, Robert. The Evolving Self, pp. 118-120, Cambridge, MA: Harvard University Press, 1982
* 이 열의 내용은 Mauricia Alvarez의 생각에서 아이디어를 얻은 것이다.

| 자아발달 단계 (러버트) | 영적 의식 (아이비) | 특징적 영역 | |
|---|---|---|---|
| 전사회적 단계 | 단계 0 | 가정적 소통이 지배적이다. 이야기는 경험되지 않는다. 감정과 이미지로 의식이 귀속됨 | |
| 충동적 단계 | 단계 1 | 마술, 환상, 비성찰적 감정. 담음. 이야기 한 눈금이 거의 없다. 일관성과 포괄성은 부합함하고 관련이 없다. | |
| 자기보호 단계 | 단계 2 | 예변성과 비성찰적 정통성, 영속적 이미지들과의 동일시가 최우선적 근육적인 이야기들. 공통성이 없는 일관성을 요구하는 일방적이고 문자적인 의식. | |
| 순응주의 단계 | 단계 3 | 관습적이고 암묵적인 의미 체계들 안에 귀속된 환기시키는 상징들. 명행적인 가치들을 제한된 추상적이고 비성찰적 비판적인 성찰들을 통해 앞세운다. 일관성에 더 많은 주의를 기울이며 인습적이고 단편적이며 분화되지 않은 의식. | |
| 자기인식 단계 | 단계 3-4 | 가벼운 가정들 내용을 담은 생각에 맞추어 상징들을 관념적 사용주다. 이야기들은 지난 단계의 암묵적 가치에 맞서고 넘어서는 드러난 가치들에 의해 축정된다. 이상과의 일관성을 이상향하고 분화시킨다. | |
| 양심적 단계 | 단계 4 | 드러난 의미 체계 안에서의 관념과 신용주다. 상징은 그들의 개념적 내용으로 축소됨. 이야기는 드러난 자기-의식적 경험과 가치들에 의해 비판적으로 축정된다. 일관성에 초점을 맞춘 변증적이고 다면적인 의식. | |
| 상호개인적 단계 | 단계 5 | 가정-인지, 상징-생각 같은 반대되는 것을 역설적으로 연합함. 이들을 통해 여러 체계가 수용됨. 이야기는 근본적 것을 상대평가 설명할 때, 자기와 집단 그리고 접대적 것 사이의 긴장을 유지하게 된다. 다면적 체계이고 역설적인 의식은 상징들을 하여금 자기와 세상의 더 많은 실제를 불러들이게 하도록 한다. 포괄성이 일관성보다 다 더 가치 있게 여겨진다. | |
| 통합적 단계 | 단계 6 | 역설을 넘어서는 연합이 상징, 자기 그리고 절대자(근본적) 실제를 복합적 체계 속에서 만나도록 한다. 이야기는 세속적 실제와 근본적인 실제 사이의 "간장"과 상호침투를 담고 있다. 영향하게 번갈하게 하는 의식이 일관성과 포괄성을 함께 이끌게 된다. 그 의식 안에서 개인은 "하나됨"을 자정적으로 깨닫게 된다. | |

표5. 상징적 소통의 목양적 평가

Ivy, Steven. "The Structural-developmental Theories of James Fowler and Robert Kegan as Resources for Pastoral Assessment," pp. 147-48. Ph. D. 논문, Southern Baptist Theological Seminary, 1985

| 자아발달 단계 (리버트) | 단계 | 특징적 영역 |
|---|---|---|
| 전사회적 단계 | 0 | 모성적 문화, 분화가 거의 이루어지지 않은 애착, 가족 안에 정서적으로 귀속되어 있음 |
| 충동적 단계 | 1 | 부모의 돌봄과 가족 문화, 의지를 점점 인식하면서 애착, 볼 수 있는 권력, 가족 등과 비성찰적인 동일시를 함, 성, 인종, 규모, 충동 등 |
| 자기보호 단계 | 2 | 자기와 비슷한 또래집단의 문화, 자율성, 영향의 분화와 능력, 개인적 관계성, 협력 그리고 전형적인 이미지, 전통적인 의미들 |
| 순응주의 단계 | 3 | 상호적, 개인상호적, 양복적으로 가치 있다고 여겨지는 집단과 사람들, 동일한 헌신을 하는 사람들과 애착관계와 소속감을 가짐, 주관적 평등함과 보상으로부터 비롯된 정체성, 가치의 우선순위를 위계적으로 구분함 |
| 자기인식 단계 | 3-4 | 개인 상호적, 평범한 가치를 가지고 있는 집단과 개인들, 동일한 헌신을 하는 사람들과 애착관계에 소속감을 가짐, 공통된 이상으로부터 비롯된 정체성, 지도자의 권위는 개인에 의해 인증된다. |
| 양심적 단계 | 4 | 자기 주도적이고 스스로 선택한 문화, 자율적이지만 아직 공동의 규준을 따르는 사람들과 친밀감을 가짐, 내면화된 정체성, 성취와 자신의 선택과 조화를 이루도록 돕는 권위를 받아들임 |
| 상호개인적 단계 | 5 | 상호의존과 복합적인 문화 안에서 친밀감을 가짐, 상호의존적인 자기 규정을 위해 애착과 자율성을 변증적으로 병합시킴, 사랑과 일을 추구하며 자신의 평등과 다른 사람들의 평등에 대한 성장을 연합시킬 수 있는 역설적 능력 |

310

| 통합적 단계 | 6 | 사람들뿐 아니라 모든 존재들의 우주적 공동체와의 친밀감을 가짐. 하나님을 위해 애착과 자율성을 초월함. 성령님께 된 자아와 존재의 근본이신 분을 직관적으로 인식할 수 있도록 훈련되면서 우주적 현타를 과 긍휼함으로 동일시하며 정체성을 가짐. 공휼함으로 동일시하며 정체성을 가짐. |

표 6 주체-객체의 관점으로 본 목양적 평가

Ivy, Steven. "The Structural-developmental Theories of James Fowler and Robert Kegan as Resources for Pastoral Assessment, pp. 150-51. Ph. D. 논문, Southern Baptist Theological Seminary, 1985

| 자아발달 단계 (리버트) | 영적 의식 (아이비) | 목양적 돌봄에 적용 |
|---|---|---|
| 전사회적 단계 | 즐거움 | 부모가 할 수 있는 지지와 격려 현신을 아끼지 않는다. 예상 가능성, 위안, 기쁨을 주고 함께 한다. |
| 충동적 단계 | 마술적 | 가족이 자율성과 의지의 견고한 경계를 유지하면서도 관대함을 가질 수 있도록 지지 격려한다. 상징과 상징의 행동을 할 수 있도록 도와서 실제적 한계 안에서의 다양한 행동과 가정의 단계들을 만들어 나가도록 한다. 이야기를 통해 두려움과 신뢰를 모두 외현화 하도록 돕고 자기 노출에 대한 두려움을 줄여나도록 한다. |
| 자기보호 단계 | 문자화 | 또래 (동료) 문화에서 주장할 수 있는 능력을 발휘할 수 있도록 돕는다. 신과 악의 차이를 보여줄 수 있는 영웅들의 이야기를 제공한다. 믿음은 신뢰할 수 있는 약속으로 받음을 기대함. 교정성의 양육, 정서적 친밀감을 제공함. |
| 순응주의 단계 | 개인상호적 | 또래 집단에서 함께하고 비슷한 사람들과의 애착관계를 맞도록 지지함. 권위적, 다면적인 시각을 맞도록 돕는다. 다른 사람들의 암묵적인 믿음으로 인해 독립적인 응답은 불가능하게 여겨진다. 권위를 양보시키는 것에 주의하며 독립된 믿음을 수용함과 함께 안내로 여김 |

311 영성지도와 성인발달론

표 7 특정 단계에 따른 목양적 돌봄

| 단계 | 명칭 | 설명 |
|---|---|---|
| 자기인식 단계 | 이상함 | 자기 정체성의 개별성을 지지함. 비판적으로 수용된 가치들의 이상화를 이용함. 거절의 가능성에 대한 생각을 분명하게 많로 표현하도록 한다. 이전 단계에서 암묵적으로 받아들였던 가치들에 관한 생각을 비판적으로 고려하도록 한다. 역동들 중 죽은 부분이나 지역적인 선택에 참여하는 지배적으로 받아들여지고 있는 신앙들을 너무 쉽게 받아들이는 점에 대해서 직면하도록 돕는다. |
| 양심적 단계 | 성찰적 | 자기-관와와 최종적 의미와 관련된 가치와 자기를 명백하게 의식적으로 성찰하도록 돕는다. 자기 규정을 하는 일에 이상과 실제의 긴장을 이루도록 한다. 결혼과 직업의 선택, 지도에 대한 평가를 한다. 수용한 개인적 신앙과 선택적 적응에 대한 성장을 맡로 설명하도록 한다. |
| 상호개인적 단계 | 통합적 | 자신의 내적인 필요와 다른 사람들의 필요에 대해 관용하는 일이 조화를 이루도록 지지한다. 이전 단계에서 가지고 있던 의식, 관념들에 대한 관용하고 해석한다. 더 넓고 더 전체적인 앎의 방식을 찾도록 한다. 자기 표현을 통한 사랑과 일을 추구하도록 돕는다. 자기 규정을 보향적이고 다양한 체계로 할 수 있게 돕는다. |
| 통합적 단계 | 연합적 | 지금까지 성취한 빛들에 대하여 최고의 신들을 무시하도록 돕는다. 장례의 살아있는 의미를 연대에서 살아가도록 하는 몸과 앎을 내다 보는 시야를 키워가도록 한다. 관념의 상대함을 이용하고 보편적 사랑을 지지한다. |

Ivy, Steven. "The Structural-developmental Theories of James Fowler and Robert Kegan as Resources for Pastoral Assessment, pp. 161-62. Ph. D. 논문. Southern Baptist Theological Seminary, 1985

# 참고 도서

Ashley, Benedict. Spiritual Direction in the Dominican Tradition. New York: Paulist, 1995.
Au, Wilkie. By Way of the Heart: Toward a Holistic Christian Spirituality. New York: Paulist, 1989.
Ball, Peter. Anglican Spiritual Direction. Cambridge, MA: Cowley, 1999.
Barry, William and William Connolly. The Practice of Spiritual Direction. New York: Seabury, 1982.
Belenky, Mary, Blythe Clinchy, Nancy Goldberger, and Jill Tarule. Women's Ways of Knowing: The Development of Self, Voice and Mind. New York: Basic Books, 1986.
Bridges, William. Transitions: Making Sense of Life's Changes. Reading, MA: Addison-Wesley, 1980.
Brown, Lyn Mikel and Carol Gilligan. Meeting at the Crossroads: Women's Psychology and Girls' Development. New York: Ballantine, 1992.

Buckley, Michael. "Within the Holy Mystery," in A World of Grace: An Introduction to the Themes and Foundations of Karl Rahner's Theology. Edited by Leo O'Donovan, 31-49. New York: Seabury, 1980.

Carlsen, Mary Baird. Meaning-Making: Therapeutic Processes in Adult Development. New York: W. W. Norton, 1988.

Chamberlain, Gary L. Fostering Faith: A Minister's Guide to Faith Development. New York: Paulist, 1988.

Clinchy, Blythe McVicker. "Connected and Separate Knowing: Toward a Marriage of Two Minds," in Knowledge, Difference and Power; Essays Inspired by Women's Ways of Knowing. Edited by Nancy Goldberger, Jill Tarule, Blythe Clinchy, and Mary Belenky, 205-47. New York: Basic Books, 1996.

Conn, Joann Wolski. Spirituality and Personal Maturity. New York: Paulist, 1989.

Conn, Walter E. The Desiring Self: Rooting Pastoral Counseling and Spiritual Direction in Self Transcendence. New York: Paulist, 1998.

Conroy, Maureen. The Discerning Heart: Discovering a Personal God. Chicago: Loyola University Press, 1993.

Daloz, Laurent A. Effective Teaching and Mentoring: Realizing the Transformational Power of Adult Learning Experiences. San Francisco: Jossey-Bass, 1986.

Daloz, Laurent, Cheryl Keen, James Keen, and Sharon Parks. Common Fire: Lives of Commitment in a Complex World. Boston: Beacon Press, 1996.

Dember, William. "The New Look in Motivation." American Scientist 53 (December 1965): 409-27.

Dougherty, Rose Mary. Group Spiritual Direction: Community for Discernment. New York: Paulist, 1995

Douglas, Julie M. Handbook for Spiritual Directors. New York: Paulist, 1998.

Duffy, Regis. A Roman Catholic Theology of Pastoral Care. Philadelphia: Fortress, 1983.

Dykstra, Craig and Sharon Parks. Faith Development and Fowler. Birmingham: Religious Education Press, 1986.

Empereur, James. The Enneagram and Spiritual Direction: Nine Paths to Spiritual Guidance. New York: Continuum, 1997.

_____. Spiritual Direction and the Gay Person. New York: Continuum, 1998.

Erikson, Erik. Childhood and Society. 2nd. ed. New York: W. W. Norton, 1963.

_____. Insight and Responsibility. New York: W. W. Norton, 1964.

Evoy, John. A Psychological Handbook for Spiritual Directors. Kansas City: Sheed and Ward, 1988.

Fischer, Kathleen. Reclaiming the Connections: A Contemporary Spirituality. Kansas City: Sheed and Ward, 1990.

_____. Women at the Well: Feminist Perspectives on Spiritual Direction. New York: Paulist, 1989.

Fowler, James. Faithful Change: The Personal and Public Challenges of Postmodern Life. Nashville: Abingdon, 1996.

_____. Weaving the New Creation: Stages of Faith and the Public Church. San Francisco: Harper San Francisco, 1991.

_____. Stages of Faith: The Psychology of Human Development and the Quest for Meaning. San Francisco: Harper and Row, 1981.

Friedman, Edwin. Generation to Generation: Family Process in Church and Synagogue. New York: Guilford Press, 1985.

Gilligan, Carol. In a Different Voice: Psychological Theory and Women's Development. Cambridge, MA: Harvard University Press, 1982.

Goldberger, Nancy, Jill Tarule, Blythe Clinchy, and Mary Belenky. Knowledge, Difference and Power: Essays Inspired by Women's Ways of Knowing. New York: Basic Books, 1996.

Gratton, Carolyn. The Art of Spiritual Guidance: A Contemporary Approach to Growing in the Spirit. New York: Crossroad, 1993.

Groeschel, Benedict. Spiritual Passages: The Psychology of Spiritual Development. New York: Crossroad, 1984.

Guenther, Margaret. Holy Listening: The Art of Spiritual Direction. Cambridge, MA: Cowley, 1992.

Helminiak, Daniel. Spiritual Development: An Interdisciplinary Study. Chicago: Loyola University Press, 1987.

Hopewell, James. Congregation: Stories and Structures. Philadelphia: Fortress, 1987.

Houdek, Frank. Guided by the Spirit: A Jesuit Perspective on Spiritual Direction. Chicago: Loyola University Press, 1996.

Huneke, Douglas. The Moses of Rovno. Tiburon, CA: Compassion House, 1985.

Ignatius of Loyola. The Spiritual Exercises of St. Ignatius. Translated by Louis J. Puhl, S. J. Chicago: Loyola University Press, 1951.

Ivy, Steven. "The Structural-Developmental Theories of James Fowler and Robert Kegan as Resources for Pastoral Assessment." Ph D diss., Southern Baptist Theological Seminary, 1985.

Johnson, Susanne. Christian Spiritual Formation in the Church and Classroom. Nashville: Abingdon, 1989.

Kegan, Robert. In Over Our Heads: The Mental Demands of Modern Life. Cambridge, MA: Harvard University Press, 1994.

_____. The Evolving Self: Problem and Process in Human Development. Cambridge, MA: Harvard University Press, 1982.

Kelsey, Morton. Companions on the Inner Way: The Art of Spiritual Guidance. New York: Crossroad, 1987.

Kohlberg, Lawrence. The Psychology of Moral Development. San Francisco: Harper and Row, 1984.

Leech, Kenneth. Spirituality and Pastoral Care. Cambridge, MA: Cowley, 1989.

Levinson, Daniel. The Seasons of a Woman's Life. New York: Knopf, 1996.

Liebert, Elizabeth. "The Thinking Heart: Developmental Dynamics in Etty Hillesum's Diaries." Pastoral Psychology 43 (July 1995): 393-409.

_____. " Seasons and Stages: Models and Metaphors of Human Development," in In Her Own Time: Women and Development Issues in Pastoral Care. Edited by Jeanne Stevenson Moessner. Minneapolis: Augsburg Fortress, 출간예정

Loder, James. The Logic of the Spirit: Human Development in Theological Perspective. San Francisco: Jossey-Bass, 1996.

Loevinger, Jane. Ego Development: Conceptions and Theories. San Francisco: Jossey-Bass, 1976.

_____. "On the Self and Predicting Behavior," in Personality and the Prediction of Behavior. Edited by R. Zucker, R. Aronoff, and A. Rabin, 43-68. New York: Academic Press, 1984.

_____. "Theories of Ego Development," in Clinical-Cognitive Psychology: Models and Integrations. Edited by L. Breger, 83-135. Englewood Cliffs, NJ: Prentice-Hall, 1969.

Loevinger, Jane and Elizabeth Knoll. "Personality: Stages, Traits and the Self," Annual Review of Psychology 34 (1983): 195-222.

Loevinger, Jane and Ruth Wessler, Measuring Ego Development 1: Construction and Use of a Completion Test. San Francisco: Jossey-Bass, 1970.

Loevinger, Jane, Ruth Wessler and Carolyn Redmore. Measuring Ego Development 2: Scoring Manual for Women and Girls. San Francisco: Jossey- Bass, 1970.

Marstin, Ronald. Beyond Our Tribal Gods: The Maturing of Faith. Maryknoll, NY: Orbis, 1979.

Miller, Jean Baker. "The Development of Women's Sense of Self," Work In Progress, No. 12. Wellesley, MA: Stone Center for Developmental Services and Studies, 1984.

Miller, Wendy. Learning to Listen: A Guide for Spiritual Friends. Nashville: Upper Room, 1993.

Morgan, Elizabeth, et al. Global Poverty and Personal Responsibility: Integrity through Commitment. New York: Paulist, 1989.

Morneau, Robert F. Spiritual Direction: Principles and Practice. New York: Crossroad, 1992.

Ochs, Carol and Kerry M. Olitzky. Jewish Spiritual Guidance. San Francisco: Jossey-Bass, 1997.

Parks, Sharon. The Critical Years: The Young Adult Search for a Faith to Live By. San Francisco: Harper and Row, 1986.
Perry, William. Forms of Intellectual and Ethical Development in the College Years: A Scheme. New York: Holt Rinehart & Winston, 1970.
Redmore, Carolyn, Jane Loevinger, R. Tamashiro, et al. Measuring Ego Development: Scoring Manual for Men and Boys. St. Louis: Washington University, 1978-1981.
Ricoeur, Paul. Symbolism of Evil, Boston: Beacon Press, 1978.
Saiving, Valerie. "The Human Situation: A Feminine View," in Womanspirit Rising. Edited by Carol Christ and Judith Plaskow, 25-42. San Francisco: Harper and Row, 1979.
Selman, Robert. The Growth of Interpersonal Understanding: Developmental and Clinical Analysis. New York: Academic Press, 1980.
Sheehan, Barbara. Partners in Covenant: The Art of Spiritual Companionship, Cleveland: Pilgrim Press, 1999.
Stanger, Frank Bateman. Spiritual Formation in the Local Church. Grand Rapids, MI: Francis Asbury, 1989.
Studzinski, Raymond. Spiritual Direction and Midlife Development. Chicago: Loyola University Press, 1985.
Surrey, Janet L. "Self-in-Relation: A Theory of Women's Development," Work In Progress, No. 13. Wellesley, MA: Stone Center for Developmental Services and Studies, 1985.
Watzlawick, Paul, John, Weakland and Richard Fisch. Change: Principles of Problem Formation and Problem Resolution. New York: W. W. Norton, 1974.

Wilcox, Mary. Developmental Journey: A Guide to the Development of Logical and Moral Reasoning and Social Perspective. Nashville: Abingdon 1979.
Wink, Walter. Unmasking the Powers: The Invisible Forces That Determine Human Existence. Philadelphia: Fortress, 1986.

# 노 트

# 서 문

1. 로욜라 이냐시오의 영신수련에 관한 영어로 쓰인 최근의 글을 열람하기 위해서는 Paul Begheyn, S.J. and Kenneth Bogart, S.J., "A Bibliography on St. Ignatius' Spiritual Exercises," Studies in the Spirituality of Jesuits 23 (May 1991): 1-68.를 참조
2. 이 책에서 사용한 영어 성구는 NRSV이며, 한글 본은 개역개정을 사용함

# 제 1장

1. 내 기억으로는 "지도"를 이렇게 해석한 첫 인물은 Sandra Schneiders이다. "The Contemporary Ministry of Spiritual Direction," Chicago Studies 15 (Spring 1976): 123.
2. Edmund Hill은 'ruach'를 "spirit"영으로 번역했으며, 그것은 평범한 존재인 개인의 단조로운 일상적 한계를 초월하는 역동적 생명 즉, "생령"을 의미한다. Being Human: A Biblical Perspective (London: Geoffrey Chapman, 1984), p. 101.

3. Hill은 "영" "영적"이란 단어를 하나님으로부터 선물 받은 거룩한 생명을 상징하는 것으로…… 그리스도의 몸 안에서, 내 안에 사는 그리스도와 함께 실제로 온전히 나누는 하나님의 성령임을 말한다. Being Human, p. 102
4. Kathleen Fischer, Reclaiming the Connections: A Contemporary Spirituality (Kansas City: Sheed and Ward, 1990), 특히 제 3장 하나님의 뜻. 성경적 영역들과 과정을 이용하여 Fischer는 금세기의 영성을 병들게 하는 이분법들 사이의 문제를 해결하려고 한다.
5. Spirituality and Pastoral Care (Cambridge: Cowley, 1989); p. 64.
6. Fischer, Reclaiming the Connections, p. 13.
7. Dietrich Bonhoeffer, Letters and Papers From Prison (New York: Macmillan, 1972), pp. 360-61 and Abraham Heschel, The Prophets (New York: Harper and Row, 1962).
8. Fischer, Reclaiming the Connections, pp. 60-69.
9. Christian Spiritual Formation in the Church and Classroom (Nashville: Abingdon, 1989), p. 22.
10. "하나님의 나라" "Kingdom of God"로 쓰인 이 말은 "하나님의 통치 Reign of God" "하나님의 영토 Realm of God" "사랑의 연방 Commonwealth of Love" "예수님의 왕국 비전 Jesus' basileia vision"으로도 불린다. 이것들은 여인들과 아이들 그리고 소외된 주변인들이 그 나라의 동역자들로 모두 참여하는 나라를 보여주려는 것이다. (E. Schüssler Fiorenza)

[11] Fischer, Reclaiming the Connections, p. 32

12. Joann Wolski Conn, Spirituality and Personal Maturity (New York: Paulist, 1989), p. 16.
13. 예로써 다음의 글들을 참조. Wilkie Au; By Way of the Heart: Toward a Holistic Christian Spirituality (New York: Paulist; 1989); pp. 4-6, 18-20; J. Conn, Spirituality and Personal Maturity, p. 3; S. Johnson, Christian Spiritual Formation, p. 112-16; and Frank Bateman Stanger, Spiritual Formation in the Local Church (Grand Rapids, MI: Francis Asbury, 1989), p. 17.
14. 이 주장의 최초의 지지자들 중 한 사람은 Valerie Saiving이었다, "The Human Situation: A Feminine View," reprinted in Womanspirit Rising, ed. Carol Christ and Judith Plaskow (San Francisco: Harper and Row, 1979), pp. 25-42. 그녀의 통찰을 더 확장시킨 사람들 중에는 다음 두 사람이 포함된다. Judith Plaskow, Sex, Sin and Grace: Women's Experience in the Theologies of Reinhold Niebuhr and

Paul Tillich (Washington, D.C.: University Press of America, 1980) Joann Wolski Conn, "Women's Spirituality: Restriction and Reconstruction," in Women's Spirituality: Resources for Christian Development, ed. Joann Wolski Conn (New York: Paulist, 1986), pp. 9-30.

15. In a Different Voice: Psychological Theory and Women's Development (Cambridge: Harvard University Press, 1982).

16. Clifford Swensen, "Ego Development and a General Model for Counseling and Psychotherapy," The Personnel and Guidance Journal 58 (January 1980): 383.

17. Craig Dykstra, "Faith Development and Religious Education," in Faith Development and Fowler, ed. Craig Dykstra and Sharon Parks (Birmingham, AL: Religious Education Press, 1986), pp. 257-8.

# 제 2장

1. 2nd ed., (New York: W. W. Norton, 1963), pp. 11, 17.
2. 이들 발달론자들 가운데 잘 알려진 사람들은 다음과 같다. Harry Stack Sullivan, Daniel Levinson, Roger Gould, Gail Sheehey, Barbara Newman; Philip Newman, Robert Havighurst 과 Judith Viorst.
3. Benedict Groeschel, Spiritual Passages: The Psychology of Spiritual Development (New York: Crossroad, 1984); Raymond Studzinski, Spiritual Direction and Midlife Development (Chicago: Loyola University Press, 1985) ; Morton T. Kelsey, Companions on the Inner Way; The Art of Spiritual Guidance (New York: Crossroad, 1987).
4. Antoine de Saint Exupéry, The Little Prince, tr. by Katherine Woods (New York: Harcourt Brace and World, 1943), pp. 10-19.
5. "Social and Developmental Psychology: Trends Influencing the Future of Counseling," The Personnel and Guidance Journal 58 (January 1980): 332.
6. "다른 여인들의 딸들과 아들들에게 더 좋은 세상 만들기"라는 말은 Rosemary Curran Barciauskas 와 Debra Beery Hull 에 의해 사용되었다. Loving and Working: Reweaving Women's Public and Private Lives (Bloomington: Meyer-Stone, 1989), Chapter 2.

7. 로버트 셀만은 이론을 세우고 유효성을 입증하는 과정 동안 이들 세 원리를 추론하는 자기-인식의 진행 상태를 설명한다. Robert Selman, The Growth of Interpersonal Understanding: Developmental and Clinical Analysis (New York: Academic Press, 1980).

8. 로에빙거의 주요작업은 문장완성 검사와 그것의 평가 메뉴얼을 공동으로 완성 시킨 것이다: Jane Loevinger and Ruth Wessler, Measuring Ego Development 1: Construction and Use of a Sentence Completion Test and Jane Loevinger, Ruth Wessler and Carolyn Redmore, Measuring Ego Development 2: Scoring Manual for Women and Girls (both volumes San Francisco: Jossey-Bass; 1970), and a third theoretical volume, Ego Development: Conceptions and Theories (San Francisco: Jossey-Bass,1976). Kegan's major work is The Evolving Self: Problem and Process in Human Development (Cambridge: Harvard University Press, 1982).

9. 이 필기 답변식의 투사적 검사는 약 30분 동안에 완성될 수 있는 36개 항목으로 구성되어 있다. 자기 학습식의 채점 매뉴얼은 심리검사의 경험이 없더라도 높은 수준의 상관적 신뢰도와 재생산의 가능성을 가지고 평가와 관리를 잘 할 수 있도록 고안되었다. 만약 영성지도자들도 원한다면 문장완성검사를 정확하게 처리할 수 있을 것이다

10. Lawrence Kohlberg and Cheryl Armon, "Three Types of Stage Models Used in the Study of Adult Development," in Beyond Formal Operations: Late Adolescent and Adult Cognitive Development (New York: Praeger, 1984), pp. 383-94. 이 연구는 피아제의 형식적 단계가 지닌 모든 속성들을 고수하는 "견고한 구조적 모델"과 피아제식의 엄격한 해석 이외에 정서적이거나 성찰적인 특성들을 포함하는 "유연한 구조적 모델"을 구별한다. 콜버그의 도덕 발달이론은 "경구조주의 hard structuralism"의 예로 볼 수 있다; 그것은 단계들을 불연속적인 추론의 작용으로 한정하는 경향이 있다. 그리고 단계들의 내적인 논리들뿐만 아니라 한 단계에서 다음 단계로 이어지는 연속성의 내적 논리들도 분석한다. 로에빙거의 자아발달은 "연구조주의soft structuralism"의 예시다. 그것은 자기 성찰적인 원 사고 meta thinking를 분석한다. 그것은 규준적인 모델로 이끌고 가지 않는다. 더 높은 단계로 발달하는 것은 처방을 따르듯 미리 정해진 것이 아니라 자기 선택의 문제로 받아들인다. 그리고 그것은 더 높은 단계일수록 더 적합하다고 주장하지도 않는다.

11. 영성지도는 사람들이 문제들에 대해 생각하고/ 말하는 방법에 관여하는 것이라기보다는 전인적으로 하나님께 어떻게 반응하느냐에 관한 것이기 때문에, 영적 인도를

위해서는 "연구조주의soft structuralism"가 가진 융통성이 "경구조주의hard structuralism"의 협소한 초점보다 더 유용하다.

그러나 발달의 내적 논리에 대해 로에빙거가 말을 아낀 것은 더 어려운 문제를 만들어 낸다. 왜냐하면 그것은 발달적으로 반응할 수 있는 능력뿐 아니라 행동을 이끄는 지도에 대한 평가를 방해하기 때문이다. Robert Kegan 은 이 문제들에 대한 도움을 제공한다

12.다니엘 헬미니악은 버나드 로너간의 초월적 개념들에 근거한 철학적 분석에서 영적 발달과 거룩성의 관계를 다룬다. 그는 거룩성이 하나님 앞에서 갖게 되는 인간의 진정성이라고 말한다. 그리고 강렬함으로 인해 그것은 단계를 따르지 않는다. 거룩성은 각 단계마다 다양하게 다른 모습으로 드러날 것이다: "어떤 단계에서든 개인의 진정성이 얼마나 철저한가는 거룩성의 측정 게이지가 된다. 단계 자체가 거룩성의 정도를 알려주는 것이 아니다. Spiritual Development: An Interdisciplinary Study (Chicago: Loyola University Press, 1987), pp. 143-56, quotation from p. 152.

13.그러나 1960년대 말에 개발된 측정 도구가 지금도 여전히 여성의 충동 조절, 개인 상호적 관계, 인식의 몰두 그리고 인지 방법을 정확하게 반영해 줄 수 있냐고 묻는 사람도 있을 것이다. 혹은 이 사회의 여성들의 위치는 이 평가 방법을 시대에 뒤떨어진 것으로 만들 만큼 그리고 이 이론 자체를 무효화시킬 만큼 변화 되었는가? 로에빙거는 그 응답의 내용들 자체가 자아의 수준을 결정하는 것이 아니라고 말한다. 내재하는 구조가 결정하는 것이다. 문화적 변화들은 대집단 – 여성들– 에서의 자아 발달을 촉진하기도 하고 저해하기도 한다. 그러나 이런 현상은 이론 그 자체에 영향력을 미치지는 않는다. 그리고 적합하게 실행이 된다면 평가 방법을 손상시키지도 않는다. Elizabeth J. Nettles and Jane Loevinger, "Sex Role Expectations and Ego Level in Relation to Problem Marriages," Journal of Personality and Social Psychology 45 (September 1983): 684.

로에빙거는 반대 방향으로의 편견도 가능하다고 인정한다. 흥미롭게도 대학생 연령의 여성들은 남성들보다 로에빙거의 테스트에서 반 단계 정도 높이 평가된다. 반면 콜버그의 테스트에서는 반대 결과를 보였다. Barbara Mary Gfellner, "Moral Development, Ego Development and Sex Differences in Adolescence" (Ph.D. Dissertation, University of Manitoba, Canada, 1981). 로에빙거와 동료들은 여성들의 마음을 끌기 위해 고안된 미완성 문장의 어간에 대해서는 왜곡된 태도로 반응함을 알게 되었다. 결국 그들은 남성들과 소년들을 위한 질문지를 다시 만들고 평가를 달리함으로써 유효성을 유지하려고 했다: C. Redmore, J. Loevinger, R. Tamashiro, et al. Measuring Ego Development: Scoring Manual for Men and Boys (St.

Louis: Washington University, 1978-1981).

14. 때론 로에빙거나 다른 연구자들도 상관관계들을 명백하게 인정한다. 참조: Jane Loevinger, "On the Self and Predicting Behavior" in Personality and the Prediction of Behavior, ed. R. Zucker, R. Aronoff, and A. Rabin (New York: Academic Press, 1984), pp. 43-68; Jane Loevinger and Elizabeth Knoll, "Personality: Stages, Traits, and the Self," in Annual Review of Psychology 34 (1983): 195-222; and Lawrence Kohlberg, The Psychology of Moral Development (San Francisco: Harper and Row, 1984). 그러나 종종 이런 상관관계들은 비교표들을 통해 요약되며 다음의 글에서 그 예들을 찾을 수 있다. Loevinger, Ego Development, especially Chapter 5; Robert Kegan, The Evolving Self, tables 6, 8-10; Helminiak, Spiritual Development, pp. 72-73. 경험적 연구는 상관관계를 다루며 실행된다. Barbara Gfellner, "Changes in Ego and Moral Development in Adolescents: A Longitudinal Study," Journal of Adolescence 9 (1986): 281-302.

15. 변화의 이미지 이외에도 로버트 케건은 여성지도에 질적으로 밀접한 연관성을 지니는 정서와 관계의 발달적 중요성 역시 강조한다. William Perry의 하버드대학생을 상대로 한 선구적이고 영향력 있는 연구를 참조;Forms of Intellectual and Ethical Development in the College Years: A Scheme (New York: Holt, Rinehart and Winston, 1970)은 이분법적 사고에서 상대성 그리고 상대성 안에서 원리를 지키는 태도로 옮기기 위한 씨름을 잘 보여준다. 특히 도덕적 사고 안에서의 중요한 전환을 보여준다. The Growth of Interpersonal Understanding 에서 Robert Selman은 상호 개인적인 관점의 발달을 연구한다. James Fowler는 자신의 독창적인 신앙발달 단계 연구와 Piaget, Selman and Kohlberg의 연구를 통합한다; Stages of Faith: The Psychology of Human Development and the Quest for Meaning (San Francisco: Harper and Row, 1981). Carol Gilligan, In a Different Voice: Psychological Theory and Women's Development (Cambridge: Harvard University Press, 1982) 는 남녀 모두의 도덕적 발달에 대한 이해에 덧붙여 여성의 도덕적 발달을 독특하고 창의적인 것으로 관찰한다. 특히 Sharon Parks는 James Fowler의 신앙 발달이론에 토대를 두고 청소년기에 집중한다. The Critical Years: The Young Adult Search for a Faith to Live By (San Francisco: Harper and Row, 1986). Mary Baird Carlsen의 Meaning-Making: Therapeutic Processes in Adult Development (New York: W. W. Norton, 1988)는 Robert Kegan의 연구에 치료 이론을 더하여 발달적 변화의 잠재력과 과정의 이해를 돕는다. Mary Belenky, Blythe Clinchy, Nancy Goldberger 그리고 Jill Tarule가 공동 연구한 Women's Ways of Knowing: The Development of Self, Voice, and Mind (New York:

Basic Books, 1986)은 구조 이론을 주장하지는 않지만 William Perry가 남자 대학생들에게 했던 설명을 연장하여 정규 교육기관들 내부와 외부에 있는 여성들에 관련된 세분화된 연구로 발전시켰다. 구조 발달이론들에 근거한 연구들 중 목회적 돌봄에 대한 공헌으로는 다음의 둘을 들 수 있다: Steven Ivy는 파울러와 케건의 이론에 근거하여 목회적 평가 자료를 개발했다. Structural-Developmental Theories of James Fowler and Robert Kegan as Resources for Pastoral Assessment (Ph.D. Dissertation, Southern Baptist Theological Seminary, 1985). Gary L. Chamberlain는 파울러의 신앙발달 이론이 어떻게 실제 목회 현장에서의 사역을 풍성하게 만들 수 있는지 설명한다. Fostering Faith: A Minister's Guide to Faith Development (New York: Paulist, 1988).

16. William Perry, The Forms of Intellectual and Ethical Development는 이분법적 사고가 실패할 수 밖에 없는 이유를 신랄하게 설명한다. 그리고 그것이 어떻게 상대적 사고로 점진적 변화를 이루며 결국 정황적 사고로 바뀌는지를 설명한다.

17. Jane Loevinger의 문장 완성 검사는 비교발달 연구로 이어지고, 여기에는 심층 인터뷰를 기초로 하는 시간 소모적인 연구 방법이 불가피한 대규모의 연구가 포함된다. 그리고 로에빙거의 자아 발달이론에 근거하여 결론을 내리고 있다. Robert Holt, "Loevinger's Measure of Ego Development: Reliability and National Norms for Male and Female Short Forms," Journal of Personality and Social Psychology 39 (November 1980): 909-20.

18. Loevinger, Ego Development, p. 19.

19. Craig Dykstra, "Faith Development and Religious Education," in Faith Development and Fowler ed. Craig Dykstra and Sharon Parks (Birmingham, AL: Religious Education Press, 1986), pp. 251-71, 실제로 종교적 교육에서 이 역동이 어떻게 일어났는지를 설명한다. 그리고 Gary Chamberlain은 파울러의 신앙 발달이론을 목회적 상황에서 적합하게 사용하는 것에 대해 말하고 있다. Gary Chamberlain , Fostering Faith, pp. 183-84.

20. Janet L. Surrey ("Self-in-Relation: A Theory of Women's Development," Work in Progress No. 13 [Wellesley, MA: Stone Center for Developmental Services and Studies, 1985], p. 3) 는 정확한 공감을 다음과 같이 설명한다.

정확한 공감은 감정의 분출과 인지적 구조화 사이의 균형을 내포한다. 그것은 다른 사람들과 동일시 하는 경험을 바탕으로 반응하는데 기초가 되는 그에 대한 인지적 동화를 이뤄나가는 능력을 요구한다. 이런 수용력은 고도로 발달된 감정적, 인지적 기능을 수반하며, 이것들은 관계 안에서 훈련하고 본을 따르고 정정하는 일 등이 요구된다. 정확한 공감은 비교적 강한 발달적 기초를 요구하는 것이 분명하다. 그러므로 그것은 정감적인 영성지도자가 되기 위한 발달의 필수 여건이 무엇인지 질문하도록 만든다. 왜냐하면 모든 잠재적인 영성지도자가 정확하게 공감하며 반응할 수 있는 발달적 능력을 가지고 있는 것은 아니기 때문이다

## 제 3장

1. William Barry and William Connolly, The Practice of Spiritual Direction (New York: Seabury, 1982), pp. 65-79 은 "주요한 내적 사실들을 주목하기"에 대한 설명을 더 확장시키고 있다. 그러나 이 저자들은 내면의 움직임들을 주목하거나 표현하지 못하는 것이 발달단계와 관련되거나 그 영향으로 인한 것일 수 있다는 가능성에 대해서는 언급하지 않는다.

2. 나는 이 사례들을 Vie Thorgren에게서 빌려왔고 약간 변형시켜서 이곳에 실었다.

## 제 4장

1. Paul Watzlawick, John Weakland, 그리고 Richard Fisch는 네 단계의 치료 절차를 설명한다. Change: Principles of Problem Formation and Problem Resolution (New York: W. W. Norton, 1974), pp. 82-83. p. 110
2. Jane Loevinger, "Theories of Ego Development," in Clinical- Cognitive Psychology: Models and Integrations, ed. L. Breger (Englewood Cliffs, N.J.: Prentice-Hall, 1969), p. 85.
3. 이것은 Robert Kegan이 균형에 대해 다채롭게 설명한 문장이다.
4. Loevinger, Ego Development, p. 199.
5. Selman, The Growth of Interpersonal Understanding, pp. 175-82.
6. The Evolving Self , p. 256.
7. The Evolving Self , pp. 119-20, 184-254.
8. Carlsen; Meaning-Making, p. 71.

9. William Dember, "The New Look in Motivation," American Scientist 53 (December 1965): 409-27.
10. Loevinger, Ego Development, p. 309.
11. Stages of Faith, p. 299.
12. James Fowler는 "Mary"의 사례를 확대시켜서 억제를 키우는 문화와 개인상호 관계의 힘을 설명한다. Stages of Faith, pp. 217-91.
13. Laurent A. Daloz, Effective Teaching and Mentoring: Realizing the Transformational Power of Adult Learning Experiences (San Francisco: Jossey-Bass, 1986) 멘토링에 대한 적절한 설명과 발달적 변화를 촉진하는데 어떤 역할을 하는지 잘 다룬다. 나는 특히 멘토의 역할에 대한 설명과 내가 이해하는 영성지도자의 역할 사이의 유사성에 주목하게 되었다:

멘토와 안내자. 그들은 우리들의 삶의 여정을 인도한다. 우리는 그들이 이미 그 길을 지나왔기 때문에 그들을 신뢰한다. 그들은 우리가 소망할 수 있는 실제의 예이고 우리의 앞길에 빛을 비춰준다. 낯선 표지판에 대해서는 해석해 주고 여정 가운데 엎드려져 있는 드러나지 않은 위험을 경고해 주고, 기대치 못한 기쁨들을 주목하게 해준다. (p. 17).

14. Jean Baker Miller, "The Development of Women's Sense of Self," Work in Progress, No. 12. (Wellesley, MA: Stone Center for Developmental Services and Studies, 1984), pp. 6-7.
15. Ego Development, pp. 409-10.
16. Michael Buckley, "Within the Holy Mystery," in A World of Grace: An Introduction to the Themes and Foundations of Karl Rahner's Theology, ed. Leo O'Donovan (New York: Seabury, 1980), pp. 31-49.
17. Selman, The Growth of Interpersonal Understanding, p. 311.
18. Steven Ivy, The Structural-Developmental Theories of James Fowler and Robert Kegan as Resources for Pastoral Assessment, (Ph.D. dissertation, Southern Baptist Theological Seminary, 1985), pp. 144-49.

# 제 5장

1. William Bridges, Transitions: Making Sense of Life's Changes (Reading, MA: Addison-Wesley, 1980)는 전환의 경험을 심층적으로 설명한다.
2. Growth of Interpersonal Understanding, p. 310에서 Selman은 다음과 같이 말한다.

"이 어린이는 이 사건에 관해서 먼저 X단계의 수준에서 생각하고 그 단계에 맞추어 행동합니다"라고 말하는 것은 잘못된 것이다. 오히려 이렇게 말하는 것이 더 합리적일 수 있다. "이 어린이는 몇몇 사회적 반응들을 볼 때 일관된 (혹은 일관되지 않은) 방법으로 행동을 해오고 있습니다; 이에 비추어 볼 때 이 어린이는 X단계의 특징들에 가장 가까운 사회적 반응을 하게 될 것이라고 말할 수 있습니다."

3. Loevinger' Ego Development, p. 15.
4. Kegan; The Evolving Self, pp. 113-14.
5. Kegan, The Evolving Self, p. 31.
6. Janet Surrey, "Self-in-Relation,"은 분화를 인간 발달의 기준으로 삼는 것을 비평한다. 그것은 자기란 그 틀을 만들고 구성하는 관계들 속에서만 의미를 갖는다고 이해한다. 그러므로 분화의 적합한 이해는 "인간적 관계의 정황 속에서 복합성, 선택, 가변성과 명확한 표현의 수준이 향상하는 것을 포함한다."(p. 8). 왜냐하면 "분화"란 정확하게 관계적 정황 속에서 이해되는 일이 드물기 때문에 나는 "복합성의 증가"라는 말로 "분화"를 대신하여 쓰게 되었다.
7. Kegan, The Evolving Self, pp. 81-82.
8. Kegan, The Evolving Self , p. 45.
9. 단계에 대한 이들 설명들은 다음의 자료에서 찾을 수 있다: Loevinger; Ego Development, p. 16; Jane Loevinger, "The Relation of Adjustment to Ego Development," in The Definition and Measurement of Mental Health, ed. Saul B. Sells (Washington, D.C.: U.S. Department of Health, Education and Welfare, Public Health Service, 1968), p. 166; Pauline Young-Eisendrath, "Ego Development: Inferring the Client's Frame of Reference," Social Casework: The Journal of Contemporary Social Work 63 (June 1982): 328;
Clifford Swensen, "Ego Development and a General Model for Counseling and Psychotherapy," The Personnel and Guidance Journal 58 (January 1980): 384; Robert Selman, The Growth of Interpersonal Understanding: Developmental and Clinical Analyses (New York: Academic Press, 1980), pp. 132 and 147; Fowler, Stages of Faith, pp. 133-34 ; Gilligan, In a Different Voice, p. 74.

10. 이 다음의 발달이 온전한 단계거나 단지 전환의 수준인지는 발달론자들 사이에서 논의 될 일이지만 이런 이론적 문제들로 인해 우리가 지체될 필요는 없다고 본다. 우리의 목적들을 위해 나는 이것을 단계로 받아들일 것이지만 로에빙거가 사용한 전환의 수준이란 용어를 그대로 받아들이길 원한다. 왜냐하면 그녀의 용어가 발달을 잘 설명하고 있기 때문이다.

11. 이 행동은 전형적인 발달의 진행 과정의 일부인 것을 기억하라. 그러므로 어린이들이나 어느 정도의 연령에 이를 때까지는 "정상적"인 행동이다. 어린이들과 관련하여 "착취적" "조종적"이라는 말은 도덕적 용어가 아니라 단지 어린이들이 관계 맺는 수준을 설명하는 것이다.

12. Ego Development, pp. 16-17; "The Relation of Adjustment," pp. 166-67; Loevinger and Wessler, Measuring Ego Development 1, pp. 4, 59; Young-Eisendrath, "Ego Development," p. 328; Swensen, "Ego Development," p. 384; Kegan, The Evolving Self, p. 88; Selman, The Growth of Interpersonal Understanding, pp. 138-40, 144-45; Fowler, Stages of Faith, pp. 135-50; Perry, Intellectual and Ethical Development, pp. 60-71.

13. 이것은 교회의 회중들, 교구 혹은 다른 교회의 행정부서들에서의 영성 형성 프로그램과 같이 영성지도가 필수적인 상황 안에서 일어날 수 있다. John Evoy는 일례로 영성지도를 하면서 발전의 기미를 거의 보이지 않던 자신의 수련자가 어느 날 여기에 온 것이 자신의 생각이 아니었다고 고백했던 것을 말한다. 그녀의 친구들 사이에서는 영성지도를 받는 것이 유행이었던 것이다. 그러나 실제로 그녀는 내 영성지도자가 누구냐는 질문에 대해 그건 내가 알아서 할 일이니 상관하지 말라고 말할 수 있길 원했다. A Psychological Handbook for Spiritual Directors (Kansas City: Sheed and Ward, 1988), p. xi.

14. Loevinger, Ego Development, pp. 17-19; "The Relation of Adjustment," p. 167; Loevinger; Wessler, Measuring Ego Development 1, pp. 4-5; Young-Eisendrath, "Ego Development," pp. 328-29; Swensen, "Ego Development," p. 384; Selman, The Growth of Interpersonal Understanding, pp. 134, 140, 145, 146; Kegan, The Evolving Self, pp. 184-220; and Fowler, Stages of Faith, pp. 151-73.

15. Arthur W. Chickering, "Developmental Change as a Major Outcome," in Experiential Learning, ed. Morris T. Keeton (San Francisco: Jossey-Bass, 1976), p. 73 Loevinger의 인지 양식의 영역, Piaget의 지적 발달 이론 그리고 Perry의 인식론적 양식의 변화들 사이의 상관관계를 다룬다.

16. 여기에는 주의가 요구된다. 이 현상을 순응주의 단계의 특성으로 발달론적 해석을 하기 전에 그 단계의 다른 영역들에 대해서도 관찰해야만 한다. (혹은 그 문제에

대한 다른 단계들의 양식을 관찰해야 한다) 개념으로써의 자아수준은 다른 모든 영역들의 해석을 포함한다. 밋밋한 정서는 문화, 가정 속에서 감정을 억압할 것을 기대하는 분위기, 그리고 호르몬 혹은 정서 장애의 영향에 기인할 수도 있다.

17. Reba E. Roebuck, "The Relationship between Level of Ego Development and Dogmatism in Women" (Ph.D. dissertation, Boston College, 1981), 자기보호 단계와 순응주의 단계에 속한 거의 대부분의 사람들은 매우 독선적이라고 결론지을 수 있지만 그 반대로는 적용되지 않는다. 두 단계의 사람들은 평가 결과 독선주의적 성향을 보이지만, 폐쇄적인 사고 자체는 다음 단계로 자아가 발전 하는 일을 방해하기 쉽지만 불가능하게 하지는 않는다는 평가를 한다.

18. 참조 Richard L. Gorsuch and Daniel Aleshire, "Christian Faith and Ethnic Prejudice: A Review and Interpretation of Research," Journal for the Scientific Study of Religion 13 (June 1974): 281-307. 저자들은 외인적 성향을 가진 그러면서 전형적인 기독교의 신앙을 가진 사람들은 가장 편견을 많이 지닌 하위그룹이라고 말한다. (p.284). 이 내용들은 특정 교파의 리더십, 교리적 해석 그리고 폐쇄적 사회에서 어느 정도는 순응을 조장할 수 있다는 해석을 가능케 한다. 그래서 집단원들 중 대다수가 평균적으로 순응적 단계에 머물도록 하며, 자신들과 다르거나 잘못된 혹은 나쁘다고 받아들인 집단에 대해서는 편파적이고 부정적 혹은 경직된 태도로 대할 수 있다.

19. Loevinger, "Measuring Personality Patterns of Women," Genetic Psychology Monographs 65 (1962), p. 113. Loevinger는 하나님의 가정이라는 확대된 견해를 제시하는 데 있어 Adorno의 도움을 받았다

20. Stages of Faith, p. 275, Fowler는 각 단계의 가치에 대해 주장하면서도, 그는 그것을 넘어서는 유용성이 있다고 말한다. 목사나 영성지도자는 드러나는 자기를 열린 태도로 만날 필요가 있다. 그리고 마치 심리 치료사가 상담 상황에서 그렇게 하는 것처럼 그런 특권을 누릴 기회를 가지고 있다.

21. 로욜라의 이냐시오가 사용한 "영적 고독desolation"이란 용어는 "영혼의 어두움, 영혼의 고통, 비천한 곳으로 쏠리는 경향, 많은 분심과 유혹으로 안식할 수 없음 그래서 믿음, 소망, 사랑이 없어짐"을 내포한다. The Spiritual Exercises of St. Ignatius, 317, Louis J. Puhl, S.J. 번역. (Chicago: Loyola University Press, 1951), p.142

# 제 6장

1. 자료에 근거해 Loevinger는 "자기인식 단계"를 "양심적-순응 단계"라고도 부른다. 이것은 순응단계와 양심적 단계 사이의 단계임을 강조하기 위한 것이다. 이 책에서 학술적 용어로 "자기인식 단계"라고 부른 것은 진행 순서보다는 발달적으로 달성하는 것을 강조하기 위함이다. 자기보호 단계에서처럼 자기인식 단계가 단계인지 전환의 시기인지는 다루지 않도록 하겠다. 단지 이 단계에서 달성하는 것과 어디에 초점을 두는지 만을 간략하게 요약하고 다음의 양심적 단계를 더 철저히 다루도록 하겠다.
2. Loevinger, Ego Development, pp.19-20; Young-Eisendrath, "Ego Development," p. 329; and Swensen, "Ego Development," p. 384.
3. Parks, The Critical Years, pp. 73-106.
4. Belenky, et al., Women's Ways of Knowing, pp. 52-86.
5. Belenky, et al., Women's Ways of Knowing, pp. 55 and 84.
6. Forms of Intellectual and Ethical Development, p. 88.
7. Perry, Forms of Intellectual and Ethical Development, p. 200. Parks, The Critical Years, pp. 133-205, 발달적 스펙트럼 안에서 이 위치에 해당하는 사람에게 도움이 되는 멘토링의 개념을 길게 설명하고 있다. 이 내용 중 많은 부분이 목사와 영성 지도자에게도 유용할 것으로 여겨진다.
8. 성찰적이 된다는 것은 자기를 정체성과 의미 체계를 만드는 주체로 인식한다는 것이다. Riv-Ellen Prell, "The Double Frame of Life History in the Work of Barbara Myerhoff, in Interpreting Women's Lives: Feminist Theory and Personal Narratives, ed. Personal Narratives Group (Bloomington: Indiana University Press, 1989), pp. 250-54.
9. Ego Development, pp. 20-22; Loevinger and Wessler, Measuring Ego Development 1, pp. 5-6; Young-Eisendrath, "Ego Development," pp. 329-30; Selman, The Growth of Interpersonal Understanding, pp. 135, 141, 146-47; and Kegan, The Evolving Self, pp. 221-54.
10. Erika Wick, "Lost in No-Man's-Land Between Psyche and Soul," in Psychotherapy and the Religiously Committed Patient, ed. E. Mark Stern (New York: Haworth Press, 1985), pp. 13-24, 이 현상을 "transnomia"로 부른다. 이것은 도덕적 발달의 전환기에 심리사회적 해석의 양식이 바뀌면서 정상적으로 일어나는 현상일 수 있다. 이처럼 가치관이 방향을 잃을 때 치료의 방법으로 영성지도는 적합한 접근이 될 수 있다.

11. Forms of Intellectual and Ethical Development, especially pp. 109-52; Ego Development, p. 109참조
12. Forms of Intellectual and Ethical Development, pp. 182-89.
13. Forms of Intellectual and Ethical Development, p. 131.
14. Forms of Intellectual and Ethical Development, p. 191.
15. Dan P. McAdams, Laura Booth and Richard Selvik, "Religious Identity Among Students at a Private College: Social Motives, Ego Stage and Development," Merrill-Palmer Quarterly 27 (July 1981): 230-31. 이 연구는 문장 완성 검사 결과 양심적 단계와 그 이상의 단계에 속한 사람들은 근본주의적 신앙에 대한 의문을 품게 되는 정체성의 위기를 보인다고 보고한다. 반면 그보다 낮은 단계들에서는 의문이나 위기는 거의 보고되지 않는다.
16. Laurent Daloz, Effective Teaching and Mentoring, pp. 97- 106, 40대 초반에 학업을 다시 시작한 베티와 그녀의 지도 교수인 켄 사이의 관계가 심각하게 궁지에 몰린 상태임을 설명한다. 이런 관계는 영성지도에서도 나타날 수 있다.
17. James Fowler's, Stages of Faith, p. 180.
18. 이 발달의 수준은 새로운 수준의 비판적 분석을 받아들인다. 그러나 그것은 반드시 분석적으로 "생각"하게 하는 것은 아니다. 평가나 비판의 과정은 "내게 적합한 것"을 인식하는 직관력의 유무에 따라 일어난다.
19. Gilligan은 In a Different Voice에서 여성들에게는 자기 자신을 돌보지 않으면서 다른 사람을 돌보는 것이 특별히 어려운 문제 일 수 있다고 설명한다. Sharon Parks, The Critical Years, pp. 57-58는 양심적 단계에 해당하는 내용을 다루면서 이 딜레마를 나 보다 먼저 언급했다. 그러나 내 경험으로는 겸양과 이타성에 젖어있는 여성들은 자신을 돌보는 것을 마치 이기적 행위인 것처럼 왜곡되게 받아들이는 경향이 강함도 볼 수 있었다. 아마도 이런 이기심에 대한 배척을 깊이 내면화하지 않은 여성들은 실제로 이런 딜레마를 더 일찍 해결할 수 있을 것이다. 이 점에 대한 Parks와 나 사이의 의견 차이는 딜레마의 해결의 시작이냐 습관적인 것으로 보느냐에 더 많이 달려있을 것이다. 이 딜레마의 해결을 다양하게 다루는 그리고 개인상호적 단계 혹은 그 전의 전환 단계에서 가장 잘 완성되는 것으로 제시하는 그녀의 논문은 매우 유용하다. Loevinger, Ego Development, p. 23.
20. The Spiritual Exercises of St. Ignatius, #333, Puhl 번역, p. 148.

# 제 7장

1. Loevinger, Ego Development, pp. 22-23; Young-Eisendrath, "Ego Development," p. 330.
2. Martin H. Rock, "Self-Reflection and Ego Development" (Ph.D. dissertation. New York University, 1975).
3. Nancy J. Richardson, "Developmental Shifts in Constructions of Success: The Relationships among Ego Stages, Social Motives, and Women's Life Patterns." (Ph.D. dissertation, Harvard University; 1981).
4. Spirituality and Personal Maturity, p. 56.
5. Loevinger, Ego Development, pp. 23-26; "The Relation of Adjustment," pp. 167-68; Loevinger and Wessler, Measuring Ego Development 1, p. 6; Young-Eisendrath, "Ego Development," p. 330; and Fowler, Stages of Faith, pp. 184-97.
6. Parks, The Critical Years, p. 60.
7. Wolfgang Edelstein and Gil Noam, "Regulatory Structures of the Self and 'Postformal' Stages in Adulthood," Human Development 25 (November-December 1982): 414.
8. Stages of Faith, p. 185.
9. The Spiritual Exercises of St. Ignatius, 15, trans. Puhl, p. 6: 영신수련의 지도자는 수련자에게 가난이나 어떤 헌신을 더 강조하거나 혹은 반대로 어떤 양태의 삶의 방식을 다른 것들 보다 더 강요해서는 안 된다…… 결국 지도자는 평정심을 유지하며 한쪽으로 치우쳐 기울어지지 않고 창조주 하나님께서 온전히 지도해 주시도록 자리를 내어 드려야 한다. 그래서 피조물인 수련자가 직접 하나님께로 나아가도록 도와야 한다.
10. Paul Ricoeur, Symbolism of Evil (Boston: Beacon Press, 1978) pp. 36-58. Stages of Faith, p. 187에서 사용한 Fowler의 "제 2의 순수성"이라는 언급을 통해 나는 그 역동에 대한 성찰을 하게 되었다. 그리고 최종적 의미를 알게 되었다.
11. In a Different Voice, p. 74.
12. Gilligan, In a Different Voice, p. 63.
13. Loevinger, Ego Development, p. 26; "The Relation of Adjustment," p. 168; Young-Eisendrath, "Ego Development," p. 330.
14. Fowler, Stages of Faith, pp. 199-211.
15. Helminiak, Spiritual Development, pp. 87-89.

16. Bridges, Transitions, 특히 제 4장. 참조
17. Joann Wolski Conn and Walter Conn, "Developmental Psychology: From Moral Theology to Spirituality," in Proceedings of the Fortieth Annual Convention, ed. George Gilcourse (San Francisco: The Catholic Theological Society of America, 1985), p. 171, 이 글들은 모두 Kegan의 이론이 자기 주도성과 자기 비움 사이의 긴장된 관계를 설명하기에 특히 유용함을 언급한다. 그의 이론은 상호개인적 단계에서 결국 해소하게 될 갈등의 과정들을 연속적으로 따라가며 설명한다.
18. The Spiritual Exercises, 335, Puhl 번역. p. 149:

좀 더 완전함을 향해 나아가고 있는 사람들에게 있어서 선한 천사는 섬세하고, 온화며, 유쾌하다. 그것은 마치 스폰지 위에 떨어지는 빗방울과 같다. 그러나 이들을 향한 악한 영의 행위는 격렬하고, 시끄러우며, 어지럽히는 것이다. 그것은 돌 위에 부딪히는 빗방울들에 견줄 수 있다.

19. 정서적 삼각관계는 세 사람 혹은 세 가지의 문제, 어떤 일들과도 형성될 수 있다. Edwin Friedman, Generation to Generation: Family Process in Church and Synagogue (New York: Guilford Press, 1985), pp. 35-36:

삼각관계의 기본적 원칙은 어떤 체계를 구성하는 두 요소가 서로를 불편하게 여기면서 제 삼의 인물 혹은 문제를 삼각관계 안으로 불러들이거나 초점을 맞추기 시작하는 것이다. 그리고 그것을 통해 서로의 관계를 안정화 시킨다. 만약 이런 식으로 미해결된 문제 가운데 누구든 끌려들어 간다면 들은 "삼각관계에 끌려 들었다triangled"라고 말할 수 있다. 반대로 개인들이 나머지 둘의 관계를 변화시키려고 한다면 (두 사람 혹은 한 사람 그리고 그들의 증상이나 믿음) 그들은 삼각 관계 속으로 들어가는 것이 된다(그리고 종종 그들이 변화시키려고 애쓰는 바로 그 상황은 안정된다).

# 제 8장

1. 스데반 사역The Stephen Ministry 은 평신도의 모임으로 목회자와 함께 사역할 수 있도록 훈련 감독을 받고 다른 교회 회중들을 돌보게 된다
2. James Hopewell, Congregation: Stories and Structures, (Philadelphia: Fortress, 1987), pp. 12-13 여기에서 회중은 "특별한 명칭을 지닌 인증된 구성원들로써 정기적으로 모여서 좀 더 일반화된 예식을 따라 예배 모임에 참석하고 행위와 태도 그리고 이야기라는 내재된 패턴을 발달시키기 위해 서로 충분히 소통하는 사람들의 모

임"을 일컫는다. Hopewell과 마찬가지로 나도 "회중" "지역교회" "교구"를 같은 의미로 사용할 것이다 그러나 다른 점이 있다면 나는 회중을 기독교 공동체의 구체적 형태들 가운데 한 전형으로도 쓰기 원한다.

3. 최근 들어 목사를 교인들을 위한 영적 인도자로써의 이미지는 퇴색되고 있다. 비록 영적 인도자로써의 목사의 역할에 대한 한정되고 경직된 해석이 개인의 영적 자유를 숨막히게 하고 영적 인도와 지도를 제공하는 사람으로 훼손시킬 수 있다 하더라도, 목회적 영적 지도의 이미지와 실천을 완전히 기각하는 것은 목회적 돌봄 안에 있는 오랜 전통을 버리는 것이 된다. 만약 우리가 영적 인도자로써 목사의 이미지를 진지하게 받아들여야만 한다면, 우리는 목사의 직책을 위해 갖추어야 할 자격들을 자세히 살펴 볼 필요가 있다. 그리고 거기에는 영적 인도를 할 수 있는 역량과 열망 그리고 성향이 포함 되어야 할 것이다.

4. Susanne Johnson, Christian Spiritual Formation, 교회를 기독교적 돌봄과 영성 형성의 생태적 환경으로 논한다.

5. Hopewell, Congregation, 특히 제 1장과 7장. Walter Wink는 이 현상을 Unmasking the Powers: The Invisible Forces that Determine Human Existence (Philadelphia: Fortress, 1986)에서 "교회의 천사"로 논한다.

6. Gary Chamberlain, Fostering Faith, pp. 23-26, 이 세 요인들을 모든 믿음의 단계를 옮겨 갈 때마다 필요 불가결한 요인들로 여긴다.

7. Hopewell, Congregation, pp. 113-14, 성경적 이야기들은 회중의 개인적 특성들과 충돌한다. 선포된 말씀은 사회적 특성인 신화들을 무효화 하는 것은 아니다; 오히려 신화들에 "근본적, 비판적 그리고 결국은 구속적 redemptive 의미"를 더한다.

8. Chamberlain, Fostering Faith, p. 24.

9. Regis Duffy, A Roman Catholic Theology of Pastoral Care (Philadelphia: Fortress, 1983).

10. Belenky, et al., Women's Ways of Knowing 은 여성들이 자신들의 목소리를 빼앗겼을 때 어떤 운명에 처해지는지를 계속 서술한다.

11. Loevinger, Ego Development, pp. 27-28.

12. 이들 영역들은 좀 더 일반적인 자아 발달의 문제들과 더불어 Kohlberg의 도덕적 선택의 단계들을 수반한다. 이 영역들에 대한 논의와 더 많은 예들은 다음을 참조한다. Elizabeth Morgan with Van Weigel and Eric DeBaufre, Global Poverty and Personal Responsibility: Integrity through Commitment (New York: Paulist, 1989), pp. 7-21

13. Morgan, et al., Global Poverty and Personal Responsibility, p. 14.

14. Mary Wilcox, Developmental Journey: A Guide to the Development of Logical and Moral Reasoning and Social Perspective (Nashville: Abingdon, 1979), pp. 221-23.
15. 비록 James Hopewell은 교회의 이야기들을 들춰내어서 비계층적 그리고 비발달적 영역들에 관해 분석하지만, 그가 제시한 방법들은 참여 관찰, 유도된 인터뷰 그리고 사려 깊게 선택된 통계 검정과 조사는 발달적 해석을 할 수 있도록 돕는다. Congregation, 제. 6장 참조.
16. Chamberlain, Fostering Faith는 발달적으로 민감한 사역들을 위해 수많은 제안들을 한다.
17. Synod of Bishops, "Justice in the World," 1971, in Renewing the Earth, ed. David J. O'Brien and Thomas A. Shannon (New York: Image Books, 1977), p. 391.
18. Ronald Marstin, Beyond Our Tribal Gods: The Maturing of Faith (Maryknoll, N.Y.: Orbis, 1979), p. 110.
19. Chamberlain, Fostering Faith, p. 172.

# 제 9장

1. Erik Erikson 은 Childhood and Society 에서 발달의 다른 개념을 가지고 비슷한 주장을 한다.
2. 친밀감을 수용할 수 있는 영역들은 관계의 종류에 따라 그리고 어떤 무언의 혹은 유언의 언약들이 이루어지고 있느냐에 따라 다르다. 그러나 어떤 경우에라도 그러나 적합한 경계를 유지해야 할 책임은 관계에서 가장 큰 힘과 권위를 가진 측에 있다. 부모, 목사, 영성지도자가 여기에 속한다. 이 책임을 다른 상대에게로 넘기는 것은 결코 윤리적으로 허락될 수 없다
3. Belenky, et al., Women's Ways of Knowing, pp. 155-57.
4. Belenky, et al., Women's Ways of Knowing, pp. 190-229.
5. Belenky, et al., Women's Ways of Knowing, p. 226. Hopewell, Congregation, pp. 87-90 그리고 p.99 각주4의 자료들은 참여 관찰의 방법론을 설명한다.
6. Insight and Responsibility, (New York: W. W. Norton, 1964), pp. 47-80.

7. Belenky, et al., p.194; Jerome Brunner in The Process of Education (Cambridge, MA: Harvard University Press, 1963), p. 52.

# 제 10장

1. Lyn Michel Brown and Carol Gilligan, Meeting at the Crossroads: Women's Psychology and Girls' Development (New York; Ballantine, 1992); James Fowler, Weaving the New Creation: Stages of Faith and the Public Church (San Francisco: Harper, 1991) and Faithful Change: The Personal and Public Challenges of Postmodern Life (Nashville: Abingdon, 1996); Nancy Goldberger, Jill Tarule, Blythe Clinchy and Mary Belenky, Knowledge, Difference, and Power: Essays Inspired by Women's Ways of Knowing (New York: Basic Books, 1996); Robert Kegan, In Over Our Heads: The Mental Demands of Modern Life (Cambridge: Harvard University Press, 1994); and Laurent Daloz, Cheryl Keen, Jmes Keen and Sharon Parks, Common Fire: Lives of Commitment in a Complex World (Boston: Beacon Press, 1996). 더불어 이 시기 동안에 인간 발달에 대한 중요한 신학적 연구가 시작되었다: James Loder, The Logic of the Spirit: Human Development in Theological Perspective (San Francisco: Jossey-Bass, 1996). Daniel Levinson,은 이 시기 동안 남성의 발달에 대한 연구와 함께 Seasons of a Woman's Life (New York: Knopf, 1996)를 집필하며 균형을 이루었다.

2. 이 연구는 주로 인간의 발달이 영적 발달에 주는 영향에 관한 것이기 때문에 이 책의 초판에서는 이 글을 검토할 생각이 없었다. 그리고 단지 나의 영성지도에 대한 정의와 이해를 도울 신학적 기초를 놓을 수 있는 자료로써만 다루었다. 그러나 개정판을 출간하면서는 초판 이후에 나타났던 영성지도의 주요 방법들을 삭제하지 않고 언급하려고 한다: Benedict Ashley, Spiritual Direction in the Dominican Traditoin (New York: Paulist, 1995); Peter Ball, Anglican Spiritual Direction (Cambridge: Cowley, 1999); Walter E. Conn, The Desiring Self: Rooting Pastoral Counseling and Spiritual Direction in Self Transcendence (New York: Paulist, 1998); Maureen Conroy, The Discerning Heart: Discovering a Personal God (Chicago: Loyola University Press, 1993); Rose Mary Dougherty, Group Spiritual Direction: Community for Discernment (New York: Paulist, 1995);

Julie M. Douglas, Handbook for Spiritual Directors (New York: Paulist/ 1998); James Empereur, The Enneagram and Spiritual Direction: Nine Paths to Spiritual Guidance (New York: Continuum, 1997); James Empereur, Spiritual Direction and the Gay Person (New York: Continuum, 1998); Carolyn Gratton, The Art of Spiritual Guidance: A Contemporary Approach to Growing in the Spirit (New York: Crossroad, 1993); Margaret Guenther, Holy Listening: The Art of Spiritual Direction (Cambridge: Cowley, 1992); Frank Houdek, Guided by the Spirit: A Jesuit Perspective on Spiritual Direction (Chicago: Loyola Press, 1996); Wendy Miller, Learning to Listen: A Guide for Spiritual Friends (Nashville: Upper Room); Robert Morneau, Spiritual Direction: Principles and Practice (New York: Crossroad, 1992); Carol Ochs and Kerry M. Olitzsky, Jewish Spiritual Guidance (San Francisco: Jossey-Bass, 1997); and Barbara Sheehan, Partners in Covenant: Art of Spiritual Companionship (Cleveland: Pilgrim Press, 1999).
3. Kegan, In Over Our Heads, pp. 1-11.
4. Fowler, Faithful Change, p. 164.
5. Fowler, Weaving the New Creation, pp. 151-62.
6. Daloz, Keen, Keen and Parks, Common Fire, p. 107.
7. Elizabeth Liebert, "The Thinking Heart: Developmental Dynamics in Etty Hillesum's Diaries," Pastoral Psychology 43 (July 1995): 393-409. 참조 Etty Hillesum, An Interrupted Life: The Diaries of Etty Hillesum, 1941-1943. Ed and intro by J. G. Garlandt, Arno Pomerans 번역 (New York: Pantheon Books, 1983).
8. 공감적 상상에 대한 더 많은 논의는 다음 글들을 참조: Blythe McVicker Clinchy, "Connected and Separate Knowing: Toward a Marriage of Two Minds" in Knowledge, Difference, and Power: Essays Inspired by Women's Ways of Knowing, ed. Nancy Goldberger, Jill Tarule, Blythe Clinchy, and Mary Belenky (New York: Basic Books, 1996), pp. 205-247. Women's Ways of Knowing 의 저자는 여성들 스스로의 "배움"의 방법이라고 말하는 것을 듣고, "공동 학습"이라고 부른 인식론에 주목했다. 이것은 경의를 표하고, 온정적이며 관심을 가지고 다른 사람들의 경험을 탐색하는 것으로, 실제로는 공감적 상상의 한 형태이다. Knowledge, Difference and Power 도 공동 학습에 관한 참고 자료로 손색이 없다.
9. Douglas Huneke, The Moses of Rovno (Tiburon, CA: Compassion House, 1985), pp. 177-87.

10. Daloz, Keen, Keen and Parks, p. 108.
11. Elizabeth Liebert, "Seasons and Stages: Models and Metaphors of Human Development," in In Her Own Time: Women and Development Issues in Pastoral Care, ed. Jeanne Stevenson Moessner (Minneapolis: Augsburg Fortress, 발간 예정).
12. Fowler, Faithful Change, pp. 177-78.
13. Fowler, Weaving the New Creation, pp. 151-62.

## 영성지도와 성인발달론

2015년 4월 19일 찍음
2015년 4월 30일 펴냄

지은이/    엘리자베스 리버트
옮긴이/    최상미
발행처/    에스오에치피 SoHP
발행인/    최상미
디자인/    Aardenburg Asia Co Ltd

출판 등록/ 2013년 6월 12일 제301-2013-114
주소/      서울시 중구 소공로 35, 102-1205
전화/팩스  070-7792-1113 / 02-774-2903
이메일/    sohcounsel@gmail.com

도서 정가/ 13,000원
ISBN/      979-11-953048-3-7

이 책은 저작권법에 따라 보호를 받는 저작물이므로 무단전제나 복제를 금합니다.
이 책의 내용 전부 혹은 일부를 사용하려면 반드시 저작권자와 에스오에치피의
서면 동의를 받아야 합니다.

잘못 만들어진 책은 구입하신 서점에서 바꿔 드립니다.